高校体育教育风险防控
与应急救护教育融入研究

谭 华 ◎著

图书在版编目(CIP)数据

高校体育教育风险防控与应急救护教育融入研究 / 谭华著. -- 北京：中国书籍出版社, 2024.11.

ISBN 978-7-5241-0129-1

Ⅰ. G807.4；R459.7

中国国家版本馆 CIP 数据核字第 2025YT7919 号

高校体育教育风险防控与应急救护教育融入研究

谭 华 著

丛书策划	谭 鹏 武 斌
责任编辑	李 新
责任印制	孙马飞 马 芝
封面设计	守正文化
出版发行	中国书籍出版社
地 址	北京市丰台区三路居路 97 号（邮编：100073）
电 话	（010）52257143（总编室） （010）52257140（发行部）
电子邮箱	eo@chinabp.com.cn
经 销	全国新华书店
印 厂	三河市德贤弘印务有限公司
开 本	710 毫米 × 1000 毫米 1/16
字 数	234 千字
印 张	14.75
版 次	2025 年 5 月第 1 版
印 次	2025 年 5 月第 1 次印刷
书 号	ISBN 978-7-5241-0129-1
定 价	98.00 元

版权所有 翻印必究

目 录

第一章 高校体育教育与生命安全教育 ………………………… 1
- 第一节 高校体育教育概论 ……………………………………… 1
- 第二节 生命安全教育基础理论 ………………………………… 16
- 第三节 体育与生命安全教育内在关联性 ……………………… 21
- 第四节 生命安全教育在高校体育教育中的渗透 ……………… 26

第二章 高校体育教育安全与风险防控现状 …………………… 30
- 第一节 大学生体育课安全常识现状 …………………………… 30
- 第二节 体育教育中大学生安全与风险防范意识现状 ………… 32
- 第三节 大学生运动安全认知与运动风险防范能力现状 ……… 35
- 第四节 高校体育教师安全与风险防控意识现状 ……………… 36
- 第五节 高校体育教育安全的影响因素分析 …………………… 40
- 第六节 促进高校体育教育安全的策略 ………………………… 45

第三章 高校体育课风险管理与运动伤害预防 ………………… 48
- 第一节 高校体育课风险识别与评估 …………………………… 48
- 第二节 高校体育课风险应对 …………………………………… 59
- 第三节 高校体育课运动风险监管体系建构 …………………… 65
- 第四节 高校体育课运动伤害的预防策略 ……………………… 73
- 第五节 高校体育课安全隐患的有效预防 ……………………… 76

第四章 高校体育教育中急救教育的开展与应急体育的融入 … 79
- 第一节 高校体育教育中开展急救教育的SWOT分析 ………… 79
- 第二节 高校体育教育中开展急救教育的路径 ………………… 85
- 第三节 应急体育概论及其教育发展途径 ……………………… 87

第四节　高校应急体育课程资源开发……………………… 96
　　　第五节　应急体育融入高校体育课的设计………………… 109

第五章　大学生运动损伤急救能力培养………………………… 114
　　　第一节　运动损伤理论知识教学…………………………… 114
　　　第二节　贯彻运动损伤的预防原则………………………… 118
　　　第三节　掌握运动损伤急救常识…………………………… 121
　　　第四节　掌握常见运动损伤的应急处理方法……………… 125
　　　第五节　加强运动损伤后的康复训练……………………… 128

第六章　大学生野外避险与应急技能培养……………………… 135
　　　第一节　了解野外生存基础知识…………………………… 135
　　　第二节　掌握野外生存常识与技能………………………… 157
　　　第三节　掌握野外避险常识与方法………………………… 181
　　　第四节　掌握野外突发事故的应急处理技能……………… 185

第七章　体育与生命安全教育融合视角下大学生灾害
　　　　　事故急救能力培养……………………………………… 199
　　　第一节　了解灾害事故的预防与避险常识………………… 199
　　　第二节　熟练掌握自然灾害事故的应急措施……………… 209
　　　第三节　熟练掌握人为意外伤害事故的应急措施………… 214
　　　第四节　培养防止冲突与暴力事故发生的安全智慧……… 224

参考文献……………………………………………………………… 227

第一章 高校体育教育与生命安全教育

在中国体育事业与高等教育的并进发展中,高校体育教育扮演着至关重要的角色,它不仅是国家社会主义建设框架中的一个亮点,而且深刻影响着国民体育的根基。高校体育教育致力于为国家体育事业培育兼具身心健康与高专业素质的人才,同时,通过丰富多彩的体育活动,陶冶大学生情操,助力社会主义精神文明建设,因而在整个高等教育体系中占据了举足轻重的地位。高校体育不仅构筑了全民体育的基石,还满足了培养全面发展的高素质人才的需求,以及充实大学生精神文化生活的诉求,其在高等教育中的核心作用不容小觑。生命安全教育同样也是高等教育中不可或缺的一部分,其与体育具有密切的内在关联性,在实践中既可以将生命安全教育融入体育教育中,促进运动安全,也可以专门通过体育手段来开展生命安全教育,培养大学生的安全意识与防护能力。本章主要对高校体育教育与生命安全教育进行研究,首先概述高校体育教育与生命安全教育的基本理论,然后探讨体育与生命安全教育的内在关联性,最后对生命安全教育在高校体育教育中的渗透进行研究。

第一节 高校体育教育概论

一、高校体育教育的概念与特点

(一)高校体育教育的概念

体育教育是指在人类社会发展过程中,根据生产和生活的需要,遵循人体的生长发育规律,以身体练习为基本手段,为增强人的体质,促进人的身心全面发展而进行的一种有意识、有目的的身体教育过程。

结合体育教育的概念来看,高校体育教育是指高校根据培养人才的需要,从大学生的身心特征出发,以身体练习为基本手段,以增强大学生体质、促进大学生全面发展为目标而进行的身体教育过程。

（二）高校体育教育的特点

高校体育教育,作为高等教育不可或缺的一部分,承载着塑造学生体育素养及促进其身心健康的重大责任,并在此过程中彰显出一系列独特而鲜明的特性。这些特征不仅是体育教学精髓的体现,也映射出我国高等教育对体育教育寄予的厚望与重视。

1. 多元化教学目标

高校体育课程超越了简单技能传授的范畴,构建了一个包含兴趣激发、意志力锻造、体质增强、社交技巧提升等多维度目标的综合体系。这种目标设定深刻贯彻了以人为本的教学理念,强化学生在体育学习中的主体性,旨在深度挖掘并培养学生的潜能,推动其全面成长。

2. 个性化教学内容

鉴于学生间存在的个体差异,高校体育教育推行因材施教策略,定制符合每位学生兴趣、特长及需求的个性化教学方案。这一做法增强了学生在体育活动中的参与感和满意度,促进了更为积极主动的学习态度。

3. 多样化教学方法

在教学实践中,高校体育教育融合了讲解、示范、实践、探索等多种教学手段,旨在激发学生的学习热情,提升教学成效。这种方法的多样性不仅培养了学生的自主学习、团队协作及创新思维能力,还让学生在更广泛、深入的层面上体验体育学习的乐趣。

4. 科学化的评价体系

高校体育教育正逐步实施科学化的评价机制,该体系既考量学习成果,也重视学习过程,全面评估包括学习成绩、态度及行为在内的多个维度。这不仅有利于全面把握学生的学习状态,激发其学习动力,也为教师提供了精准的教学反馈，促进了教学效率的提升。

5. 现代化的教学设施

伴随社会进步与经济发展，高校体育设施日益现代化，先进的场馆、器材为体育教学提供了优越条件，使得教学活动更加高效、吸引人且富有成效，全方位满足了学生的学习需求，有力支撑了体育素养的培养。

6. 优化的师资结构

随着体育教育的深入发展，高校体育教师队伍结构不断优化，汇聚了高水平的专业素质、丰富的教学实践和强劲的科研能力。这些教师能够将前沿教育理念与教学技法融会贯通，为学生带来高质量的教育体验，提升整体教学质量。

二、高校体育教育的理念与目标

（一）高校体育教育的理念

1. 素质教育理念

素质教育的核心在于促进学生在创新思维、实践操作及社会责任感等方面的均衡发展，强调教育应服务于人的全面发展而非单一的知识或技能传授。高校体育教育作为素质教育体系内的关键构成，与其理念紧密相连，通过体育活动的平台，实现了对学生身心多维度的塑造与提升。

高校体育教育在素质教育框架下展现出了独特的价值与功能，表现为体育课程通过各种运动训练，全面增强学生的体质，奠定终身健康的基础；集体项目要求学生间的协同作业，促进了团队精神的培养和有效沟通能力的提升；特定体育项目鼓励学生探索动作的新组合，激发创意思维和创新能力；体育实践帮助学生在挑战中增强自信，学会管理情绪，提升抗压能力。为了更深层次地嵌入素质教育理念，高校体育教育需加强改革，不断拓宽教学内容，引入新颖的体育项目和活动，以适应学生的多样需求与兴趣，同时，增设实战演练与竞赛机会，让学生在实际参与中历练，促进其综合素质的飞跃。

素质教育的实现是一个复杂的社会工程，需要教育机构、家庭及社会各界的协同努力。高校体育教育不仅要与学科教育相辅相成,还需与社会实践紧密结合,共同营造一个有利于学生成长的全方位环境。

2. 快乐教育理念

快乐体育理念,作为一种新兴的体育教育哲学,注重个人体验的丰富性、情感的正面回馈以及体质健康的自然提升,它颠覆了传统体育教育中过度竞争与结果导向的模式,转而推崇在体育活动中寻求乐趣、享受运动本身的过程。该理念主张体育不仅是达成健身目标的手段,更应成为一种生活乐趣,着重培养个体对运动的热爱、自我锻炼的习惯及持续一生的运动意愿,而非仅仅聚焦于竞技成就。

在高校体育教育实践中,融入快乐体育理念意味着教学策略应向更加人性化与多元化的路径发展,确保教育内容与形式能够紧密贴合学生的兴趣、专长及身心发展阶段,使学生能在参与体育时体验到真正的快乐与满足感。体育课程设计应充分利用体育本身所蕴含的趣味性,通过创意教学设计,比如游戏化学习、情景模拟等,让学生在轻松愉悦的环境中掌握技能,同时领略体育独有的吸引力。

快乐体育教学模式还特别强调学生自主性与合作精神的培养。通过小组合作、角色互换等互动式学习方法,不仅能够显著提升学生的学习动力,还能在此过程中增进他们的团队合作技巧及社交能力,为学生的全面发展打下坚实基础。

此外,快乐体育理念还鼓励教学活动的高度个性化,要求教育者根据每个学生的特性和反馈灵活调整教学策略,量身打造学习内容,以适应不同的学习需求。同时,举办多样化的课外体育活动,为学生提供展示自我、探索潜力的舞台,进一步激发他们的体育兴趣,促进个性的健康成长,最终达到体育教育与学生个性发展的和谐统一。

3. 创新教学理念

在快速变迁的现代社会,传统的教育模式逐渐显露出局限性,而创新教学理念的提出,宛如一股清流,为教育领域带来了全新的活力与方向。该理念核心在于以学生为主体,不仅重视知识的传授,更侧重于激发学生的创新思维与实践能力,倡导通过探索、合作与实践,促进学生个性化与全面性发展。然而,要将这一理念全面融入教育实践,尚需克服传统观念束缚、师资力量不均、资源分配不公等重重挑战。

在高校体育教育这一特定领域,创新教学理念的引入显得尤为迫切与重要。为响应时代呼唤,高校体育教育须从课程内容、教学方法、评价体系三方面着手,全面深化创新教学的实施。

首先,课程内容革新。应紧跟时代步伐,大胆融入新兴流行的体育项目,同时挖掘地域文化与民族特色,设计具有鲜明特色的课程内容,满足学生多样化、个性化的需求,激发学生的学习兴趣。

其次,教学方法的多元化与创新。鼓励采用小组合作学习、角色扮演、竞技激励等互动性强的教学模式,激活课堂氛围,提升学生的学习主动性和参与度。同时,利用多媒体与网络技术手段,如虚拟现实(VR)、在线课程等,丰富教学手段,增强学习体验,提高教学互动性和实效性。

最后,评价体系的科学重构。构建全面、立体的评价机制,超越单纯的技术动作评价,更多地关注学生在创新思维、团队合作、领导力、运动表现等方面的综合表现。通过建立动态、多层次的评价体系,既考查学生的体育技能,又评价其在体育活动中的创新精神和社会能力,促进学生全面发展,培养未来社会所需的创新型人才。

4. 课程思政理念

课程思政理念,作为新时代教育创新的鲜明标志,强调在专业教育中贯穿思想政治教育的精髓,实现知识传授与价值引领的有机结合,旨在培养德智体美劳全面发展的高素质人才。在高校体育教育这一领域,课程思政理念的融入具有深远的意义和实践价值。

体育课程不仅是身体锻炼的场所,更是塑造学生品德、强化社会责任感的绝佳平台。体育教师应巧妙地将爱国情怀、团队精神、公平竞争等思政元素融入体育教学中,通过实例讲解、案例分析等形式,引导学生树立正确的世界观、人生观和价值观,培养他们成为有担当、有责任感的社会公民。

体育教学中融入课程思政,不仅要求学生掌握运动技能,更重视通过体育活动培养学生的创新思维、批判性思考和解决实际问题的能力。例如,通过团队竞技项目,学生可以在策略制定、协作配合中锻炼领导力和团队精神;在个人项目中,通过设定目标、克服困难,增强自我挑战和自我管理能力。

在遵循课程思政理念的同时,高校体育教育应尊重学生个性,鼓励差异化发展,利用体育活动的多样性满足学生的不同兴趣与特长。同时,引入全球体育文化,如介绍各国体育历史、传统运动项目,不仅可以丰富教学内容,还能促进学生国际视野的开拓和跨文化交际能力的提升。

体育教学的实践特性为课程思政提供了天然的试验田。通过组织体育赛事、志愿服务、体育科研等活动,学生能够在实践中深刻体会集体主义精神、规则意识和坚韧不拔的意志品质,将理论知识与实际行动紧密结合,实现知行合一。体育教师应成为学生思想的引路人,通过讲述中国体育健儿的励志故事、体育精神的传承与发展,增强学生的民族文化认同感和自豪感,促进文化自信的树立。

5. "教会、勤练、常赛"理念

在高校体育教育的广阔天地里,"教会、勤练、常赛"不仅是三个独立的环节,更是一个紧密相连、相辅相成的教育生态链,共同驱动体育教育的高质量发展。

"教会"——奠定坚实基础。"教会"环节侧重于体育知识与技能的系统传授。教师需将体育理论与实践紧密结合,不仅教授技术动作,更要传递体育背后的文化、规则以及体育精神,如公平竞争、尊重对手等价值观。通过科学的教学方法,确保每位学生都能掌握体育基本技能,同时激发他们对体育运动的兴趣和热爱,为后续的"勤练"和"常赛"奠定坚实的知识与情感基础。

"勤练"——技能精进的必经之路。在掌握了基本技能之后,持续、规律的练习是提升技能、形成肌肉记忆的关键。高校应鼓励学生形成日常锻炼的习惯,无论是个人练习还是团队集训,都是对"勤练"理念的实践。这一过程不仅能够显著提高学生的运动表现,更重要的是培养持之以恒的毅力、自我管理能力和对身体极限的挑战精神,这些品质将伴随学生一生,成为其人格特质的重要组成部分。

"常赛"——检验与提升的舞台。参与比赛是体育教育中不可或缺的一环,它不仅是技能的检验场,更是学生心态、策略思维和团队合作能力的试金石。通过定期参与校内外的各种体育赛事,学生可以在真实的竞技环境中经历胜利与失败,学会如何在压力下保持冷静,如何在团队中发挥作用,以及如何从每次比赛中汲取经验、不断进步。比赛的历练能够极大地提升学生的自信心、竞争力和社交网络,同时也是对他们体育精神和人格特质的最好展现。

总而言之,"教会、勤练、常赛"三者环环相扣,形成了一个促进学生体育素养全面提升的闭环。

6. 核心素养教育理念

在当今社会迅速变化的背景下,高校体育教育正经历着从技能传授到核心素养培育的深刻转型。核心素养教育理念,作为这一转变的指导思想,旨在通过体育教育这一平台,全面促进学生的身体、心理与社会适应能力的协同发展,为学生构建面向未来的综合能力体系。

体育核心素养具有三大支柱。一是身体素质,体育教育的首要任务自然是强化学生的身体素质,通过科学的训练方法,提高力量、速度、灵敏性、协调性及耐力,为学生的终身健康奠定坚实基础。二是心理素质,通过体育活动,特别是挑战性的项目和比赛,学生在成功与失败中学会自我调节,增强心理韧性,培养乐观向上的心态和强大的自信心,以及面对逆境时的积极应对策略。三是社会适应能力,体育团队项目和合作练习不仅锻炼学生的身体,更在合作与竞争中促进沟通、协作能力的提升,增强团队精神,为学生未来在复杂社会环境中的适应和领导能力打下基础。

培养大学生的体育核心素养,要求体育教师尊重每位学生的个体差异,采用灵活多样的教学方法,如分层次教学、个性化训练计划,确保每位学生都能在适合自己的节奏中成长。同时,体育教师应创造真实或模拟的情境,让学生在实践中学习和体验,如模拟比赛、户外探险等,增强学习的趣味性和有效性。为培养大学生的良好心理素质,还应在体育课堂中融入心理健康教育内容,如通过冥想、放松训练等缓解学习压力,以及通过团队活动提升学生的社交技巧和情绪管理能力。此外,体育教育应与健康教育、心理学、社会学等学科结合,拓宽体育教育的边界,如开设健康生活方式讲座、心理韧性训练工作坊,促进学生全面发展。

随着科技的进步和社会需求的变化,高校体育教育将更加注重技术与体育的融合,利用大数据、可穿戴设备等科技手段优化教学和训练方案,实现精准教学。同时,将进一步强化体育教育与社会实践的联系,通过志愿服务、社区体育活动等,增强学生的社会责任感和实践能力。此外,全球化视角下的体育文化交流也将成为趋势,促进学生国际视野的拓展和跨文化沟通能力的提升。

总之,高校体育核心素养教育理念的实施是一个动态、开放的过程,需要教育者不断创新教学方法,紧跟时代发展,以期培养出具有健康体魄、良好心理素质和社会责任感的未来领导者与创新者。

(二)高校体育教育的目标

高校体育教育的总目标是促进大学生身心健康的全面发展,提高大学生的体育意识与体育锻炼能力,使之成为满足社会主义现代化建设所需的高层次合格人才。该目标强调了体育教育在促进学生身心健康方面的核心作用,这不仅是对学生个人福祉的关怀,更是服务于国家长远发展需求的战略考量。通过体育教育,培养具有健康体魄、良好心理素质和社会责任感的高素质人才,以适应并推动社会主义现代化建设。

高校体育教育的具体目标如下。

(1)增强大学生体质。这一目标直接关系到学生的学习效率与生活质量,良好的体质是学业成功的基础,同时也是未来职业生涯的重要支撑。

(2)掌握知识与技能。这一目标强调了体育教育在传授知识技能的同时,还要培养学生自我锻炼的能力和习惯,这是实现终身体育的关键。通过科学的方法引导,使学生能够根据自身条件制订合适的锻炼计划,从而受益终身。

(3)培养综合素质。这一目标强调通过将政治思想、主体性教育及体育审美等元素融入体育教学中,不仅增强学生的身体素质,也促进其道德情操、审美能力和独立思考能力的提升,有助于形成健全的人格。

(4)培养体育人才。这一目标强调发现并培养有潜力的体育人才,为国家竞技体育的发展储备力量,这体现了高校体育在高水平体育人才培养中的重要地位。

高校体育教育目标的设定,既遵循了教育的基本规律,又紧密结合我国社会经济发展的实际需求,旨在通过体育这一载体,全面促进大学生的身心发展,为社会输送既有专业知识又有强健体魄的复合型人才。这一目标体系的实施,要求体育教育工作者不断创新教学方法,优化课程设置,同时加强与学生个体需求和社会发展趋势的对接,确保体育教育的实效性和时代性。

三、高校体育教育的原则与方法

（一）高校体育教育的原则

1. 健康第一原则

当今时代背景下,健康被视为通向美好生活的重要基石,尤其对于正处于成长关键期的青年人而言,其重要性不言而喻。因此,作为高等教育结构的支柱之一,高校体育教学必须将维护和提升学生健康置于所有工作的首要位置。这不仅构成了体育课程的灵魂,也是衡量体育教学质量的金标准。为深入实践"健康至上"的教育理念,高校需多管齐下：首先,开设健康教育专题,深化学生对健康知识的认知；其次,依据每位学生的实际情况,定制个性化的体育锻炼计划,以满足其多样化的健康需求；再次,积极推广阳光体育项目,激励学生拥抱自然,参与户外锻炼；最后,建立详实的学生健康档案系统,实现对每位学生身体健康状况的动态监测与管理。此外,通过与家庭及社区的紧密合作,共同构建一个全方位促进学生身心健康的外部环境,显得尤为重要。将维护学生健康作为体育教育的首要任务,既是对学生个体福祉的高度负责,也是对社会未来发展的深远考量。

2. 适度性原则

适度性原则在高校体育教育实践中至关重要,它强调科学合理地调控练习的时长、强度与频率,旨在避免因运动负荷过大而引发的学生过度疲劳乃至伤害问题,确保所有活动均在安全的范畴内进行。该原则要求在设计运动负荷时,必须精准把握分寸,以维护学生的身心健康,防止练习产生负面效应。具体实施时,需从以下几个方面细致规划。

首先,优化负荷与节奏配置。教学活动应根据学生的认知发展水平来巧妙安排。初期,可引入具有挑战性的新动作或技巧,激发学生的学习兴趣；随后应采用相对简单或复习性质的内容,确保学生既能有效吸收新知,又不至于感到压力过大。情感管理上,应遵循由浅入深的规律,先稳定学生的情绪,再逐步激发他们的活力,有利于技能的巩固与创新。

其次,精确掌控教学时间。教师需精准分配讲解与示范的时间,保持两者平衡,既保证信息的有效传递,又留足空间让学生实践与反馈。

最后,强化课前准备。尤其对于依赖户外条件的体育课程,教师需事先考察天气状况,检查场地与器材的安全性,预判并调整可能受季节变换影响的教学计划。例如,夏季宜安排在凉爽时段进行低强度活动,冬季则可适时提高练习密度和强度,既适应气候,又保障训练效果。

3. 个性化教育原则

在体育教育领域,个性化教育至关重要,它响应了教育观念的持续革新与学生多元化需求的现状,标志着体育教育进步的重要方向。此方针通过深度发掘每位学生的潜能,激发其兴趣与特长,有力推动学生的个性化成长。研究显示,个性化教育策略能显著增进学生的学习热情与自主性,增强自信心与创新能力,从而全面提升教育成果。

在高校体育课程设计中,重视并适应学生的个体差异是提升教学实效性的关键。为了有效满足学生的个性化学习需求,体育教师应采取以下策略。

首先,深入了解与建档。教师需细致调研每位学生的身体条件、技能层次、个人偏好等,建立详尽的学生档案。这有助于教师追踪学生的学习进程,为后续的个性化教学奠定基础。

其次,制订教学方案。基于前期的分析,制订符合每位学生特点的教学计划。例如,为不同技能等级的学生匹配适宜的训练策略,或依据学生的兴趣推荐适合的运动项目,以激发其内在动力。

再次,开展多元评价。构建包含技能测试、自我反思、同伴互评等在内的综合评价机制,超越单一的分数评价,全面反映学生的进步与成就。

最后,提供心理关怀与支持。关注学生的心理差异,采取差异化沟通策略,必要时提供专业的心理咨询与辅导,帮助学生有效管理学习中的心理挑战,促进其心理健康。

为高效执行个性化教育,体育教师还需掌握现代分析技术和工具,如利用数据挖掘等手段分析学生行为模式,深入了解其学习习惯与特定需求;应用心理测评软件识别学生的性格特质、情绪状态,为个性化教学提供心理学依据;借助专家系统、AI 算法等智能技术,为每位学生提供定制化的学习路径与训练建议,进一步优化教学过程。

第一章 高校体育教育与生命安全教育

4. 趣味性原则

高校体育教育的趣味性原则,核心在于体育教学实践中融入趣味元素,旨在唤醒并维持学生的兴趣和参与热情,使学生在一种积极乐观的氛围中享受运动的乐趣,进而增强体育教学的实效性和吸引力。这一原则根植于快乐教育的哲学,即在一种积极、愉悦的学习环境中,个体的学习潜能可以得到更充分的释放,学习成效得以显著提升。体育学科尤其适用此理论,通过寓教于乐的方式,确保学生在快乐运动的同时,促进身心全面健康发展。

践行趣味性原则,体育教师需灵活创新,紧密结合学生的特点(包括年龄、性别、个人偏好等),设计出富有创意的教学方案。比如,将体育技能训练融入趣味性强的游戏之中,如团队接力赛、模仿动物行走等,让学生在游戏中学习、在玩乐中成长;创建贴近现实生活或富有想象力的情境,如模拟体育赛事、探险挑战等,使学生在体验不同角色与情境的同时,增强参与感和运动乐趣。趣味性原则还要求体育课程内容应丰富多样,贴近学生日常生活,涵盖不同运动项目和健身活动,满足不同学生的兴趣与需求,让体育课成为学生期待的课程之一。同时,要创造一个支持性、尊重个体差异的学习环境,鼓励学生之间的正向互动与合作,教师以鼓励代替批评,让学生在无压力的环境中勇于尝试与表达自我。

5. 终身体育原则

终身体育倡导个体在整个人生旅程中持续参与体育锻炼与活动,强调体育与日常生活的深度融合,使之成为个人生活不可或缺的一部分。在高等教育体育教学框架内,终身体育理念尤为关键,它不仅关系到学生的身心健康与全面发展,更深远地影响其未来的生活品质与幸福感。因此,高校体育课程设计应牢牢把握终身体育的核心思想,致力于培育学生的长期体育意识和习惯,为其一生的健康与幸福奠定基础。

高校体育教育贯彻终身体育原则,必须做到以下几点。

(1)强化基础知识与技能教学。确保学生掌握全面的体育理论知识及基本运动技能,为他们今后独立选择和从事体育活动提供稳固的知识与技能支撑。

(2)激发并保持体育兴趣。采用多元化的教学策略与富有趣味性的课程内容,吸引学生的注意力,唤醒他们对体育活动的兴趣与热爱,提升自我驱动参与体育的意愿。

(3)搭建实践与竞技平台。定期举办校内外体育竞赛与活动,让学生在实战中感受体育的魅力与竞争精神,增强参与感与成就感,同时通过团队合作与个人挑战,提升自信与社交技能。

(4)培养自主锻炼能力。教导学生如何制订个人锻炼计划,评估自身体能状态,以及适时调整锻炼强度与方法,使体育成为一种自我管理和生活质量提升的工具。

(5)树立正确体育价值观。强调体育精神的培养,如坚持不懈、公平竞争、团队协作等,这些价值观不仅适用于体育领域,更能为学生的全面发展及未来社会角色提供正面导向。

6. 全面发展原则

在高校体育教育中,促进学生的全面发展是一项至关重要的使命。体育教育不仅担当着强健体魄、优化体质的重任,而且也是塑造坚韧不拔的意志力、培养集体协作意识及激发创新思维的重要渠道。通过全方位的体育教学活动,学生不仅能在身体层面上得到锻炼,更能在心智、情感及社会交往能力上获得全面提升,为成为综合型高素质人才奠定坚实基础。

为了达成全人发展的教育目标,高校体育课程设计需综合考虑以下要素。

(1)身心并重。课程不仅要强化身体训练,提高学生的耐力、力量、速度等体能指标,也要通过冥想、放松训练等方法,关注学生的心理健康,减轻学习压力,提升情绪管理能力。

(2)技能与品德并举。在教授体育技能的同时,融入团队合作、公平竞争、尊重对手等道德教育内容,培养学生的社会责任感、领导力及良好的体育道德。

(3)社会适应与创新能力。通过组织各类体育比赛、交流活动,增强学生的社交能力,让他们学会在团队中沟通协作。同时,鼓励学生在体育活动中探索新策略、新玩法,激发其创新思维和解决问题的能力。

(4)课程丰富与师资强化。高校需不断丰富体育课程种类,引入新兴体育项目,满足学生的多样化需求。同时,加大对体育教师的专业培训力度,提升其教学能力和理论素养,以更好地引导和支持学生全面发展。

（5）主动参与与自我提升。鼓励学生主动参与到体育活动中,根据个人兴趣和体能水平设定目标,通过自我挑战与超越,不断提升个人的综合素质与自我效能感。

(二)高校体育教育的方法

在高校体育教育实践中,采取合适教学策略以引导学生精准掌握技术动作、提升学习成效,是教育工作者面临的一项核心挑战。下面将探讨几种常用的教学方法在高校体育教育中的应用。

1. 语言讲解法

作为体育教育的基础工具,语言讲解法在高校体育课堂中具有重要作用。教师运用清晰、精确且生动的语言,不仅能够促进学生对动作原理的理解和正确姿势的掌握,而且能有效激发学生的学习热情,提升他们的参与度与学习效率。要高效实施此方法,教师应做到以下几点。

（1）简明扼要。教学语言应避免冗长和专业术语的过度堆砌,特别是面对初学者时,简练明了的表述更易于学生理解,同时,讲解内容应突出重点,条理清晰,便于学生快速抓住关键信息。

（2）形象描述。通过比喻、实例类比等手法,将抽象的动作概念具体化、形象化,使学生在脑海中形成直观印象,加深记忆。

（3）递进式教学。考虑到体育技能的复杂性和连贯性,教学应按部就班,从最基础的动作讲起,逐步过渡到更高级别,确保学生在扎实基础上稳步提升。

（4）积极鼓励。及时的认可与正面反馈是提升学生自信心和学习动力的关键。无论是在进步时刻还是遭遇挑战时,教师的鼓励与支持都是学生克服困难、持续进步的强心剂。

（5）示范与讲解结合。口头讲解与实际动作展示相结合,使学生能够直观看到动作的正确形态,加深理解,促进技能的快速掌握。

为优化语言讲解法的运用,体育教师应具备高灵活性,根据学生的具体情况和学习需求,个性化调整教学内容与方式。同时,融合多媒体素材,如视频演示、动作分解图等,可进一步增强教学的直观性和吸引力,确保每位学生都能根据自身特点,有效吸收知识,享受体育学习的乐趣。

2. 动作示范法

在高校体育教育方法体系中，动作示范教学法占据核心地位，此法依赖教师亲自执行技术动作，向学生直观展现运动技能的正确形态与流程，旨在促进学生有效学习并掌握体育技能。尤其在涉及多变动作及复杂组合的体育项目中，动作示范成为不可或缺的教学工具，学生经由观察模仿教师动作，深化对技巧的理解与掌握。

动作示范教学法的优势显著，其直观性直接展现实践操作，使学生能清晰目睹技术细节，加速学习进程。同时，该方法具备高度的针对性与交互性，教师可依据学生的学习进度与能力，灵活调整示范策略，通过动态交流指导学生，增进教学互动性。

在高校体育课程实施中，动作示范法具有多种运用形式，常见的有以下几种。

（1）整体示范。首先进行全面动作演示，为学生构建动作的宏观框架与连贯性认知。

（2）分步示范。针对复合或序列动作，将其拆解为单一单元，逐项示范讲解，辅助学生分阶段学习直至完全掌握。

（3）强化重复示范。对于难点动作，教师反复演示，增加学生的视觉接触频次，加深印象，促进技巧内化。

（4）镜像示范。采用镜像对称的方式演示，促使学生自我比对，及时调整偏差，精确模仿动作。

教师应依据教学现场的具体情况，创造性地融合各类示范方式，结合详尽的口头解说，确保学生全面理解动作精髓。运用动作示范法时，教师需注意以下关键点。

第一，确保动作准确无误，保证每个动作的精确度与标准性，以防学生接收错误信息。

第二，注重节奏感培养，特别在健美操、体育舞蹈等强调身体表现力的项目中，示范时应突出节奏感，引导学生体会音乐节奏与动作间的和谐统一，提升表演的艺术性。

3. 纠正错误法

纠正错误法是指在体育教学过程中，教师及时发现并纠正学生错误动作的教学方法。纠正错误法在高校体育教育中的应用，不仅是技术精进的过程,也是培养学生自信心与学习韧性的途径。针对动作不规范和协调性差这两类常见问题,采取科学合理的纠正策略尤为关键。

(1)动作不规范的纠正策略

动作不规范往往源于学生对技术要领理解不深或肌肉控制不足。教师应采取以下措施。

第一,个体化指导。针对每位学生错误的具体情况,提供个性化的指导方案,明确指出错误所在并示范正确动作。

第二,视频反馈。利用现代技术手段,如录像回放,让学生直观看到自己动作与标准动作的差异,增强自我纠正意识。

第三,小步骤练习。将复杂动作分解为简单步骤,逐一练习,每掌握一步再进入下一步,逐步建立正确的动作模式。

第四,强化肌肉感觉。通过特定的肌肉激活练习,增强学生对正确动作所需肌肉群的感知和控制能力。

(2)协调性差的纠正策略

协调性是体育技能中重要但又较难培养的部分,对于动作不协调的学生,可尝试以下方法。

第一,节奏训练。配合音乐或节拍器进行练习,帮助学生找到动作节奏,提高身体各部分动作的同步性。

第二,镜像练习。学生面对面或使用镜子进行练习,通过模仿对方或自己镜像中的动作,增强动作的对称性和协调性。

第三,综合技能游戏。设计包含多种动作元素的游戏或练习,如接力赛结合跳跃、投掷等,在寓教于乐中提升学生的协调能力。

第四,平衡与柔韧性训练。加强平衡感和身体柔韧性训练,提高身体控制力,为协调动作打下基础。

总之,纠正错误法在高校体育教育中的实施,要求教师具备敏锐的观察力、丰富的专业知识以及高度的耐心与激励技巧。通过正面鼓励、细致指导和多样化的训练方法,不仅能够有效纠正学生的错误动作,还能激发学生的学习兴趣,培养其自主学习和自我纠正的能力,最终达到提升体育技能和促进身心健康发展的目的。

第二节 生命安全教育基础理论

一、高校开展生命安全教育的意义

开展生命安全教育在高校教育体系中具有重要作用,其目的在于强化学生的安全意识与自我保护能力,促进学生的健康成长与全面发展。

(一)珍爱生命的意义

高校开展生命安全教育,对培养学生珍爱生命的意识具有深远的意义。在人类社会的持续发展中,生存不仅是个人的基本需求,也是维系社会和谐与文明进步的基石。鉴于生命的唯一性和不可替代性,教育学生认识到生命的珍贵,是教育的根本任务之一。

当前,面对学生安全意识淡薄与相关知识匮乏的问题,生命安全教育显得尤为紧迫。通过系统的课程设计和实践活动,高校能够有效地提高学生的自我保护能力,减少由意外事故造成的不必要伤害乃至生命损失。这不仅要求学生掌握必要的安全知识和技能,如交通安全规则、急救措施、灾害预防等,更在于引导学生从内心深处建立起对生命的尊重与珍惜。

生命安全教育的核心,在于培养学生的全面安全观。它不仅教会学生如何避免危险、处理紧急情况,更重要的是,它激发学生对生命本质的思考,理解生命的价值并非仅限于个体的存在,而是涉及对家庭、社会乃至整个人类的责任和贡献。教育过程中强调的尊重、关爱与宽容,不仅促进了学生间以及学生与社会的和谐共处,还培养了学生的同理心和社会责任感,使他们认识到维护自身安全的同时,也要关照他人的福祉。

此外,生命安全教育鼓励学生积极面对生活中的不确定性,学会在挑战面前保持冷静,运用所学知识解决问题。这种能力的培养,对于学生形成独立、坚韧的人格特质,树立乐观向上的生活态度至关重要,是其健康成长不可或缺的一部分。

第一章　高校体育教育与生命安全教育

（二）强健体魄的意义

高校开展生命安全教育，对促进学生强健体魄同样具有重要的意义。在当前青少年体质健康问题凸显的背景下，这项教育不仅是对学生安全意识的培养，也是提高其身体素质的有效途径。

生命安全教育通常包含一系列身体力行的实践活动，如逃生演练、野外生存训练、体育竞技等，这些活动要求学生亲身体验，无形中增加了他们的体育锻炼量。通过定期参与此类活动，学生的肌肉力量、心肺功能、耐力和灵活性均能得到显著提升，有助于改善因久坐不动、学业压力大等因素导致的身体机能下降。

生命安全教育鼓励学生走出教室，接触自然，参与户外运动，这不仅能够缓解学生的学习压力，提高其心理健康水平，还能在亲近自然的过程中培养对生活的热爱和对健康的追求。学生在户外活动中面临的各种自然条件，如变化的天气、不同的地形，都是对他们适应能力和身体素质的考验，进而激发他们克服困难、勇于挑战的精神。

生命安全教育通过实际操作训练，让学生认识到身体强健对于应对突发状况的重要性。例如，在灾难逃生演练中，良好的体力和敏捷的反应能力是确保安全的关键因素；在野外生存技能学习时，强健的体魄更是支撑长时间户外活动的基础。这些体验式学习让学生亲身体会到健康体魄对于个人安全的直接影响，从而在日常生活中更加注重体育锻炼，自发地参与到更多有益身心的体育活动中去。

生命安全教育还能够培养学生的团队合作精神和集体主义观念，因为在很多情况下，个人的力量是有限的，团队合作才能更有效地应对挑战和危险。通过团队合作完成任务，学生在增强体质的同时，也学会了相互支持、共同努力，这对促进学生全面健康成长，塑造坚韧不拔、积极向上的性格品质大有裨益。

（三）促进社会化的意义

开展生命安全教育对促进学生的社会化进程具有深远的意义，这一过程不仅涵盖了知识技能的习得，更重要的是引导学生形成适应社会所需的正确价值观、社会观及情感态度。

生命安全教育通过模拟真实社会情境下的安全挑战，使学生在学习中不仅掌握了生存技能，还逐渐内化了合作与互助的社会价值观念。

在面对自然灾害、突发事件等模拟情景中,学生认识到单凭一己之力往往难以脱困,而团队协作与相互支持则是克服困难、保障彼此安全的关键。这样的教育经历促进了学生间正向的社会互动,帮助他们学会尊重、信任与依赖他人,这是社会化过程中至关重要的一步。

生命安全教育有助于学生建立对社会规则和共同价值观的认同。在教育过程中,学生了解到遵守规则、尊重法律对于维护公共安全和个人安全的重要性,这些规则既包括显性的法律规范,也涉及社会公认的道德准则和行为规范。当学生认识到这些规范对保障社会秩序和个体福祉的必要性时,他们的社会观念便得到了塑造和完善,有利于其成为守法、有责任感的社会成员。

针对"情感危机"这一现代社会的普遍现象,生命安全教育通过强调人际互助与情感联结,为学生提供了一个释放正面情感、体验集体温暖的平台。在共同学习生存技能、模拟应对危机的过程中,学生能够感受到归属感、友情和集体荣誉感,这些正面情绪的积累能够对抗"情感危机",促进学生的情感健康发展,增强他们的社会适应能力。

生命安全教育通过模拟社会化的实际操作,为学生创造了一个低风险的试错环境,使他们在进入复杂多变的真实社会前,得以磨炼解决问题、沟通协调等社会技能。这些能力的提升对于学生今后融入社会、参与社会分工、承担社会责任等方面都有着不可估量的价值。

二、以生存安全教育为核心的生命安全教育内容

以生存安全教育为核心的生命安全教育,旨在全面提升大学生的安全生存意识与能力,以下是该教育体系的主要内容。

(一)生存安全观念教育

(1)引导学生深入理解人与自然、社会之间的和谐共存关系,形成正确的生活态度和生存观念,重视生命价值,尊重不同个体间的差异,为和谐人际关系奠定基础。

(2)教育学生珍爱生命,建立尊重他人与自我、追求真善美的生存理念,为个人的全面发展及社会和谐创造良好的心理与道德支撑。

（二）生存安全价值教育

生存安全价值教育强调个人安全生存不仅关乎自我福祉，更是对国家发展、社会进步及人类共同未来的贡献，培养学生的责任感和使命感。

（三）生存安全精神教育

生存安全精神教育培育学生面对困难与压力时的进取心和创新精神，将挑战视为成长的机会，通过积极应对和创新思维，提升解决问题的能力，掌握个人命运。

（四）生存安全知识教育

（1）教授学生在紧急情况下的自救知识与技巧，包括人际关系处理、自然灾害应对、法律知识等，提升判断力和决策能力。

（2）普及自然规律、安全常识、社会风险识别等内容，帮助学生建立适合自身的安全生活模式，有效应对生存危机。

（五）生存安全能力教育

（1）通过实践训练，增强学生的自我保护、学习创新和社会适应能力，学会知识的活学活用，防范日常生活中的安全隐患。

（2）提升学生对水电气等日常安全、公共卫生事件的防范意识，以及对"三观"的正确树立，强化交往能力和意志力，促进个人生存条件的优化。

（六）生存安全环境教育

培养学生对社会进步和生态环境的正确认知，明确个人发展与社会、经济、生态可持续性之间的联系，鼓励学生积极参与环境保护，提升自我防护与健康维护能力，共同推动社会的健康发展。

三、高校开展生命安全教育的建议

关于高校开展生命安全教育的工作，可以从以下几方面落实。

（一）建立健全生命安全教育保障机制

建立健全生命安全教育保障机制，是确保学生获得全面、有效的安全教育体验的基础。高校需制订一套详细的生命安全教育方案，从战略层面推进生命安全教育的系统化、高效化实施。

高校管理层首先需明确生命安全教育的战略地位，将其视为学生全面发展和健康教育的基石，并且通过校园文化建设，如设置安全教育主题宣传栏、定期举办安全知识竞赛和主题活动，营造浓郁的生命安全教育氛围，使安全意识深入人心。

生命安全教育方案的实施总则为确立生命安全教育以全面提升学生综合素质为目标，旨在增强学生的安全防范意识，培养正确的生存观和生命价值观。方案实施内容涵盖自然灾害应对、交通安全知识、消防安全技能、人身防护、日常生活安全习惯，以及食品安全常识等全方位的安全知识体系。

生命安全教育方案的实施方法包括：讲授法，即直接传授理论知识，确保基础概念的准确性；情景法，即模拟真实场景，让学生在近似实际情况中学习应急处理技能；陶冶法，即通过校园安全文化的潜移默化，让学生在日常生活中自觉遵守安全规范；案例分析法，即分析典型安全事故，让学生从他人的经验教训中学习。[①]

此外，还要建立定期评估机制，包括学生安全知识测试、应急演练效果评估、安全行为观察等。依据评价结果，及时识别教育过程中存在的不足，比如知识点的遗漏、教学方式的效果差异等，迅速进行调整和优化。同时，鼓励师生提出改进建议，形成闭环管理，持续提升教育质量。

（二）强化第一课堂教育

在第一课堂教学中融入生命安全教育，体育课程成为不可或缺的一环。教育者应当有目的地将生存技能的教育内容嵌入体育教学之中，巧妙利用多元化的教学技巧，于无声处熏陶学生的生存智慧，逐步构筑起他们面对挑战的自我保护屏障。

为确保体育课堂成为传授生命安全知识的有效阵地，体育教师需全面考量教育实践的各个方面：从教学的宏观指导思想到具体的课程内容编排，再到采用的教学策略与方法，每一环节均需精心设计，以期与

---

① 刘学凤.生命教育在高校体育教学中的渗透探究[J].中国市场，2016（30）：89-90.

学生生存能力发展的需求精准对接。这意味着,教师不仅要革新教学理念,倡导"寓教于体,体能与应急并重"的教育哲学,还需不断丰富教学内容,如加入急救知识、自护自救技能等实用课程,同时创新教学方式,利用游戏化学习、实景模拟、小组合作等多种形式,使学生在参与和体验中潜移默化学到生存技能,实现从知识到能力的转化,为学生的安全成长构筑坚实的基石。

(三)拓展第二课堂教育

在拓展第二课堂生命安全教育方面,高校应当积极探索和实施多样化、参与度高的课外活动策略,进一步促进学生在实践中学习和发展。例如,针对不同年龄段的学生设计多层次、多类型的课外活动,如野外生存训练营、急救技能培训、网络安全教育研讨会、防灾减灾模拟演习等,利用学生的好奇心和兴趣点,提高参与度和学习效率。同时,可以通过组织实地考察、志愿服务、环保项目等,让学生走出教室,直接参与社会实践,面对真实世界的挑战,如参与社区的绿化种植、水质监测等,不仅增强他们的动手能力,同时也培养责任感和环保意识。此外,随着科技的快速发展,利用虚拟现实(Virtual Reality,VR)、增强现实(Augmented Reality,AR)技术模拟真实应急场景,让学生在虚拟环境中学习应对火灾、地震等灾害的应急策略,既安全又能提供沉浸式学习体验。另外,还可以与当地消防局、红十字会、环保组织等建立合作关系,邀请专业人士进行专题讲座和实操指导,为学生提供更多专业、实战的学习机会。

第三节 体育与生命安全教育内在关联性

一、体育与生命安全教育同源

体育与生命安全教育,作为人类文明发展不可或缺的组成部分,其根源深植于人类社会的早期发展阶段。从原始社会起始,人类为了生存和繁衍,必须进行身体锻炼以增强体质,提高狩猎、采集和防御野兽攻击的能力,这便是体育活动的雏形。在这一过程中,对环境的适应、危险的规避以及基本生存技能的传授,自然而然地融入了原始的体育活动中,形成了早期的生命安全教育。因此,可以说体育与生命安全教育在起源上是紧密相连、同源共生的。

(一)体育与生命安全教育劳动同源

体育与生命安全教育的劳动同源论,实际上揭示了两者在人类社会发展初期的紧密关联与共同进化过程。根据"劳动起源说",体育的萌芽直接来源于原始社会人类为适应恶劣环境、获取生存资源而进行的各种体力活动。这些活动,如狩猎、采集等,不仅锻炼了人类的身体机能,促进了原始体育技能的形成,如跑、跳、投掷等,同时也蕴含了最基本的生命安全教育元素——如何在险象环生的自然界中保护自己,逃避危险,确保生存。在这个意义上,最初的体育行为本身就是一种生存技能的学习和传承,是对生命安全的直接回应。

劳动中的身体动作不仅作为生产力的一部分,提高了人类获取食物和资源的效率,而且在面对天敌和其他生存威胁时,这些技能也成为自我防卫和逃生的关键。因此,劳动不仅塑造了人类的生理结构,促进了体能的发展,还间接催生了对安全知识与技能的需求,为生命安全教育奠定了最初的基础。然而,随着时间的推移和社会的演变,人们开始意识到体育与生命安全教育的起源虽根植于劳动,但其发展路径和功能却逐渐分化且日益丰富。体育不再仅限于生存技能的传承,它被赋予了更多文化、社交、健康乃至精神层面的意义。生命安全教育同样在扩展,涵盖了从个体自救互救到公共安全意识、灾难预防等多个方面,成为现代社会教育体系中不可或缺的一环。因此,尽管体育与生命安全教育共享着劳动起源的基因,但它们在漫长的人类历史长河中各自独立发展,形成了各自独特的体系和价值,共同服务于人类的全面发展和安全福祉。这种同源而又分化的现象,反映了人类社会复杂多变的需求与文明进步的轨迹。

(二)体育与生命安全教育战争同源

随着人类社会的发展,特别是在生产力有所提升之后,部落与部落之间的冲突从自然界的生存斗争转变为对资源的争夺,进而演化为原始的战争形态。在这一过程中,体育与生命安全教育的"战争同源"特性逐渐显现。战争不仅加剧了对生存技能的需求,还直接促进了军事训练的发展,这些训练本质上是一种特殊形式的体育活动,同时也富含生命安全教育的内涵。

战争中的军事训练,如射箭、骑术、格斗、战术演练等,不仅要求参与者拥有良好的体能和战斗技巧,还必须学会如何在极端环境下保护自己和同伴的生命安全。这些训练既锻炼了参与者的身体,提高了战斗技能,也是对战争中生命安全防护知识的传授。从这个角度看,军事训练既是体育技能的强化,也是生命安全意识与应对策略的教育。

此外,战争的频繁发生促使古代社会重视身体素质的提升,强健的体魄被视为生存和胜利的重要资本。因此,即使在和平时期,类似的体育训练也会被持续进行,以备不时之需,这不仅强化了体育在社会中的地位,也将生命安全教育的理念深深植入了人们的日常生活中。

综上所述,体育与生命安全教育在战争背景下的"同源"性,体现在军事训练对身体能力的塑造和安全防护知识的传播上。战争促使人类发展出一系列既增强体质又确保生命安全的技能与策略,这些技能与策略在后世逐渐转化为体育项目和生命安全教育的内容,影响深远。这一时期的人类社会,通过战争的洗礼,不仅在对抗中寻求生存之道,也在这一过程中孕育了体育与生命安全教育的初步形态,为后来这两者的发展奠定了基础。

(三)体育与生命安全教育同源

体育与生命安全教育在教育同源的视角下,展示了它们作为人类早期教育不可或缺部分的共同发展历程。在教育的初始阶段,特别是在文字和书籍尚未普及的史前社会,知识与技能的传递主要依赖于口头传授和行为模仿,教育活动与日常生活紧密交织,体育与生命安全教育在这一体系中是高度融合的。这一时期的教育内容侧重于生存技能的传授,包括基本的生产技能和自我保护能力,如使用工具、狩猎、防御野兽等,这些既属于体育活动的范畴,也是生命安全教育的核心。通过模仿和实践,年轻一代学习如何有效地运用身体,提高身体素质,同时也学习如何在危险环境中保护自己,这些都是生命安全的基本要素。因此,体育教育与生命安全教育在教育的萌芽阶段并未严格区分,而是共同构成了人类早期教育的主体。

随着社会的发展,教育体系逐渐细化,体育和生命安全教育虽然在形式和内容上变得更为专门化,但其共同的教育本质未变。体育教育开始关注身体的全面发展、团队合作与竞技精神的培养,而生命安全教育则扩展到健康教育、急救知识、灾害应对等多个领域,但两者都继续承担着提升个体生存能力与生活质量的重要任务。因此,无论是从劳动同源、战争同源还是教育同源的角度来看,体育与生命安全教育都深刻地体现了人类社会早期对生存与发展的迫切需求,它们共同构成了人类教育史上的重要基石,不仅促进了人类身体能力的提升,也深化了对生命安全和价值的认识。在现代社会,这两者依然是教育体系中不可或缺的组成部分,共同推动着人类社会的健康与进步。

二、现代教育学视角下体育的生命指向

现代教育的本质体现为一种互动与共享的平台,其中教师与学生作为平等的参与者,在沟通中共同探索知识的海洋,超越了传统的单向灌输模式。它旨在通过知识的流通不仅传递信息,更是启迪智慧,引领心智成长,推动理性思考与创新能力的飞跃。教育的终极追求在于心灵的滋养与性格的完善,借助情感与理性的和谐共生,促进个人的人格健全与心理健康。教育的过程被视为一个动态平衡的行为艺术,交织着内外世界的调和、引导与自我探索的互动、知识传授与思维启发的交响,以及外界影响与内心反省的双重奏,体现了矛盾中寻求统一的哲学智慧。在此框架下,教育制度不再仅仅是规则的集合,而是成为一种精神,渗透并指引着教育机构的每一个角落,成为推动教育进步的灵魂。

教育现代化的愿景在于重塑教育的面貌,与过往形成鲜明对比,不仅在课程内容、教育策略、培养模型及人才规格上实现革新,更倡导平等、民主、多样性、终身学习及全球视野的价值观。这不仅是对教育体系的革新,更是响应时代需求,致力于人的全面素质提升,使之与现代社会的发展同频共振。我国素质教育的蓝图明确指向于培育新一代社会主义接班人,他们应兼具崇高理想、高尚品德、丰富学识、严明纪律,以及在德、智、体、美、劳各方面均衡发展的健全人格,追求生命的完整性、完美性与至善境界,以此培养能够担当民族复兴大任的时代新人。[①]

体育作为一门综合性的教育学科,其重要性和独特价值体现在多方面。它不仅仅关注于身体的锻炼和健康,更深层次地触及人的全面发展

---

① 梁琦.体育与生命安全教育内在关联性问题研究[D].郑州:郑州大学,2016:36.

和社会文化的建设。体育通过系统的身体练习和竞技活动,不仅增强了个体的生理机能,提高了身体素质和健康水平,还通过挑战自我极限、团队合作等形式,锻炼人的意志力、自我超越精神以及团队协作能力,这些都是现代社会极为看重的个人品质。

体育活动所营造的公平竞争环境,成为道德教育的生动课堂。在比赛中遵循规则、尊重对手、公平竞争的原则,不仅强化了体育精神,也传递了社会公平正义的价值观,为构建和谐社会提供了精神支撑。此外,体育作为一种跨越国界的文化活动,促进了国际友好交流,加深了对和平、进步、团结等全球共识的理解与认同。

在国内教育体系中,体育作为"五育"之一,与德育、智育、美育、劳动教育相辅相成,共同促进学生的全面发展。通过体育教育,学生不仅增强了体质,还在实践中学习如何合作、如何面对失败与成功,这些经历对于形成良好的道德品质、增强社会责任感以及培养解决问题的能力至关重要。因此,体育教育的目标已经从单一的身体健康拓展到了人格完善、社会适应能力提升等多个维度,反映了我国教育理念的现代化和多元化发展趋势。

体育是人类社会不可或缺的一部分,它通过促进身心健康、培养高尚品德、强化社会凝聚力以及传播正面价值观,为构建更加和谐、进步的社会作出了不可磨灭的贡献。在全球化背景下,体育的这种普遍性和独特魅力,使其成为连接不同文化、促进世界和平的重要桥梁。

在当代中国社会,体育的重要性日益凸显,其影响力远远超出了简单的体育锻炼范畴,深刻地影响着国家的政治、经济、文化和社会生活的多个层面。随着社会的快速发展,体育的功能也在不断演变和扩展,尤其在学校体育领域,其发展更加全面和深入,体现了现代体育的多功能性。

在生命层面,学校体育通过科学系统的体育锻炼,全面提高学生的身体素质,不仅增强了体质,还促进了身心健康,为学生的长期健康和生命质量奠定了坚实基础。在面对现代社会生活方式带来的健康挑战时,体育教育成为预防疾病、提升生活质量的有效途径。

在精神层面,学校体育通过体育活动激发学生的潜能,促进个性全面发展,培养出坚韧不拔的意志力、团队合作精神以及高尚的道德情操。这些精神特质是社会主义精神文明建设的重要组成部分,对形成积极向上、勇于挑战的社会风气具有重要作用。

在技能层面,学校体育着重于对体育知识、技术、技能的传授,帮助学生掌握运动技能,了解健康保健知识,这不仅提升了学生的体育实践能力,也为他们未来参与社会体育活动、维持健康生活方式提供必要的工具和知识。

在社会层面,体育教育通过团队合作、竞赛交流等活动,增强了学生的社会适应能力和人际交往能力,使他们能够更好地融入社会,为社会的和谐与进步作出贡献。同时,体育活动作为文化交流的载体,有助于增进国际理解和友谊,提升国家软实力。

体育教育直接关联到人类自然生命的维系,尤其在当下这个电气化与自动化高度发达的社会里,日常生活中的体力劳动大幅减少,导致诸多健康问题频发,对人的自然生命构成了潜在威胁。与此同时,体育教育还在深层次上滋养着人类的精神世界,它通过锻炼坚韧不拔的意志、强化团队合作的意识,丰富了个人的心理体验与精神风貌。正因如此,社会对体育活动的需求急剧上升,各式各样的体育形式被大力推广,旨在通过这些活动提高民众的生活质量,增强自然生命的活力,并深化精神层面的愉悦与成长。

第四节　生命安全教育在高校体育教育中的渗透

一、生命安全教育在高校体育教育中渗透的重要性

(一)降低安全事故发生的风险

鉴于当前高校频发的安全事故情况,将生命安全教育与体育课程紧密结合成为一项紧迫任务。学生在体育活动中遭遇安全事故的原因多样。首先,学生普遍体质与体能水平下滑,难以确保在体育活动及竞赛中既安全又有效地参与;加之体育安全管理制度不健全、场地设施不达标以及参与者技能欠缺,体育活动中的安全隐患显著增加。其次,校园内外暴力事件频发,成为生命安全的重大威胁。大学生的独立性较强,人际冲突易于发生,这成为安全事故频发的关键因素之一。最后,自然灾害和突发事件,如地震、台风、海啸、火灾、交通事故等,亦是造成生命安全问题不可忽视的原因。

因此，高校亟须在各类课程中融入生命安全教育，而体育课程作为实践生命安全教育的天然平台，其重要性不言而喻。

（二）作为学生社会适应能力培养的桥梁

生命安全教育在促进学生形成坚韧意志与不屈不挠精神方面发挥着关键作用。现代社会信息爆炸，学生往往缺乏足够的生活经验，易产生自我认知迷茫，辨别是非能力较弱。学习与家庭压力双重叠加，使学生承受巨大的心理负荷，为安全问题的发生埋下隐患。体育教学在此背景下显现出其独特价值，它不仅能够帮助学生放松身心、调节情绪，减少对单纯安全知识讲授的抵触情绪，而且，体育课堂本身就内含安全教育的契机，能够在锻炼学生意志品质、促进心理健康的同时，自然引出生命安全教育的话题。长期接受此类教育的熏陶，学生的心理承受力、自信心将得到显著提升，为其将来步入社会、适应复杂多变的生活环境奠定坚实的基础。

二、生命安全教育在高校体育教育中渗透的路径

（一）基于生命安全教育制定体育教学目标

将生命安全教育深度融入高校体育教学体系，以此为核心导向设定具体且富含人文关怀的体育教学目标，具体如下所述。

（1）生命安全知识认知目标。在体育教学活动中，无形中培养学生对生命安全理论的认识，确保学生不仅锻炼身体，还能学会辨识并防范潜在的危险，掌握必要的自我保护身体动作。

（2）应急技能培养目标。扩展体育课程范畴，纳入应急处置技能的学习，如基本的急救知识（如简单包扎、CPR 心肺复苏）、火灾避险、自然灾害应对及个人自救技能，填补传统体育课程中可能忽视的安全技能空白。

（3）体质强化与体能提升目标。借助武术练习、力量训练等多种形式，全面增强学生的身体素质与体能，旨在提高他们抵抗外界危险、保障自身安全的能力，同时促进体育技能的精进。

（4）心理健康培养目标。通过模拟逃生演练、分享安全智慧及强化人际交往技巧，帮助学生建立积极的心理防线，减少因回忆或想象灾害、暴力事件而引发的恐惧和焦虑，维护学生的心理健康状态。

（5）危机管理能力培养目标。创设模拟体育伤害、自然灾害及冲突解决等情境,锻炼学生在紧急情况下的决策力、团队协作和社会适应能力,既考验也提升他们的实际操作与组织协调技能。

（二）基于生命安全教育设计体育教学内容

生命安全教育包含四个维度,如图 1-1 所示。在高校体育教育中渗透生命安全教育,需要从知识层面、技能层面着手,并兼顾生命安全教育的四个维度来设计教学内容,如图 1-2 所示。

1. 生存知识传授

在生存知识传授方面,教学内容应重点涵盖以下几个关键领域。

（1）自然灾害应对知识。深入讲解各类自然灾害（如地震、洪水、台风）发生时的正确应对策略,包括但不限于寻找坚固遮蔽物避难、远离可能倒塌的建筑物和电线杆,以及在特定情况下采取的特定防护措施,明确指出跳楼等行为的极高危险性,培养学生在紧急情况下的正确判断力。

（2）自我保护与反暴力策略。传授实用的自我防卫智慧,不仅限于物理防御技巧,更强调情境感知、预警信号识别以及非对抗性解困策略。通过案例分析,提升学生的警觉性和应变能力,教授如何智取而非力敌,安全脱身于潜在的暴力威胁中。

（3）急救与健康知识。普及基础医疗知识,如心肺复苏（CPR）步骤、止血包扎方法、噎食急救、烧伤初步处理等,确保学生能在等待专业救援到来之前,对常见的意外伤害和突发性疾病（如心脏病发作、中暑、低血糖）进行初步的有效处理。

2. 生存技能培养

在生存技能培养方面,需通过一系列实践活动来强化。

（1）体能锻炼。设计全面的体能训练计划,包括耐力、力量、灵活性和反应速度的提升,奠定坚实的生理基础,确保学生在面对紧急状况时,有足够的体力支撑自救与互救行动。

（2）防身武术学习。引入适合青少年的防身术或武术课程,不仅提升学生的身体协调性和反应能力,更重要的是培养自信心和冷静应对攻击的心态,使学生学会如何在必要时有效保护自己。

（3）实战模拟演练。定期组织消防疏散、地震避险、家庭安全检查

第一章 高校体育教育与生命安全教育

等模拟演练,以及防身技巧和急救技能的实操练习,让学生在接近真实的环境中体验并掌握生存技能,增强应急处理能力和团队协作精神。

图 1-1 生命安全教育内容的四个维度[1]

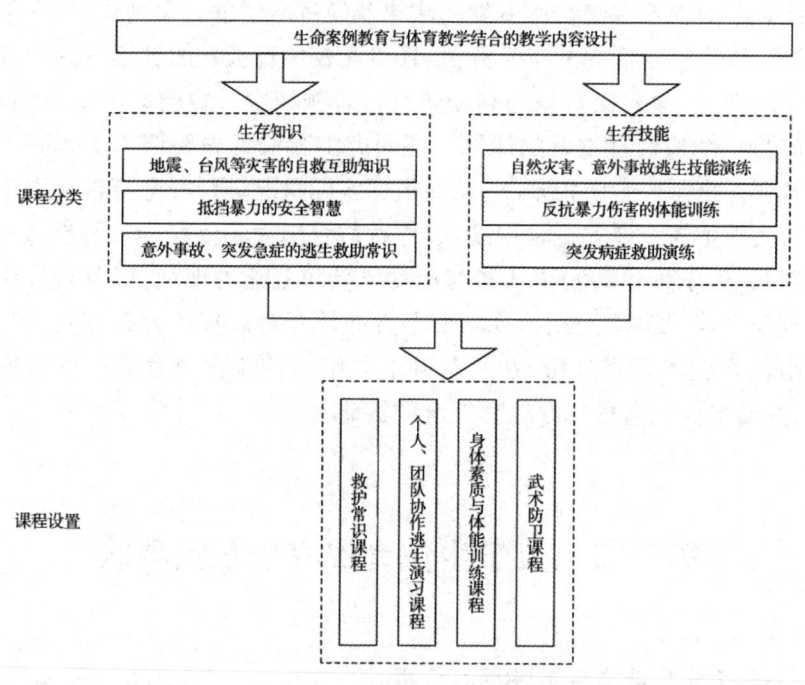

图 1-2 融入生命安全教育的体育教学内容设计[2]

---

[1]高原原.生命安全教育在体育教学中的渗透与实践[J].江西电力职业技术学院学报,2021,34(11):122-124+127.
[2]高原原.生命安全教育在体育教学中的渗透与实践[J].江西电力职业技术学院学报,2021,34(11):122-124+127.

第二章 高校体育教育安全与风险防控现状

高校体育课程的一大特点是其户外实践性强,着重于通过身体锻炼与肢体活动促进学生的身心健康。然而,这种教学方式所固有的安全风险也不容忽视。近年来,随着社会公众维权意识的显著提升,学生在参与体育活动中不幸受伤所引发的法律及经济赔偿争议案例频发,这不仅干扰了体育教学活动的正常开展,还对高校体育教育的健康发展构成了束缚。因此,深入探讨我国高校体育教育领域中日益凸显的安全问题,已成为一个迫切且重要的课题。在研究中我们首先要调查了解高校体育教育安全与风险防控现状,从而根据实际情况进行安全管理。本章主要从大学生体育课安全常识现状、体育教育中大学生安全与风险防范意识现状、大学生运动安全认知与运动风险防范能力现状,以及高校体育教师安全与风险防控意识现状四个方面展开对高校体育教育安全与风险防控现状的调查分析,在此基础上总结高校体育教育安全的影响因素,并提出促进高校体育教育安全的策略。

第一节 大学生体育课安全常识现状

一、大学生课堂自觉性情况分析

(一)大学生遵守体育课堂纪律的情况

在体育教学环境中,维持良好的课堂纪律是保障安全的重要前提。

调查了解到,大多数大学生展现出较高的纪律意识,能够主动遵守体育课堂的各项规则,这有助于减少教学活动中的潜在风险。尽管如此,仍存在小部分学生纪律观念薄弱,未能严格遵守课堂纪律,成为体育教学安全管理中不可忽视的问题。

(二)大学生体育课上的穿着情况

合理的运动着装是预防运动伤害的第一道防线。调查发现,多数大学生能够意识到专业运动着装的重要性,自觉选择适宜的运动服装和鞋子参与体育活动,这不仅提升了运动时的舒适度与灵活性,也有效应对高强度运动带来的出汗问题,并通过其特殊设计(如篮球鞋的脚踝支撑、羽毛球鞋的地面抓力)提供额外的保护作用。相比之下,少数学生在体育课上的着装不够规范,可能因着装不当增加受伤风险。

(三)大学生完成体育课堂练习的情况

体育课堂练习是提升学生体质与运动技能的关键环节。调查发现,大多数学生能够积极响应教师的指导要求,认真参与并有效完成课堂练习,这对促进学生身体健康及技能提升有着显著正面影响。然而,也有部分学生表示在完成某些体育课堂练习时遇到困难,反映出个体差异、体能水平或技能掌握程度的不同,这一现象提示教育者需关注练习难度的适当调整以及对学生个性化需求的支持。

二、大学生体育教学中自主学习能力分析

(一)大学生自行调控运动负荷的能力情况

运动负荷的科学管理是体育锻炼效果与安全性的关键。运动负荷涉及"量"与"强度"的合理搭配,而体育教学实践中,尽管遵循循序渐进与因材施教的原则,针对不同健康状况与运动水平的学生(如基本组、准备组、保健体育组)制订教学计划,实现完全个性化的教学仍面临挑战。因此,培养大学生自我调节运动负荷的能力,成为降低体育教学中运动风险的有效途径之一。调研发现,多数学生能够自主控制运动负荷,但也有少部分学生表示缺乏这方面的能力,强调了在体育教学中加强这一能力培养的重要性。

（二）大学生对个人运动医务监督指标的了解情况

在对运动医务监督指标的认知上，大学生普遍对体重、肺活量等基本指标较为熟悉，这得益于它们作为体质测试常规项目的普及。然而，大学生对心率这一重要健康监测指标的了解却相对不足，值得注意。心率不仅是心脏功能的直接反映，也是评估运动强度和个人健康状况的有效依据。了解正常范围的心率值及其与运动、健康的关联，对于预防运动风险、促进健康具有重要意义。在当前心率监测设备日益普及的背景下，体育教学中加强对心率知识的教育显得尤为迫切。

（三）大学生正确使用运动场地器材的能力情况

安全、有效地利用运动场地与器材是体育学习不可或缺的一环。调查发现，大多数大学生能够正确识别和使用体育设施与器材，体现了他们较好的实践操作能力，这也是防止运动伤害事故发生的基础。尽管如此，仍有少量学生在这方面的能力欠缺，提示体育教学中还需进一步强化对运动场地器材使用规范的教育，确保每位学生都能安全、高效地参与体育活动。

第二节 体育教育中大学生安全与风险防范意识现状

体育教育中大学生安全与风险防范意识的强弱，主要体现在其对体育教育风险因素的认知中。调查发现，大学生普遍认为运动场地环境、体育教师和自身因素是体育教育的主要风险因素，下面具体分析大学生对这三大风险因素的具体认知情况。

一、大学生对场地环境风险的认识

体育教学环境的安全性直接关系到教学活动的顺利进行与学生健康。理想的体育场地需满足以下几点安全要求：地面材质具备适度弹性，用以吸收运动冲击，减少跌倒伤害；场地尺寸适宜，布局合理，避免

第二章 高校体育教育安全与风险防控现状

因空间狭小造成的碰撞事故;周围设置必要的安全防护装置,如防护栏、隔离网,以保障特定运动项目的安全进行;并且,场地的日常维护与管理必须到位,通过定期检查维修设施,排除潜在安全隐患,确保所有教学活动在安全的环境中展开。调查了解到,大学生广泛认识到体育教学中场地与器材问题是首要安全风险源,具体涵盖器材质量缺陷、设备破损、设施设计不合理及场地不符合安全标准等方面。

二、大学生对教师风险的认知

在对体育教学中教师因素的风险认知上,大学生的反馈集中体现在以下几个方面:教师未能充分做好课前准备与健康筛查,导致对潜在安全问题预见不足;部分教师安全意识淡薄,缺乏有效识别与预防危险的能力;教学组织混乱,无法有效维护课堂秩序;教学内容设置超出学生能力范围,增加受伤风险;缺乏必要的安全教育指导,以及在保护措施实施上的疏忽。这些因素共同构成了体育教学中的安全隐患,凸显出提升教师安全责任意识、加强安全管理和教育实践的重要性。

三、大学生对自身风险的认知

大学生认为,对体育教学安全构成威胁的学生自身因素包括以下几方面。

(一)技术动作不正确

大学生普遍意识到,自身技术动作的不准确是体育活动中一个重大的安全隐患。技术动作的错误执行,违背了人体生理结构特性和运动生物力学原理,极易引发运动伤害。例如,在进行跳箱训练时,精确的踏跳与推手时机是保证腾空高度和避免撞击的关键,任何时间点的偏差都可能导致意外碰撞。同样,在篮球和排球运动中,正确的接球手势对于缓冲冲击力、防止手指扭伤至关重要,错误的手形则直接增加了受伤概率。

(二)安全意识不强

大学生自我安全意识的不足被视作影响体育教学安全的另一个重要因素。学生作为体育活动的直接参与者,缺乏对预防运动伤害重要性的充分认识,思想上的轻视和预防知识的匮乏,加上在实际操作中未能主动采取预防措施,共同构成了一个隐患链,使得运动伤害事件频繁发生。这种情况下,增强学生的自我保护意识和提升预防伤害的能力显得尤为关键,以期在源头上减少不必要伤害,保障体育教学活动的安全进行。

（三）缺乏自我保护

大学生认识到在体育活动中缺乏自我保护能力是导致安全风险上升的重要因素。在体育实践中,诸如不慎跌倒时用手支撑、跳跃后落地姿势不当等,均是由于自我保护技能不足所导致的常见伤害情形。鉴于身体各部位功能与损伤恢复能力的差异,大学生应重点学习并运用以下自我保护策略:首先,优先保护头部,因其对生命功能至关重要且损伤后果严重;其次,重视躯干与胸腰部位的防护,防止内部器官受损;再次,加强上肢保护,因其相对脆弱易骨折;最后,确保下肢稳定落地,以减少摔倒风险,并学会在失去平衡时采用滚动等方式减少伤害,避免直接用手支撑或让头部、胸腰直接触地。此外,学生还应学习运动前的热身拉伸,针对高负荷或薄弱环节佩戴保护装备,如护膝、护腕等,以全面提高自我保护水平。

（四）心理素质差

大学生普遍认为,较低的心理素质对体育教学安全构成影响。心理素质是个人综合素养的一部分,它基于天生条件,通过后天环境、教育及实践活动等多因素交互作用而形成与发展。心理素质不佳在体育活动中通常体现为适应能力弱、学习动力不足及目标导向性差,这些成为体育学习中的短板,不仅影响运动表现,还易于导致因紧张、恐惧等负面情绪管理不当而引发的自我伤害事故。因此,提升学生的心理韧性,加强心理调适训练,也是体育教学中不容忽视的安全教育内容。

（五）注意力不集中

注意力不集中是高校体育活动中容易引起安全问题的一个重要因素。在体育课堂上,学生若无法集中注意力,不仅容易导致个人动作失准、失误,还可能忽略周围环境中的安全隐患,比如其他同学的碰撞风险或场地条件的变化,从而增加受伤的可能性。

（六）身体疾病

部分大学生认为，学生的身体疾病状况对体育教学安全具有重大影响。许多运动事故的背后，往往隐藏着参与者身体状况不佳的因素，特别是运动性猝死案例，通常与个人身体不适紧密相关。因此，体育教学开始前进行学生健康筛查，并根据学生的健康状况进行分层次、个性化的教学分组，是预防运动风险的有效策略。教师应在每节课前仔细询问学生的身体状况，对于报告过度疲劳、情绪焦虑或身体不适的学生，应及时调整其运动强度和运动量，灵活制订个性化的体育教学计划，以确保教学活动既安全又高效。

第三节　大学生运动安全认知与运动风险防范能力现状

在当前追求健康生活潮流的推动下，大学生群体积极参与各类体育活动的现象蔚然成风。从篮球场到足球场，乃至校园的每一个角落，都洋溢着他们活力四射、不懈锻炼的气氛。然而，伴随这一积极趋势而来的，是运动安全问题日益凸显，已成为一个亟待解决的社会健康议题。运动安全认知，作为一个关乎个体对运动潜在风险、伤害认知及预防策略理解的概念，在大学生群体中仍处于相对较低的关注水平。与此同时，运动风险防范能力，即个体在运动中采取有效措施避免或减轻伤害的能力，也显示出不足之处。

一、大学生运动安全认知的不足

当前，大学生在运动安全认知上表现出若干显著的缺陷。一方面，尽管他们对体育运动充满热情，但对运动伤害的潜在严重性和预防策略的了解却显得肤浅。他们或许知晓运动如跑步、球类运动对健康的益处，却往往忽视不当运动方式可能招致的伤害，比如常见的肌肉拉伤、关节扭伤，乃至更为严重的运动伤害。另一方面，学生在选择参与的运动项目时，未能充分考量个人的身体条件、技能水平和运动环境的安全性,这种选择上的盲目性无形中放大了运动中的风险。例如,不具备足够篮球技巧的学生未经适当指导便投身高强度比赛,其受伤风险显著增加。此外,许多学生忽视运动前热身和准备活动的必要性,这不仅限制了运动表现,更直接增加了运动伤害的可能性。

二、大学生运动风险防范能力的缺失

在运动风险防范能力方面,大学生群体普遍表现出急救知识和技能的缺乏。面对突发的运动伤害,他们往往感到茫然无措,无法迅速而有效地进行初步的自我救助或相互援助,这样的反应不仅错过了最佳治疗时机,还可能加剧伤害程度。另一方面,高校体育设施与器材的维护管理不足,亦成为威胁运动安全的另一隐患。磨损的跑道、不稳固的运动设施、不合标准的健身器材等,均构成了运动伤害的潜在来源,进一步加剧了安全风险。

总之,提升大学生的运动安全认知水平与风险防范能力,强化体育设施的维护管理,以及普及运动伤害的急救知识,是当前高校体育教育中亟须解决的问题,对于保障学生健康、促进体育活动的良性发展具有重要意义。

第四节 高校体育教师安全与风险防控意识现状

一、体育教师上课前的风险排查情况

调查研究发现,体育教师在课前安全检查工作中,首先关注的是学生是否穿着符合运动要求的服装,这反映了教师们普遍认识到不适宜的着装会直接影响运动安全,非专业的运动服饰可能增加运动伤害的风险。其次,教师们重视运动器材的安全性能检查,确保器材无损、功能正常,因为器材问题同样是运动伤害的重要来源。此外,运动环境的清洁卫生也是教师们例行检查的重点,表明大家共同认识到干净卫生的环境是保障运动安全的基础。

然而,室内场馆的通风状况、运动场地的空气温湿度调控以及环境

第二章　高校体育教育安全与风险防控现状

噪音控制等环境因素在当前的检查项目中排名相对靠后。尽管这些因素看似间接，但实际上，体育建筑的环境卫生条件对体育活动的顺利进行及教学效果具有深远影响。随着全球气候变化加剧，如气候变暖、温室效应、雾霾、沙尘暴及极端天气事件频发，这些环境因素正逐步成为影响人类健康的新挑战。因此，在这样一个多变且复杂的环境背景下，如何确保体育教学活动的安全进行，如何持续关注并优化体育教学环境，使之更好地服务于体育活动，将成为未来体育教学研究的一个核心议题。体育教师在提升个人风险防控意识的同时，也要不断探索和适应环境变化，确保体育教学活动既能促进学生身心健康发展，又能有效应对环境带来的挑战。

二、体育教师在课堂上的安全教育情况

调查了解到，在体育课堂上，体育教师普遍将运动技能知识的传授放在首位，强调正确的技术动作是预防伤害、确保教学安全的关键。其次，教师们也重视体育锻炼基础知识的教育，包括锻炼的科学原理、如何合理安排运动强度、时间、频率与量，以及运动项目的适宜选择和锻炼计划的执行，这些内容有助于学生建立正确的锻炼习惯和意识。运动安全知识，如器材的正确使用、选择和危险识别，以及运动损伤的预防、急救和治疗康复等，虽然也得到了一定重视，但在教学中的比重相对较低。

值得注意的是，调查反映出体育教师对运动人体科学知识的教育重视不足。运动人体科学作为一门综合学科，融合了人体解剖学、生理学等多领域的理论与方法，旨在深入探究体育运动对人体结构、功能的影响及运动保健的规律。该学科包含运动解剖学、运动生理学、体育保健学等核心内容，对于深化学生对"为什么这样做"的理解至关重要，即不仅让学生明白运动的操作方法，更要理解其背后的科学原理，以此激发学生的学习主动性和自觉性，引导他们进行科学的体育活动。因此，强化运动人体科学知识的教学，不仅能够提升学生在体育锻炼中的安全意识和自我保护能力，还能促进学生对体育运动的深层次理解和科学态度的形成，是提高体育教学质量、保障学生身心健康不可忽视的环节。未来体育教学改革中，应加大对运动人体科学知识的整合与教授力度，使之成为体育教师教学内容的重要组成部分，以期全面提升学生的体育素养和健康水平。

三、体育教师在课堂上的安全防范情况

（一）体育教师提供保护帮助的情况

在体育课程开展的过程中，保障学生的安全免受运动伤害是一项至关重要的任务，尤其是考虑到体育活动固有的风险性，这些本意促进身心健康与发展的课程有时却可能意外转变为伤害事件的源头。因此，采取有效策略来防止运动伤害及意外事故，超越了简单的准备活动范畴，深入到运动过程中的防护措施显得尤为关键。当教育内容涉及复杂技巧操作或高危运动类别，例如，轮滑、攀岩探险等，强化体育教学中的安全保障措施变得尤为重要。

调查发现，众多体育教师已积极采取行动，在课程实施中对那些技术难度大、风险偏高的动作给予直接的安全辅助，或是巧妙设计学生之间的相互辅助机制，以此作为防范伤害的有效途径。这种做法不仅体现了教师对学生安全的高度负责，也促进了学生之间相互支持与协作精神的培养，为体育课堂营造了一个既安全又促进个人及团队成长的环境。

（二）体育教师关注学生运动表现的情况

在体育教学实践中，体育教师通过细致入微的医学观察来评估学生的健康状态及他们对运动负荷的适应能力，这是优化教学方法、提升教学质量、确保体育锻炼效益最大化的核心手段。医学观察不仅有助于识别体育课程组织的合理性与运动环境的卫生标准，还为个性化调整运动负荷提供了科学依据，旨在确保运动训练既能激发学生的生理潜力，又不至于造成身体负担过重。

观察对象的选择通常涉及不同体质与机能状况的学生，以便全面分析体育教学对学生多样性的适应性和影响。观察重点聚焦于学生在运动过程中的生理与心理反应，旨在及时调整运动计划，防止因运动负荷不当引发的负面效应，如过度疲劳、情绪紧张等，这些都是影响运动效果和学生健康的关键因素。值得注意的是，运动刺激的"适量原则"极为重要，过量或不足的运动负荷均无法达到预期的训练效果，且易导致身体不适或其他健康问题。

体育教师在实际教学中对学生运动表现的关注层次分明，首要关注

的是易于直观判断的主观指标,如面色、神情、情绪状态和出汗量,这些无需特殊设备即可快速捕捉到的信息,便于教师及时调整教学策略,维护学生的身心健康。相比之下,心率、血压、肺活量、呼吸频率等客观生理指标,尽管更为精确科学,但在日常教学中,由于缺乏便捷的监测工具和繁重的教学任务,往往难以进行连续、系统的监测。这解释了为何体育教师更倾向于依赖直观的主观指标来监控学生运动状态,而相对忽视了需要专业设备支持的客观指标监测。

综上所述,体育教师在关注学生运动表现时,虽受限于实际条件,但仍需努力平衡主观观察与客观数据收集,探索利用现有资源和创新方法,以期在确保学生安全与健康的同时,提升体育教学的科学性和有效性。未来,随着科技的进步和体育教育理念的深化,加强体育课堂中的综合监测能力,将是提高体育教学质量的重要方向。

(三)体育教师在课堂结束部分安排放松活动的情况

体育课程的收尾阶段,放松活动的安排被视为教学流程中不可或缺的一环,它与热身准备活动相辅相成,共同构建完整、科学的体育教学体系。放松活动,或称为整理活动,扮演着缓解运动后遗效应、促进身体机能恢复的关键角色。通过一系列逐渐递减强度的动作,帮助学生从剧烈的运动状态平缓过渡至静息状态,有效减轻肌肉紧张,促进血液循环回归常态,减少乳酸堆积,加速代谢废物的排除,从而减轻心脏负担,加速体力恢复,为后续的学习或生活储备能量。

调查了解到,现今多数体育教师充分认识到放松活动的重要性,将之纳入课程设计的必经环节,体现出教师群体对体育安全教育意识的显著提升。教师们采用多样化的放松练习,如慢跑、伸展运动、呼吸调节练习等,引导学生进行这些活动不仅有助于即刻缓解学生的身心疲劳,还对学生长期保持参与体育活动的积极性、预防运动损伤具有深远意义。通过系统的放松活动,学生不仅能在身体上感到轻松愉悦,还能在心理层面体验到成就感和满足感,为日后的体育学习奠定良好的身心基础。这表明,体育教师在课程结束时精心安排的放松活动,已成为促进学生运动后恢复、保障体育教学质量的重要实践。

第五节　高校体育教育安全的影响因素分析

一、人的因素

（一）学生因素

1. 安全意识的缺乏

在体育课堂的动态环境中，学生面对潜在伤害源时的初步判断与应对策略至关重要。调查研究发现，不少大学生在体育课程中尚未充分建立安全防护意识，常因低估技术动作的难度或过高估计自身能力，轻视了受伤的可能性，甚至未经教师指导便尝试自行练习。体育参与本应基于充分的安全认识，促进技能提升与身心成长，但部分学生忽视理论指导的价值，仅追求实践操作，这种观念直接关联到体育课上的伤害事件。尽管课程前的理论讲解突出了热身及伤害预防的重要性，学生的理论应用实效却并不理想。学生自我防护能力的缺失，部分归咎于理论知识与实践操作的脱节，当挑战真正来临，多数学生难以恰当运用自我保护技巧，酿成了安全事故。

2. 缺乏良好的运动习惯

在全民健身与阳光体育的倡导下，培养正确的运动习惯，减少运动伤害成为学生与教师共同面临的课题。部分学生虽能遵照指示进行热身，但在实际运动中，或是强度失控，或是运动不足，显示了自我调节能力的薄弱与良好运动习惯的缺失，这对身心健康构成不利影响。部分学生的疏忽大意、准备不足，以及对安全措施的无知和过分自信，特别是面对高难度动作时的侥幸心理，主观上提升了受伤风险。这些态度问题在课堂上体现为：学生未着运动装、热身敷衍了事、技术讲解时注意力分散等。

第二章　高校体育教育安全与风险防控现状

3. 学生身体素质不佳

青少年体质一直是国家重点关注领域,尽管近年来大学生体质下滑趋势有所抑制,但总体水平偏低仍是体育教学安全问题频发的重要因素。究其原因:一是生活习惯不良,如熬夜、不规律饮食及偏好高热量食物,加之运动时间极度压缩;二是科技进步带来的生活方式变化,电子产品的普及让传统体育活动如足球、篮球逐渐被边缘化,学生失去了有效的锻炼机会。

(二)教师因素

体育课程的成功与安全性在很大程度上依赖于教师的专业素养、工作热情及责任感。一位尽职尽责的体育教师会将学生的安全意识培养视为首要任务,有效降低运动伤害的风险。然而,不可忽视的是,部分体育教学过程中出现的学生安全事件,往往与教师的某些不足直接相关,具体体现在以下两个方面。

1. 安全意识不足

体育课堂上的安全认知水平直接影响到学生受伤的概率。遗憾的是,当前高校体育教师群体中,对安全问题的重视普遍不够充分。部分教师过度聚焦于完成既定的教学任务,而忽视了将安全教育置于体育教学的核心位置。这种倾向体现在日常教学细节中,比如,鲜有教师坚持每次课前彻底检查运动场地和器材的安全性,对学生是否穿着适宜的运动装备也缺乏足够的关注。这些现象共同揭示了一个问题:在很多高校体育教学实践中,安全意识的培养并未得到实质性的贯彻,即便偶尔进行的器材检查也常常流于形式,缺乏真诚与严谨。

2. 安全教育培训缺失

系统化的安全教育培训对于体育教师而言至关重要,但现状是,多数高校教师仅接受过有限次数的安全教育课程,这一状况的形成,既有学校资源配置的偏向问题,也与教师个人职业发展的侧重有关。当前,高校体育领域的发展策略往往偏重科研成果,教师为了晋升职称不得不将大量时间和精力投入到科研工作中,间接导致了对体育课程安全教育的忽视。因此,推行全面、深入的安全教育培训计划,以提升教师的安全防范与应急处理能力,已成为当务之急。

3. 运动强度不够合理

科学合理的运动强度是促进学生身心健康发展的基石。然而,实际情况反映了一些体育教师在安排运动强度时面临的问题:一方面,部分教师设定的运动强度超出了部分学生的承受范围,未充分考虑学生的个体差异性,这种"一刀切"的做法不仅增加了安全风险,还可能挫伤学生参与体育活动的积极性;另一方面,也有教师出于安全考量或对训练效果的误解,将运动强度设置得过低,导致学生体能提升受限,无法达到应有的锻炼效果。因此,平衡全体学生的实际需求,个性化调整运动强度,成为提高体育教学质量的关键所在。

4. 处理学生运动损伤能力薄弱

体育活动中潜在的风险要求体育教师必须具备应对突发伤害的基本技能。虽然多数体育教师能够妥善处理如肌肉痉挛、轻微扭伤等常见轻微伤害,显示出了一定的初步处理能力,但在面对更严重如骨折、严重出血等情况时,部分教师的应对显得不够专业和及时。这主要表现在两方面:首先是损伤评估能力不足,不能迅速准确地判断伤害程度;其次是应急处理技巧缺乏,有时过于依赖个人经验而忽略了与校医或其他专业人士的即时沟通协作。鉴于此,体育教师应不断提升自身的专业知识与技能,不仅要深化对基础运动损伤处理方法的学习,还应当掌握紧急情况下的正确应对流程,包括但不限于立即联络医疗支持,以确保在任何情况下都能迅速有效地保护学生安全,减轻伤害后果。

二、物质的因素

(一)教学场地存在着安全问题

1. 教学场地较少,场地安排不合理

在众多高校体育课程体系中,田径项目因其必修性质而广泛开展。然而,受限于专业田径场地的稀缺,每堂课时有限的场地资源不得不承受高密度的使用压力。这导致了不同班级在同一时间段内被迫共享场

第二章　高校体育教育安全与风险防控现状

地,仅仅依靠简易划分来区分各自活动区域,进而练习多样化的体育项目。如此一来,不同运动之间的互相干扰难以避免,大大增加了教学过程中的安全隐患,威胁到体育活动的安全性。例如,田径场上同时进行铅球投掷、健美操练习及足球训练的场景,便是场地供需矛盾突出的直接体现,它显著反映出场地配置的不合理性,不利于安全教学环境的营造。

2. 体育场地老化、建设不规范

高校体育场地的老化问题普遍存在,尤其是历史悠久的学府,这一情况更为严峻。年久失修的篮球场,其破损的水泥地面布满坑洼与裂纹,球体触地后的反弹变得难以预测,增加了运动员受伤的风险。此外,一些场地因历史遗留问题,采用了非专业的改造方式,譬如室外网球场简单由旧篮球场或排球场改造而成,仅做了基础的围栏设置与表面修整。这种变通式的建设不仅未能满足特定体育项目的规范要求,还潜藏了更多的安全隐患,凸显出体育教学基础设施更新升级的迫切需求。

(二)运动器材的使用存在安全隐患

在高校体育教学与活动中,运动器材的安全使用问题不容小觑,具体表现在以下几个方面。

第一,器材老化与陈旧。随着时间的推移,部分运动器材出现明显的老化迹象,这不仅影响了器材的正常功能,还可能因结构不稳增加意外风险。

第二,过度损耗导致的器材损坏。频繁且高强度的使用使得一些器材不堪重负,提前进入损坏状态,这类器材若继续投入使用,极易引发安全事故。

第三,器材质量不达标。部分运动器材从源头上就存在质量问题,材质、制造工艺的不合格直接威胁到使用者的安全健康。

第四,安全警示标识缺失或不明晰。清晰的警示标识是预防事故的重要环节,但现实中,不少器材上的安全提示模糊不清,甚至完全缺失,使学生在使用时缺乏必要的安全指引。

尤其值得注意的是,室外固定的体育设施由于长时间暴露在自然环境中,缺乏有效维护,表面锈蚀、部件老化现象尤为严重,进一步加剧了使用过程中的安全隐患。

(三)体育经费不足

在确保体育教学质量和安全的诸多要素中,充足的资金支持占据核心地位。理想的状况下,充裕的体育经费不仅能够保障运动场地的维护与升级,还能确保体育器材得到及时的保养与更新,从根本上预防安全事件的发生。然而,现实情况却不容乐观,许多高等教育机构面临着体育经费捉襟见肘的困境,其根源在于资金分配的倾斜政策——学校及院系往往将更多的资源集中于科研项目,无意间削弱了对体育基础建设的支持力度。这种资源配置的不平衡直接导致体育教学器材的更新换代进程缓慢,老化的设施、破损的装备不仅影响教学效果,更构成了显著的安全隐患。鉴于此,各高校管理层亟须将"安全优先"的原则深度融入体育教学管理之中,体育学院应当在积极争取科研发展的同时,建立健全器材维护与更新的反馈机制,对器材的磨损、老化情况进行实时监控,并迅速上报,以期早日排除潜在的安全风险。通过这样的机制创新与资金策略调整,方能有效遏制因运动器材问题引发的学生伤害事件,营造一个更加安全、高效的体育教学环境。

三、管理的因素

确保体育教学活动高效有序地展开,一个科学性、全面性并紧密结合学校特性的安全管理体系及执行策略是先决条件。这样一套周密的安全制度,不仅能够指导体育课程的合理规划,还能确保体育设施与器材的安全应用,有效降低各类意外事件的风险。

(一)体育安全教育的表面化问题

在体育教育的管理体系中,校领导层的决策作用举足轻重,他们对体育教学安全的重视程度直接影响到体育课程能否平稳、安全地推进。然而,部分高等学府的管理层对体育安全的认识尚浅,体现在以下两个方面:第一,将体育安全责任过度简化并直接转嫁给体育学院或体育部门,缺乏从制度层面细化学生体育安全保障措施的举措;第二,将校园总体安全与学生体育活动安全割裂考虑,仅仅将体育安全任务草率地归咎于体育教学部门,实质上将责任最终落到了体育教师肩上。

(二)体育课堂管理缺乏严谨性

体育教师在课堂上的管理水平是其专业素养的重要组成部分。然而,部分教师在体育课程管理上存在疏漏,具体表现在:未能充分考虑学生个体差异来合理安排教学内容;所采用的队列编排与练习模式缺乏科学性;在采取安全防护措施时方法不当,这一切都无形中提高了体育课堂发生安全事故的可能性。

第六节 促进高校体育教育安全的策略

一、提高领导重视程度,加强安全管理

在教育体系中,"安全"是不可小觑的基本原则,尤其在体育教学领域,潜在的安全风险往往潜藏于日常教学的细微之处,难以第一时间察觉。鉴于此,高校管理层必须提升对体育教学安全的重视等级,建立一套专门针对体育安全教育的管理体系。这一体系需囊括定期且严格的体育设施与器材安全检查机制,确保每一项教学用具均符合安全标准,并通过设立评估与反馈流程来不断优化安全规范。同时,加强常态化的体育课程监督力度,确保任何安全隐患都能被即刻识别与迅速消除,创造一个零容忍的安全教学环境。

二、完善体育安全法规体系

为确保体育教学活动的顺利进行及应对可能的伤害事件,学校应强化法治观念,明确界定安全管理职责,确保每位教职员工都认识到及时、妥善处理学生伤害事故的重要性。教育主管部门应主动介入,深入了解体育教学实际运行中的难点与问题,据此建立健全相关法律法规框架,为体育教学安全提供坚实的制度保障。

三、实行体育设施常态化维护与升级计划

针对高校体育设施现状,应当推行定期维护和升级机制,确保体育场地与器材保持最佳状态,及时淘汰老旧破损装备,避免安全隐患。校方高层需亲自过问体育设施维护事宜,确保资金与资源的有效配置。鉴于体育设施的相对闲置,可探索创新管理模式,比如在保证不影响正常教学的前提下,适度对外开放体育场所,既提高了设施利用率,又可以通过收取合理费用或合作形式引入外部培训机构,为学校体育事业开辟额外的资金来源渠道,变潜在的资源浪费为互利共赢的发展机遇。

四、培养学生良好的身体素质和运动习惯

鉴于社会对学科学习的高度重视导致大学生体质下降,特别是近视问题突出,体育教学面临严峻挑战。学生在面对稍有难度的技术动作时,常感力不从心,这凸显了提升学生体质的紧迫性。确保体育教学安全的关键在于增强学生体质基础。教学策略应侧重于通过科学训练体系增强学生全面体质,同时利用趣味性的游戏和竞争性比赛激发学生对体育的兴趣,培养他们持续锻炼的习惯,并树立正确的健康安全运动观念。

五、加强师资力量建设

确保体育教学安全和质量,关键在于有一支强有力的师资队伍。体育教师作为教学的引领者,其专业水平与责任感至关重要。教育管理部门应强化教师的业务培训和职业道德教育。对于高校而言,具体措施包括以下几个方面。

首先,扩充体育教师队伍,小班授课不仅能提升教学质量,也能减轻教师负担。其次,提升体育教师综合素质,不仅要强化专业技能培训,还需加强应急处理能力培训,确保教师能在紧急情况下迅速反应。再次,要求教师严谨备课,兼顾学生差异,平衡运动负荷与兴趣激励。最后,在技能教学中融入安全教育,现场示范并辅助学生练习,确保学生在安全环境中学习,降低意外风险。

六、合理进行体育教学安排

体育教学因其独特的教育形式、多元的教学策略及特定的教育目的,展现出了区别于其他学科的特性与规律。通过科学合理的课程规划,不仅能够有效提升学生的体育兴趣,还能在确保教学活动安全性的基础上,实现教育效果的最大化。具体实施时,应细致考量以下几个方面。

第一,适应性教学设计。依据学校现有的教育资源,包括场地设施、师资配置等实际情况,灵活设计教学方案。同时,深入分析学生的个体差异,如性别、年龄段、健康状态等,确保教学内容贴近学生实际需求,实现个性化教学。

第二,注重兴趣导向。结合学生兴趣点,采用多样化的教学形式与方法,如游戏化教学、情景模拟、分层次技能挑战等,激发学生参与体育活动的热情,使体育课堂更加生动有趣。

第三,贯彻安全首位原则。在所有教学活动设计中,始终将安全放在首位。根据不同的体育项目,事先进行风险评估,制订详尽的安全预案。在课堂上,强调规则意识,做好充分的热身准备,确保学生在安全的环境下学习与成长。

第四,加强综合素质培养。在注重体育技能训练的同时,融入团队合作、公平竞赛、坚韧不拔等体育精神的培养,以及健康生活方式的教育,全面提升学生的身心素质。

第五,进行动态调整与评估。建立教学反馈机制,定期收集学生、教师及家长的意见,根据实际情况适时调整教学计划,确保教学内容与方法始终贴合学生发展需求,推动体育教学质量持续提升。

第三章 高校体育课风险管理与运动伤害预防

体育教学活动因其动态性、互动性和身体接触性,蕴含着一定的风险,这些风险主要包括但不限于运动损伤、设施故障、环境因素等。为确保体育教学活动的安全与有效性,实施全面的风险管理策略至关重要。本章主要围绕高校体育课风险管理与运动伤害预防展开研究,具体涉及高校体育课风险的识别、评估与应对,高校体育课运动风险监管体系建构,高校体育课运动伤害和安全隐患的预防策略等内容。

第一节 高校体育课风险识别与评估

一、高校体育课风险识别

体育课程作为高等教育体系中不可或缺的一部分,旨在通过有组织、有规划的教学活动,传授体育知识与技能,提升学生的身体素质与运动能力。它涵盖了体育实践与理论两大模块,其中体育实践课以其动态的身体参与、技术技能的习得为核心,成为体育教育的实践基础。对高校体育课程,特别是体育实践课中的潜在风险进行识别,是对学生可能遭遇的各种安全威胁进行分析、分类和定性判断的过程。

(一)体育课风险源

高校体育课程的教学活动是一个多元素互动的复杂系统,涉及教材内容、师资力量、学生个体以及教学环境等多个维度。在这个系统中,

第三章　高校体育课风险管理与运动伤害预防

教师的教学行为扮演着信息传递的核心角色,不仅包括教学策略的制定与实施,也涵盖了日常的言语指导(如讲解、指令、评价)和非言语示范(如场地布置、保护措施、示范动作及面部表情)。此外,学生自身的身体条件、心理状态以及师生间、生生间的人际互动(软件环境),加之体育设施、场地的安全性与适用性(硬件环境),共同构成了教学环境的全貌。

体育课程面临的风险可归纳为外部风险与内部风险两大类。外部风险主要源自物理环境,如不达标的场地设施;内部风险则更多关联到人的行为因素,包括因组织管理不当或个人疏忽、错误甚至恶意行为导致的学生伤害。具体而言,教师的教学失误或学生自身的不当行为构成内部风险,而场地器材的缺陷或不足则构成了外部风险。

体育课的风险源如图 3-1 所示。

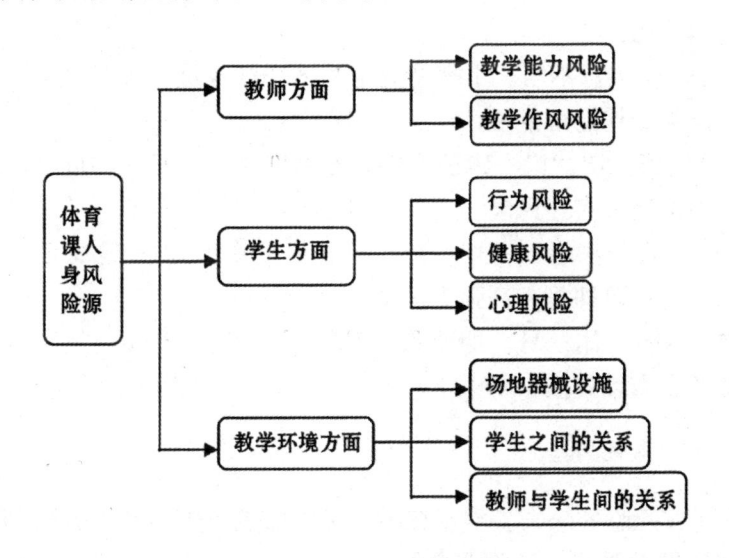

```
                          ┌─→ 教学能力风险
              ┌─ 教师方面 ─┤
              │           └─→ 教学作风风险
              │
              │           ┌─→ 行为风险
体育课人身风险源 ─┼─ 学生方面 ─┼─→ 健康风险
              │           └─→ 心理风险
              │
              │              ┌─→ 场地器械设施
              └─ 教学环境方面 ─┼─→ 学生之间的关系
                             └─→ 教师与学生间的关系
```

图 3-1　体育课风险源[①]

(二)体育课风险类型

体育课程中潜在的伤害事故可归结为三大类责任风险:教师责任风险、学生责任风险以及学校责任风险,每一类别又包含多个方面。

1.教师责任风险

(1)认知与经验不足。教师可能未能充分认识到伤害事故的潜在

[①] 谢丽娜.高校体育风险管理研究[M].长春:吉林人民出版社,2020:42.

严重性,缺乏预防伤害的意识和必要的实践经验,从而在课堂上难以有效实施风险防范措施。

（2）职责履行不当。未尽到教师应尽的职责,包括但不限于忽视安全指导和监管。

（3）违反教学常规。在授课期间表现出不专业行为,如上课时使用手机、言语激进或举止不当,分散学生注意力,影响教学秩序。

（4）课堂管理松懈。缺乏有效的课堂教学管理,未采取适合的方法组织课堂活动,导致课堂纪律松弛,增加意外风险。

2.学生责任风险

（1）纪律遵守不严。学生对课堂规则的遵守不够,可能导致自我或其他同学受伤。

（2）动作执行不当。不遵循规定的动作规范进行练习,增加了技术操作失误和受伤的可能性。

（3）健康状况隐瞒。未能主动向教师报告个人存在的健康问题,特别是心脏疾病等潜在风险。

（4）自我防护意识薄弱。缺乏自我保护意识,课前准备活动不足,身体未充分预热即投入高强度运动。

（5）不顾身体信号。即使感到身体不适,仍执意参与体育活动,忽视教师的安全警告。

3.学校责任风险

（1）医务监督缺失。学校在学生健康监测上的疏忽,未能实施定期体检或提供必要的医疗监督服务。

（2）设施标准不符。体育场地和器材维护不善或不符合国家安全标准,直接威胁到学生在使用过程中的安全。

二、高校体育课风险评估

（一）风险评估概述

风险评估也被称作是"安全评估",是以风险识别为基础,综合其他要素来对风险发生的可能性与损失程度进行考虑,得出系统发生风险的可能性及其损失程度。它是以分析过去损失资料为基础,通过对概率论和数理统计的方法运用,来定量分析某一个或几个特定风险事故发生的概率及风险事故发生后可能造成损失的严重程度。[①]

风险评估的核心在于分级判断潜在风险,其运作机制围绕风险识别展开,通过详尽分析历史损失案例,利用定量分析手段预测未来风险的出现概率及潜在损害的强度。体育教学环境动态变化,新风险层出不穷,既有风险亦会演变,因此,持续的风险识别至关重要,确保能实时把握体育活动系统中的风险动态,为准确评估奠定基础。

风险评估不仅是理论分析的产物,更是实践行动的指南。它直接服务于风险决策与处理策略的制定,旨在通过科学的方法论指导个体与组织理性应对各类风险,优化风险管理流程。通过风险评估,决策者能获得清晰的风险图谱,据此选取最合适的风险管理措施,既有效控制风险,又合理配置资源,确保体育教学活动在安全的前提下高效运行。简而言之,风险评估是连接风险识别与风险管理实践的桥梁,对促进高校体育活动的安全管理具有不可替代的作用。

(二)体育课风险评估方法

将体育课程视作一个动态演进的系统框架,在其运行的全周期内实施风险评估,不仅揭示了新旧风险因素的交替变换,还凸显了适应性和预见性的重要性。具体而言,在体育课程启动之前进行的定性评估,如同一次全面的安全预警,促使教师在课程设计的初步阶段就牢固树立安全教学的思维模式。这不仅增强了教师对采用安全教学策略和技巧的敏感度,还为创建一个以安全为先的教学环境奠定了基础。在课程开展前夕,通过综合评估体育课程的组织结构、教学规划等,犹如一面透视镜,提前揭示出那些隐藏在计划深处的问题和漏洞。这为及时调整课程安排、优化教学流程提供了宝贵机会,有效规避了执行过程中可能遇到的障碍和安全隐患。体育课程结束后进行的评估,则专注于对体育设施与器材的深入检查,如同一次细致的体检,能够精准定位出任何潜在的故障或磨损情况。基于这些反馈,迅速采取维修或更换措施,确保了下一轮课程使用的安全性和可靠性,同时也为持续提升体育设施的质量建立了闭环管理机制。

以下是两种实用的体育课风险评估方法。

[①]刘红.高校体育风险管理研究[M].北京:北京体育大学出版社,2012:58.

1. 列表排序法

列表排序法是一种结构化的定量化评估手段,它通过量化各项风险指标来确定风险的优先级。该方法步骤清晰,易于操作,具体如下所述。

(1)确立评估标准。首先明确哪些因素是评估风险的关键,通常包括风险发生的可能性(P)、风险的严重性(S)及风险的可控性(C)。

(2)组建专家小组。邀请具有丰富经验和专业知识的体育教学、安全管理及医学背景的专家组成评估团队。

(3)逐项评分。专家小组基于既定标准,对每一种已识别的风险因素分别在可能性、严重性和可控性三个维度上进行评分,通常采用 1～5 的五级评分制,数值越大表明程度越高。

(4)计算风险量。利用公式 $Rv = P \cdot S \cdot C$ 计算每个风险的风险量(Risk Value),此值反映了风险的相对大小。

(5)排序与决策。根据风险量的高低对所有评估的风险进行排序,优先处理风险量高的项目,制定针对性的预防和控制措施。

若采用五级评判来评估体育教学活动风险(图 3-2),具体要求为,体育教师应依据实际情况,对每项体育活动的风险因素进行客观评估,将相应等级的数值填入表格中。例如,认为体育课中某一项体育活动风险的发生"比较有可能""比较严重""控制难度很大",就在后面的空格内分别填上 4、4、4。对于新出现或未预见到的风险,应及时补充进列表中进行评估,确保风险管理体系的全面性和时效性。

风险发生的可能性				
根本不可能	不可能	有点可能	比较有可能	非常有可能
1	2	2	4	5
风险发生的严重性				
没有影响	不严重	不太严重	比较严重	非常严重
1	2	2	4	5
风险发生的可控性				
很容易控制	较易控制	控制有难度	控制难度很大	不能控制
1	2	2	4	5

图 3-2 体育教学活动风险等级[①]

[①]陈志凌.高校体育教学风险防控研究[M].北京:中国纺织出版社,2020:86.

2. 风险定性评估

定性风险评估是通过观察、分析过往案例与经验积累,对体育教学活动潜在风险进行的一种主观性评价方法。在此过程中,体育教师与学生协同合作,依据体育课程的逻辑流程,系统地挖掘每一个环节中可能潜藏的风险点,确保无遗漏。然后,依据风险的可能影响程度,对其进行基本的分级归类,旨在为不同级别的风险匹配最为适宜的管理措施。

直觉判断作为定性评估中的常见手法,强调个人依据自身经验和即时感知,迅速作出关于风险发生概率及其潜在后果的初步评估。这种方法在面对难以通过重复实验验证的情况时显得尤为实用。进行直觉判断并非毫无根据的猜测,而是基于评估者的深厚经验积累与相关信息的综合考量。然而,由于其主观性强,直觉判断偶尔会带有个人偏见或受限于信息的不完整性,导致评估的准确度存在变数,可能不如数据驱动的定量分析那样精确。

总之,定性风险评估凭借其灵活高效的特点,在体育教学风险管理的早期阶段发挥着关键作用,能够快速识别并分类风险。为了弥补直觉判断可能带来的不确定性,结合更广泛的资料收集、专家意见征询,或是采用定量分析方法进行辅助,可以进一步提升风险评估的全面性和可靠性。

(三)体育课风险评估指标体系构建

1. 构建原则

(1)科学性原则

构建体育课程风险评估指标体系的根本在于遵循科学理论的指导,确保评估体系能全面、真实地反映高校体育教学的实际情况。这一原则强调思想、程序与方法的科学性,具体体现为以下三个基本要求。

第一,指导思想的科学性。评估体系的构建需基于对高校体育伤害事故规律与特征的深刻理解,确保指导思想符合科学认知。管理者需依据合理标准,运用科学观念和逻辑思维,指导体系的设计,确保其能够准确反映教学风险的真实面貌。

第二,构建程序的科学性。解决体育伤害问题要求有一套严谨科学的程序来支撑指标体系的创建。科学的程序设计不仅提高了体系构建的条理性和规范性,还直接影响评估结果的准确性和实用性。程序的科学化确保每一步都基于证据和逻辑,避免主观臆断。

第三,构建方法的科学性。构建过程中融合专家知识、经验和理论分析,结合体育统计学和数理统计等定量分析工具,实现了定性与定量分析的有机结合。通过专家研讨与数学模型的系统应用,探索出一套既科学又实用的体系构建路径,确保评估指标既能深入解析风险本质,又能通过数据支持进行精准量化。

总之,科学性原则要求在构建体育课程风险评估指标体系时,从指导思想的确立到构建程序的制定,再到具体方法的应用,均需遵循科学研究的标准和逻辑,确保体系的严谨性、有效性和适应性,为体育教学风险管理提供坚实的理论与实践基础。

（2）整体性原则

在构建高校体育课教学风险评估体系时,必须坚守整体性原则,确保体系本身是一个完整、协调的有机体,而非孤立指标的简单堆砌。这意味着评估不仅要关注单个指标的表现,更要注重这些指标如何协同工作,共同反映和衡量教学活动的全面风险状况。整体性原则的核心在于,确保各评估指标在综合考量中能协同发挥作用,以达成全面评估的目标。鉴于体育教学风险评估涉及多维度、多变量的复杂性,首要任务是识别并聚焦主要风险因素,通过综合分析提升评估体系的全面性和科学性,从而为高校体育教学风险的有效管理奠定坚实基础。

（3）可操作性原则

鉴于高校体育课教学风险评估体系构建的复杂性,可操作性原则显得尤为重要。该原则旨在确保评估过程的实际执行是可行的、高效的,能够适应多变的现实情况。可操作性具体体现在以下几方面。

人员协调配合。评估体系的实施需依赖于团队成员间的有效沟通与协作,确保每位参与者明确自己的角色与责任,共同推动评估工作的顺利进行。

信息控制与反馈。建立顺畅的信息流通渠道,确保评估过程中数据与信息的准确收集、处理与反馈,为决策提供及时、可靠的基础。

物资合理利用。在评估资源的配置上,应追求效益最大化,合理分配和使用人力、物力资源,避免浪费,保证评估活动的成本效益。

遵循可操作性原则,不仅能够提高评估工作的效率与准确性,还能够促进资源的优化配置,确保高校体育课教学风险评估体系在实际操作

第三章　高校体育课风险管理与运动伤害预防

层面的可行性和实用性。

2.体育课风险评估指标体系内容

在高校体育课教师责任风险、学生责任风险和学校责任风险的评估中,评估指标较多,下面通过列表呈现这些具体指标,并依据风险量进行排序。确立风险的优先顺序对于体育课程而言至关重要,它能直观凸显哪些风险需及时关注,从而确保风险管理举措有序且高效。通过细致的风险排序,可以系统化地决定管控措施的实施步骤,进而优化整体风险管理流程,确保风险控制措施发挥最大效用。简言之,排序靠前的指标代表更高风险级别,亟须即刻的管理和策略干预。

（1）体育课教师责任风险评估指标

高校体育课教师责任风险评估指标见表3-1。

表3-1　体育课教师责任风险评估指标[①]

风险类型	风险因素	排序（按风险量从大到小）
教学能力	教师没有很强的观察及执行能力	1
	没有充分做好课前准备	2
	对学生的个体差异没有引起注意	3
	未能恰当地阻止高风险项目	4
	教师安排的体育活动与学生的实际能力不相符,超出学生的身体承受范围	5
	未能预见与科学分析危险因素	6
	未能合理安排运动负荷及练习量	7
	对准备活动的重要性没有给予重视	8
	对身体异常的学生未能及时发现	9
	未能提前将安全事项告知学生	10
	无法合理调控运动时间与运动负荷	11
	没有将季节气候变化的因素考虑好	12
	在学生练习的过程中没有给予恰当的辅助方法	13
	未能按教学步骤科学组织教学	14

① 刘红.高校体育风险管理研究[M].北京：北京体育大学出版社,2012：142.

续表

风险类型	风险因素	排序（按风险量从大到小）
教学能力	教学内容过难,超出学生的实际理解能力	15
	教师没有正确传授技术动作,示范动作不规范	16
	组织教学的过程中没有遵循运动规则或相关要求	17
	教师未能合理安排学习阶段	18
	没有严密地组织教学方法	19
	教师欠缺急救知识	20
	没有对练习后的放松活动重视起来	21
	组织教学的过程中忽视了学生的身心特征与教学规律	22
	组织教学的过程中没有遵循大纲要求	23
	没有合理选择好教材	24
教学作风风险	教师没有注意到有特异体质或特定疾病的学生不能参加体育活动	1
	对于学生的危险性行为,教师没有及时制止或管理	2
	没有严格检验场地器材或没有正确使用场地器材	3
	教师没有充分监督学生的安全	4
	教师在岗位上没有尽职尽责或擅自离开岗位,使学生失控	5
	教师的教学行为与教学常规及教学大纲要求不符	6
	教师面对学生在体育活动时受到的伤害未能及时处理	7
	使用的场地器材与国家规定的卫生及安全标准不符	8
	没有合理保护与帮助学生	9
	体育教师未能全面了解学生的身体情况与运动能力	10
	对安全教育不重视或将组织纪律忽视	11
	未能及时纠正学生的错误动作	12
	没有尽责任去保护学生	13
	对体育教学安全的重要性认识不到位	14
	无法有效组织课堂纪律	15

第三章 高校体育课风险管理与运动伤害预防

续表

风险类型	风险因素	排序（按风险量从大到小）
教学作风风险	对学生进行辱骂与体罚	16
	对学生泄私愤	17
	不能耐心热情地对待学生	18

（2）体育课学生责任风险评估指标

高校体育课学生责任风险评估指标见表3-2。

表3-2 体育课学生责任风险评估指标

风险类型	风险因素	排序（按风险量从大到小）
自身能力及状况风险	身体状况欠佳	1
	学生在学习体育项目的过程中没有合理掌握技术动作，技术动作错误或有危险性	2
	控制能力不强，在活动中出现练习过度现象	3
	没有良好的自我调节与保护能力	4
	因睡眠或饮食问题而出现意外伤害事故	5
体育知识风险	体育运动知识缺乏	1
	对基本的运动损伤自我处理方法掌握得少	2
	运动服装不适	3
纪律风险	对运动规则不遵循，导致违规行为出现	1
	未经允许做与体育教学无关的活动	2
	学练过程中不听从教师的安排	3
心理风险	不向教师或学校告知自己的特异体质或特定疾病情况	1
	身体素质水平低，有生理缺陷，却不告知教师	23
	体育安全意识缺乏	3
	强行完成超过自己身体接受能力的动作	4
	过高地评价自身技术能力，做超过自己实际能力的技术动作	5
	急于求成而导致动作错误	6
	练习中有消极情绪产生，导致情绪明显起伏波动	7

续表

风险类型	风险因素	排序（按风险量从大到小）
	运动时过于放松或紧张	8
行为风险	对准备活动或放松练习不重视	1
	技术动作错误或做与自身能力不符的练习	2
	对运动中的安全保护措施不重视	3
	对体育器材的使用方法不了解	4
	学生自备不符合要求的体育器材	5
	没有充分做好动作练习	6

（3）体育课学校责任风险评估指标

高校体育课学校责任风险评估结果见表3-3。

表3-3 体育课学校责任风险评估结果

风险类型	风险因素	排序（按风险量从大到小）
医务监督风险	学校没有对有特异体质或特定疾病的学生给予关注	1
	学校没有认真做好体检工作，只是流于形式	2
	学校没有定期检查学生的体格	3
	医护人员错过第一时间急救处理的时机	4
	学校没有健全与完善的卫生保健制度	5
	对运动伤害事故进行专门专业处理的医疗人员比较缺乏	6
	学校对学生的身体情况没有及时了解	7
	紧急医疗系统没有建立	8
管理风险	学校管理者没有充分认识体育活动风险	1
	不能及时降低或减少风险带来的损失	2
	未能定期对体育教师进行培训	3
	学校没有落实安全教育	4
	未对学生进行定期的安全教育	5
	风险管理计划有问题	6

续表

风险类型	风险因素	排序（按风险量从大到小）
体育场地设施风险	学校仍在使用年久失修或报废的体育设施	1
	体育场馆及设备的安全制度不合理，管理混乱	2
	体育教学设备或设施存在不安全因素，与国家规定的卫生和安全标准不符	3
	在使用体育场地设施的过程中出现损坏但没有及时对其进行维修而继续使用	4
	没有定期检查学校的体育场地设施	5
	体育场地设施的管理人员素质水平较低	6
	没有采用合理的措施对体育设施进行保护，安全隐患明显	7
	对危险器材没有提出安全操作说明	8

第二节 高校体育课风险应对

一、高校体育教学活动风险应对

在高校体育教学中，风险管理具有重要作用，旨在通过主动识别与评估潜在危机，采取有效策略控制风险，以预防伤害事故的发生并最小化可能的损失。此过程遵循风险管理的基本原则，即先深入理解风险，再通过科学方法评估其可能性及影响，最终选取并执行最适宜的管理策略，确保在风险演变成实际损害前将其遏制。

体育教学中的风险应对机制，核心在于精准识别教学环节中的各类风险要素，并及时部署控制措施，目标直指减少乃至消除导致学生伤害事故的潜在因素，或是显著降低这些因素的危险等级。正如刘红在其著作《高校体育风险管理研究》中所述，这一过程不仅要求在伤害发生前降低其概率，同时在不幸发生事故后，也要能够迅速介入，最大限度地减轻后果，以此达到总体降低风险预期损失的终极目标。简而言之，把握并消减风险源，是确保体育教学安全性的本质所在。

具体实践中,体育教学风险应对策略可概括为两大主线:首先是前瞻性防控,即利用多样化的风险控制技术,在损害出现前积极排除隐患,筑起预防风险转化为实际伤害的第一道防线。其次则是事后补救与损失控制,即在不可避免的事故发生后,迅速启动应急响应机制,采取一系列补救措施,以期将已发生的损失降至最低。这两种路径相辅相成,共同构成了体育教学风险管理的坚固体系。

在应对体育教学活动中的风险时,采取风险回避、风险控制及风险转移是三大核心策略。

(一)风险回避

风险回避是一种根本性策略,意味着在识别到潜在风险或已知风险存在后,直接避免参与可能引发风险的活动,以此彻底消除与该活动相关的风险及其可能引发的任何损失。这是最为彻底的风险控制手段,因为它在风险事件发生之前就断绝了风险发生的可能性,实现了损失的完全规避。相较于其他风险管理方法,风险回避独到之处在于其从根本上阻断风险链,而非仅仅降低概率或减轻损失程度。

在体育教学中,风险回避主要采取以下策略。

1. 彻底消除潜在危险源

对于具有特殊体质或健康状况的学生,直接调整教学安排,避免参与可能对其构成威胁的体育活动。学校可设立专门的适应性课程,既满足教育需求又确保安全,从根本上排除风险。

2. 活动性质的灵活调整

教师应具备敏锐的观察力,一旦察觉到环境、学生状态等不利于安全的因素,立即调整活动内容或形式。例如,基于学生的即时身体反应或外界环境突变(如恶劣天气),及时中止户外活动转至室内,或暂停某些高强度项目,以灵活应对策略有效规避即将发生的风险。

这两种策略均致力于在风险显现前采取行动,通过直接改变活动的参与或进行方式,有效隔绝风险,确保体育教学环境的安全无虞。

(二)风险控制

风险控制策略着重于在风险演变为实际损害之前,通过一系列积极

第三章　高校体育课风险管理与运动伤害预防

措施,从根本上削弱风险源,减少事故发生的概率,并在万一发生损失时,减轻其影响程度。这一过程旨在通过改善风险特征,实现风险预防与损失缓解双重目标。风险控制的核心手段涵盖程序法、行为法及工程物理法,每种方法都有其独特的作用机理和应用场景。

1. 程序法

程序法强调通过建立和完善标准化流程,强化管理力度,从根本上解决风险问题,确保风险管理目标的持续稳定实现。这种方法通过制度化和规范化操作流程,能够及时识别并处理风险因子,有效降低风险事件的发生概率和潜在损失的规模。例如,制定详尽的安全检查清单和应急响应程序,不仅可以在风险初露端倪时迅速介入,还能够在伤害发生后立即采取救护措施,如及时处理伤口、维修或替换损坏的体育器材,从而快速控制损失的扩大。

在体育教学中,预防损失与损失减轻是相互交织、不可分割的两个方面。预防性措施的实施本身也是减轻潜在损失的一种形式。伤害事故的发生往往涉及人的行为失误与物质条件不足两个层面,但深究其本,往往是管理层面的缺失,包括管理策略、执行方法及监督机制等。因此,要根治风险,必须从加强管理着手,通过优化管理决策、改进管理手段和强化监管体系,为风险控制提供坚实的基础,确保风险管理的长期有效性。

2. 行为法

行为法着重于人的行为在风险防控中的核心作用,认为人的不当行为是引发风险、事故及损失的关键因素。鉴于人类行为的不可预测性和潜在的不安全性,持续存在引发伤害事故的风险,因此,纠正和预防个人的不安全行为成为风险控制的重中之重。实现这一目标主要通过安全教育与专业培训,增强个体的风险意识,教授正确的操作规程和应急处置技能,从根本上提升人员的安全素质,以支持风险控制目标的实现。

3. 工程物理法

工程物理法关注的是通过改善物质条件和环境来直接控制风险,具体包括以下几方面。

(1)改变风险属性。通过设计改良,改变可能导致风险的物质或环境的基本属性。

（2）预防风险生成。在风险形成前,通过预先设计的安全机制防止其出现。

（3）减少现有风险。采取措施减少已识别风险的存在或活跃程度。

（4）阻止能量释放。设置屏障或控制系统,阻止风险因素能量的不当释放。

（5）优化空间布局。调整风险源的位置分布,限制其能量释放速度或方向。

（6）时空隔离。确保风险源与潜在受害对象(人、物)在时间和空间上的有效隔离。

（7）物理障碍隔离。利用物理结构作为屏障,进一步隔离风险源。

（8）增强防护能力。提升设施、装备的防护性能,增强抵御风险的能力。

工程物理法的实施依赖于具体的技术设施和工程手段,其优势在于措施效果直观、易于量化,能够直接作用于物理环境,从而显著提升风险控制的效果和效率。

程序法、行为法和工程物理法这三种风险控制策略各有侧重,分别从管理制度、人员行为以及物理环境三个方面对风险进行防控。它们之间不是孤立的,而是相互补充、协同作用,共同构建起一个全面而有效的风险管理体系。在体育教学风险管理的实际操作中,应当根据具体情况分析风险的性质和来源,灵活选用或结合使用这三种方法：程序法适用于建立健全规章制度、优化管理流程,确保体育活动在规范指导下进行,减少因管理疏漏导致的风险；行为法聚焦于提升参与者(包括教师和学生)的安全意识与行为能力,通过教育培训减少人为错误,营造安全文化氛围；工程物理法则更侧重于通过改善设施条件、使用安全装备和环境设计等物理手段,直接消除或减轻物理风险因素。综合考虑体育活动的特殊性、参与人群的特点、教学环境的具体条件等因素,定制化地整合这三种策略,才能更加精准有效地识别并控制风险,为体育教学活动创造一个既安全又有益的学习环境。

（三）风险转移

风险转移是一种策略,即将自己面临的潜在风险责任转嫁给另一个实体承担,这与简单地将损失后果推给他人(损失转嫁)有所不同。在众多风险转移手段中,购买保险是最常见且行之有效的方式,尤其在体育教学环境中,为学生配置人身意外伤害保险和校方责任险显得尤为重要。这些保险产品设计旨在覆盖学生参与体育活动期间可能遭遇的意外伤害,以及因校方管理疏忽导致的责任事故。

通过保险这一金融工具,投保人(如学校或学生个人)得以将自身的赔偿责任或因第三方过失需承担的法律责任,转移给保险公司。这意味着,一旦发生符合保险条款约定的事故,经济损失将由保险公司承担,从而减轻或避免投保人直面财务损失的风险。值得注意的是,风险转移并非逃避风险,而是改变了风险承担的主体,风险本身依旧存在,只是由另一主体承担其后果。

在实践操作中,风险转移并不排斥其他风险管理策略的并用,比如结合风险回避和风险控制措施。每种风险可能需要综合运用多种应对策略,因为单一方法往往难以全面覆盖风险的复杂性。因此,风险管理的精髓在于灵活选用和搭配风险应对方法,依据风险的特性、成本效益分析及可行性研究,制定出最适合的策略组合,以达到最优化的风险管理效果。

二、高校体育课的风险应对

体育课中的主要风险源于三方面,即教师、学生、学校。下面主要说明这三方面体育课风险的应对策略。

(一)体育课教师风险的应对

体育课教师风险的应对策略与方法见表3-4。

表3-4 体育课教师风险的应对策略与方法[1]

风险类型	应对策略	应对方法
教师教学能力风险	风险回避	聘用其他教师
	风险控制	加强师资队伍建设,对教师配置进行优化

---

[1]刘红.高校体育风险管理研究[M].北京:北京体育大学出版社,2012:178.

续表

风险类型	应对策略	应对方法
教师教学作风风险	程序法	完善教师教学常规与管理制度
	风险回避	聘用其他教师
	风险控制	1. 分析教师作风与思想方面的问题,针对问题出现的原因有效制定解决措施 2. 教师自身加强学习,养成良好的生活与工作作风

（二）体育课学生风险的应对

体育课学生风险的应对策略与方法见表3-5。

表3-5 体育课学生风险的应对策略与方法

风险类型	应对策略	应对方法
学生自身能力或状况风险	风险控制	在自身能够接受的范围内活动
	风险转移	人身保险
	风险回避	1. 有特异体质或特定疾病的学生避免参加体育活动 2. 学生主动提升自身能力
学生体育知识风险	风险控制	学习体育基本知识与运动损伤的相关知识
学生纪律风险	风险控制	加强组织纪律教育
	风险转移	人身保险
学生心理风险	风险控制	对学生的心理素质进行有效改善,提高其心理素质水平
学生行为风险	程序法	学生管理制度
	风险控制	加强安全教育,对学生的行为进行改善
	风险转移	人身保险

（三）体育课学校风险的应对

体育课学校风险的应对策略与方法见表3-6。

表 3-6　体育课学校风险的应对策略与方法

风险类型	应对策略	应对方法
医务监督风险	程序法	对学校的卫生保健制度与突发事故处理制度进行完善
	风险控制	1. 定期检查学生体质 2. 配置对运动伤害事故进行专门处理的医疗人员 3. 与体育部门保持联系,对于有特异体质或特定疾病不能参加体育运动的学生,及时告知体育部门
学校管理风险	程序法	对风险管理计划进行制定,对各种规章制度加以完善
	风险转移	校方责任险
	风险控制	1. 定期对体育教师与学生进行全面培训 2. 大力宣传安全知识 3. 及时解决问题,降低风险带来的损失
体育场地设施器材风险	程序法	1. 完善场地设施管理制度 2. 合理安排体育场馆开放时间 3. 对器材借还时间进行确定
	风险转移	体育财产保险
	风险控制	1. 购买与国家安全及卫生标准相符的体育器材 2. 对体育场地器材进行定期检查 3. 及时维修或更换损坏、失效的体育器材 4. 游泳馆的水质要与国家标准相符并配备专业救护人员

第三节　高校体育课运动风险监管体系建构

一、体育课运动风险监管的内容体系

体育课运动风险监管构成了高校体育安全管理的核心框架,旨在通过系统化的策略和措施,确保体育教学活动在安全、健康的环境中顺利展开。这一监管体系围绕参与主体、教学环境、教学管理三个关键维度构建,各部分既独立运行又紧密联动,共同支撑起一个全方位、多层次的风险监控网络。

面对高校体育运动风险的日益复杂化,监管体系需不断适应新挑战,通过强化上述三个部分的互动协作,不仅应对已知风险,还要预判和减少未知风险的发生。这要求高校体育教学在追求运动技能提升和体质增强的同时,将风险管理视为一项基础性、持续性的工作,确保每一节体育课都能在安全、和谐的环境中进行,促进学生身心健康发展。

(一)参与主体风险监管

1.高校体育教师的风险监管内容

高校体育课风险防控仅仅依赖风险管理人员是不够的,需要体育教师承担重要角色,高校体育教师在风险监管中的具体职责可进一步细化为以下几个方面。

(1)安全教育与意识培养。体育教师应将安全教育融入日常教学之中,通过理论讲解、案例分析等方式,增强学生的安全意识和自我保护能力。同时,定期参加专业培训,不断提升自身的安全知识和风险防控技能,确保能够准确识别并及时应对各种安全隐患。

(2)个性化教学方案制订。在充分了解每位学生的健康状况、体能水平及运动经验的基础上,制订个性化的教学计划和运动方案。这包括针对不同体质和能力的学生调整运动强度和难度,以及合理安排休息与恢复环节,以减少运动伤害的风险。

(3)环境与设施检查。每次上课前,体育教师要细致检查教学场地、设施及器材的安全性,确保没有损坏或潜在危险,如地面平整无杂物、器材稳固无松动等,必要时应及时报告并维修更换,为学生创造一个安全的运动环境。

(4)应急处理能力提升。体育教师应熟练掌握基本的急救知识和技能,如CPR(心肺复苏)、创伤处理等,以便在发生意外伤害时能迅速有效地采取措施。此外,制定并演练紧急疏散和应急响应预案,确保在紧急情况下能有序应对。

(5)心理支持与引导。体育活动不仅关乎身体健康,也影响心理健康。教师应具备一定的心理学知识,关注学生的情绪变化,鼓励正向思维,帮助学生建立自信,克服恐惧,正确面对运动中的挑战和失败。

(6)持续反馈与改进。每堂课后,教师应反思教学过程,评估风险防控措施的有效性,收集学生反馈,不断优化教学方法和风险管理策略。同时,建立有效的沟通机制,与学校管理部门、医疗团队及其他教职

第三章 高校体育课风险管理与运动伤害预防

员工协作,共同构建全面的体育安全防护网。

2. 学生的风险监管内容

体育教学是师生双向活动,在教师的主导作用之外,学生也需要积极参与到体育课风险防控中来,具体可以概括为以下几个关键点。

第一,主动学习安全知识。学生应主动接受安全教育,不仅限于课堂上的讲解,还应利用课外资源,如阅读安全手册、观看教育视频、参与在线课程等,全方位提升个人的安全防范意识。学校可以组织定期的安全知识测试或竞赛,激励学生学习并应用这些知识。

第二,自我监测与适应调整。学生应学会在参与体育活动前自我评估身体状况,确认是否适合当天的运动强度。如果感觉身体不适(如感冒、过度疲劳等),应主动告知教师并适当调整参与程度或完全避免剧烈运动,以防身体损伤。此外,运动前后做好热身和拉伸,以减少肌肉拉伤和其他运动伤害的风险。

第三,遵守规则与纪律。严格遵守体育课堂的各项规章制度,如穿着合适的运动装备、不在非指定区域尝试高风险动作、尊重对手与同伴等。理解并践行公平竞争的精神,不因追求成绩而忽视安全规范,避免冲动行为导致的意外伤害。

第四,培养良好的体育道德。树立正确的体育价值观,认识到体育不仅是竞技,更是个人品德修养和社会交往能力的培养过程。通过团队合作、公平竞赛、尊重裁判与对手等行为,展现良好的体育精神。学校可以通过组织体育伦理讨论、榜样分享会等活动,正面引导学生形成健康的体育道德观。

第五,自我保护与同伴互助。教育学生在遇到紧急情况时如何自我保护,如跌倒时的正确防护姿势、遇到他人受伤时的基本救助步骤等。同时,鼓励学生间建立互助文化,相互提醒运动安全,一旦发现同伴有受伤迹象,能及时报告老师并提供初步的帮助。

(二)教学环境风险监管

1. 体育场馆设施检查常态化

体育场馆设施检查常态化的策略,概括而言,应着重于以下四个方面,以确保体育教学活动在一个安全、高效、卫生的环境中进行。

（1）管理人员专业化与制度化。通过定期培训与考核，提升管理人员的专业技能与安全意识，同时实行轮岗与值班制度，确保体育场馆管理无缝对接，24小时运作无碍。特别强调对体育器材风险的识别与预防，减少因器材问题导致的意外伤害。

（2）器材检查与维护标准化。建立严格的体育器材检查与维修制度，要求每日检查并记录，明确责任人，确保所有器材处于良好状态。破损或存在安全隐患的器材要立即停用并及时修复或更换，从根本上降低运动伤害风险。

（3）操作规范与信息透明化。制定详尽的操作手册，指导管理人员遵循统一的操作流程，如提前准备场地、保持信息公示板内容更新等，以确保师生能快速获取必要的帮助信息。此外，对体育场馆内外部设施进行全面检查，尤其是固定建筑与临时设施的安全性，及时排除隐患，维持场馆内外的良好秩序。

（4）环境卫生管理精细化。配置专业保洁团队，实施分区负责制，不仅对外部环境进行定期清洁，更要重视场馆内部，特别是频繁使用的比赛场地、更衣室、卫生间等区域的卫生维护。及时清理垃圾杂物，营造干净整洁的运动空间，对师生健康负责。

2. 应对恶劣天气的管理制度与机制

应对恶劣天气的管理制度与机制，旨在提前规划、有效应对，确保体育教学活动在任何天气条件下都能安全、有序地进行，具体策略包括以下几方面。

（1）天气监测与预警系统

第一，设立专门的天气管理专员或团队，利用气象部门提供的数据、专业气象软件或App，持续监控天气变化。

第二，建立预警机制，一旦收到恶劣天气预警，如大风、暴雨、高温、雾霾等，立即通过校园广播、短信、社交媒体群组等多种渠道向全校师生发布预警信息，确保信息迅速传达。

第三，恶劣天气预警等级应与相应的应对措施相挂钩，明确不同等级下教学活动的调整方案，如轻度预警时可减少户外活动时间，重度预警则需暂停户外活动。

（2）灵活调整教学计划与应急响应

第一，制定详细的恶劣天气体育课程管理制度，包括室内替代课程方案,如在室内进行理论教学、体育游戏、健身操、瑜伽、柔韧性训练等,确保教学内容的连贯性和丰富性。

第二,应急方案需涵盖各种可能的恶劣天气类型,明确在不同天气条件下的具体行动指南,比如雷电天气应立即停止户外活动并远离水源,大雾天气则需注意能见度低下的安全问题。

第三,配置必要的应急物资,如防滑垫、急救包、备用衣物等,确保在紧急情况下能迅速提供援助。

第四,加强师生的恶劣天气安全教育,定期举办安全培训和应急演练,提升师生的自我保护意识和应对能力。

(3)协调沟通与后期评估

第一,建立跨部门协作机制,包括教务处、体育部、后勤部门等,确保在恶劣天气应对中能迅速调动资源,协同工作。

第二,事后评估与反馈,每次应对恶劣天气后,组织相关人员回顾总结,评估应对措施的有效性,收集师生反馈,不断完善和优化管理制度与应急方案。

(三)教学管理风险监管

1. 构建全面的后勤管理体系

(1)定期检查与维护。建立健全体育设施与器材的定期检查制度,确保所有教学资源处于良好状态。对于发现的问题,迅速记录并采取行动,及时维修或替换,防止因设备故障引发的事故。

(2)个性化安全管理。基于学生体质健康数据,定制化体育安全制度和健康管理方案。这包括识别和移除潜在危险源,配备必要的医疗急救设施,并针对不同体质的学生提供个性化的运动建议。

(3)课程设计与后勤支持。加强体育课程的系统设计,确保教学内容既符合教育标准又适应学生身心发展的需要。这需要学校后勤部门的全力支持,从硬件设施的维护到课程实施的保障,构建一个全方位、强有力的支持体系。

2. 制定严密的安全管理措施

(1)风险教育与培训。通过举办专家讲座、开设专业课程等方式,定期对师生进行安全风险教育,提升他们的风险意识和应对能力,确保师生能够有效识别风险、评估风险并采取适当措施。

（2）风险责任明确与保险机制。清晰界定风险责任主体,利用保险等金融工具分散风险。推广体育伤害事故保险,减轻学生和家庭因体育活动可能产生的经济负担,同时增强学校应对突发事件的能力。

（3）规则制定与应急预案。根据体育教学的实际情况,动态调整和完善安全管理规定和应急预案。这些规则和预案应具有高度的操作性和针对性,能够快速响应不同情境下的风险,确保在紧急情况下迅速有效地采取行动。

二、体育课运动风险监控的程序体系

（一）明确监控内容

在体育教学活动中,运动风险监控是一项系统工程,需遵循科学性、有效性及持续性原则,确保监控工作的严谨性和实操性。以下是体育课运动风险监控的主要内容,旨在全面覆盖并有效控制潜在风险。

（1）防控方案执行力审核。评估体育课上安全风险管理措施是否严格遵循事先制订的防控方案执行,确保预防措施得到有效落实。

（2）风险应对措施的动态调整。定期检验安全风险应对策略,及时识别并纠正措施中的不足,保持应对措施的时效性和有效性。

（3）风险因素深入剖析。对已知风险因素进行深入分析,逐项探究其成因及发生机理,提升对风险深层次理解和预防能力。

（4）环境变化与防控目标评估。密切监视体育教学环境的变化,客观评价当前风险防控措施在新环境下的适用性和达成目标的有效性,确保防控措施随环境变化而灵活调整。

（5）风险事件回顾与分析。在风险事件发生后,对比实际结果与预期效果,深入分析差异原因,评估风险因素的发展趋势,为后续风险管理提供反馈和教训。

（6）潜在风险识别与趋势预测。持续扫描体育教学过程中的新出现或潜在风险因素,分析其变化趋势,前瞻性地纳入风险管理范畴,预防未来可能出现的风险问题。

第三章 高校体育课风险管理与运动伤害预防

（二）安排监控步骤

监管措施的制定与执行围绕着一系列关键要素展开，包括但不限于风险管理规划、应急策略、环境变量、潜在风险隐患、已浮现的风险实例以及现行风险缓解措施的实效性评估。风险监控流程可细分为八大步骤：确立监控策略、执行监控计划、持续采集与解析风险数据、识别新风险、评估风险等级、部署风险应对措施、评判应对措施效果，并依据反馈信息持续优化管理系统。

风险监控实践可细分为监控（监督）与控制两大维度，二者相辅相成，循环交织，要求综合性考量。监控侧重于观测并验证风险应对措施的执行情况及策略有效性；控制则基于监控所得信息，持续监督风险管理体系运作状态，确保针对任何变动的及时调整与完善。

在高等教育机构的体育课程中，有效管理运动风险需聚焦两大核心议题：风险监控的时机选择与实施路径，并对监控过程进行清晰阶段划分。决策初期，需权衡即将遭遇的风险、预期收益及潜在损失，通过成本效益分析来指导决策进程；实施过程中，一旦辨识到可能严重危及学生体育活动安全的风险，立即启动应对机制并加强监控成为必要之举。

体育课堂运动风险防控的核心目标，在于迅速识别风险源、精确评估风险等级，并采取恰当措施予以有效应对。综上所述，运动风险防控策略不仅要求对风险的量化评估，还强调对风险因子及其演变趋势的动态追踪，旨在预见并迅速处理潜在风险，这是构建高效风险防御体系的关键所在。

因此，从风险识别到风险应对的步骤安排构建起了体育教学运动风险监控的程序和路径，如图3-3所示。

（三）评价监控效果

体育课程中运动风险监控效果的评价，是对从风险辨认、评估至应对策略实施这一整套流程效能的系统性审视，旨在确保高校体育活动的风险管理目标得以顺利达成。作为风险监管架构内的核心环节，监控效果的评价不仅是规划至决策再到反馈的闭环管理的一部分，而且嵌入在一个持续迭代的循环之中，与体育教学活动的深入发展同步演进。

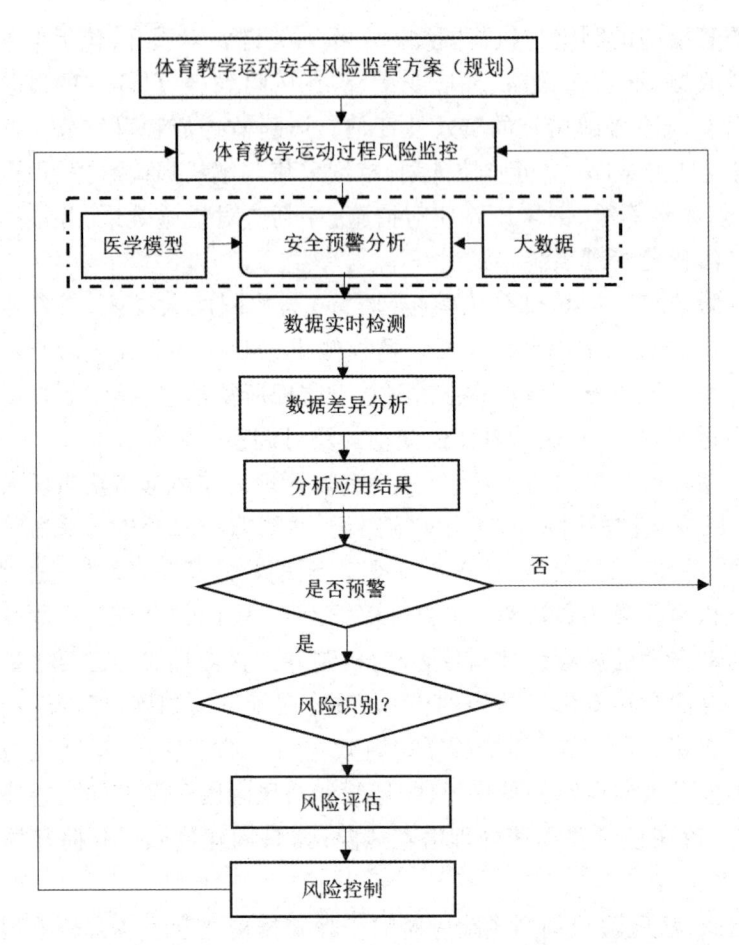

图 3-3　体育教学运动风险监控程序和路径图[1]

鉴于体育教学环境中风险因子的多变性,准确无误地界定这些风险并予以客观评价,要求在实践活动的进展中融入频繁的评估与反馈机制。这一做法旨在及时捕捉偏差,校正策略,从而缩减风险发生的概率。值得注意的是,即便采取了严密的风险缓解措施,某些隐蔽或新兴风险仍可能逃脱初始的识别网。因此,定期回顾并重新鉴定风险,连同风险

---

[1] 李树旺.基于大数据的学校体育教学与风险防控机制研究[M].北京:中国书籍出版社,2023:41.

管理计划的持续验证与灵活调整，构成了动态监控框架下的关键实践，对于提升风险防控的适应性和有效性至关重要。

第四节　高校体育课运动伤害的预防策略

一、加强高校体育课安全教育

（一）加强体育课的安全宣传

在体育安全教育进程中，既要发挥教师的引领作用，也要积极调动学生的主体性，利用多元化渠道，如视频媒体、音频广播、传统黑板报及现代宣传栏等，广泛普及体育运动安全知识与常识，旨在全面提升师生的体育安全意识，增强学生自我防护能力，确保安全意识时刻在线，有效预防体育伤害事件的发生。

（二）组建学生健康档案

高校应实施新生入学体检或要求提交上级医疗机构的体检报告，以此为基础建立学生在校健康档案，便于全面掌握学生体质状况。针对不宜参与体育活动的特殊体质学生，制订个性化教学方案，避免体育课程及课外活动中可能出现的安全风险。此外，建立定期体检制度，确保学生健康问题能够及时反馈并记录于档案中，为体育教师灵活调整教学计划提供依据。

（三）组织常态化的体育安全教育讲座

高校应定期组织面向学生及家长的体育安全知识讲座，邀请资深体育教师及医疗专家主讲，并鼓励家长提出宝贵建议，引导学生撰写学习心得。同时，举办体育安全主题晚会，鼓励学生通过小品、相声、舞蹈等形式亲自参与，加深对体育安全的理解。此类讲座与晚会活动不仅促进了科学锻炼的观念，还成功融合家庭力量，共同加强校园体育安全教育。

(四)推广体育安全知识竞赛与表达活动

为激发学生对体育安全教育的兴趣,拓宽其知识视野,高校应频繁举办体育安全知识竞赛、演讲比赛及辩论赛等,覆盖全校、年级乃至班级范围。这些活动不仅增进学生间的团队合作能力,更通过主动参与的形式,极大提升了学生的体育安全意识,实现了教育效果的深度与广度的双重加强。

二、创建安全的体育教学环境

(一)确保物理环境的安全性

1. 体育教学设施与设备

体育课程的教学环境独特,涵盖了多样化的室内空间与室外场地,如体育馆、田径场、篮球场、排球场等,以及周边的自然景观如树木、草坪,这些构成体育教学的基础硬件。教学器材分为日常教学工具和专业体育用具,前者如桌椅、教学仪器,后者如体操垫、杠类器械、各类球类、健身器械及投掷项目设备。这些场地与器材的适宜性与安全性直接关系到体育教学的顺利进行与教学目标的实现。

2. 自然环境考量

鉴于高校体育课程常在户外进行,自然环境因素不容忽视。自然环境主要包括校园内外的地貌、植被、水体、气候条件等。自然环境的多变性与不可控性要求体育教学需灵活适应,充分利用有利条件,同时对潜在的安全隐患保持高度警惕,及时采取措施应对。

3. 合理控制班级规模

班级学生数量直接影响体育教学的组织与安全管理。过大的班级规模可能导致管理困难,增加安全隐患,影响教学质量。尤其在户外体育课上,人数过多不仅增加教师组织教学的复杂度,还限制了个性化教学的实施,难以满足学生的个性化需求。理想的体育课班级人数建议维持在 20~40 人之间,然而现实中,一些高校体育课的班级规模普遍在

60~80人,特别是在非经济发达地区,这无疑对体育教学安全构成了挑战。为了改善这一现状,高校应考虑采取分班教学、增加师资力量或优化教学时间表等措施,以确保每位学生都能在安全、有序的环境中接受高质量的体育教育。

(二)构建安全的心理环境

1. 校园风气与班级风气

校风,作为学校独有的社会氛围,深刻影响着教风、学风、班级风气及领导风格,是集体行为模式的体现。班风,是班级成员间互动形成的共通心理取向,它通过不成文的规则、群体共识及凝聚力间接引导学生的行为、价值观念及课堂表现,对体育课中的安全教育具有深远意义。

2. 体育课堂常规的建立

体育课堂常规是指为保障教学安全与效率,对师生双方提出的一系列基本要求,例如,统一穿着运动装备、固定的课前问候与课后告别仪式、未经许可不得擅自使用教学器具等。这些看似微小的规定,实质上是维护体育课堂秩序、预防安全事故发生的重要保障,它们强化了课堂行为的规范性与纪律性。

3. 优化课堂心理氛围

体育课堂心理氛围是指在教学过程中形成的主导性态度与情感状态,涉及师生情绪、相互关系等多个层面,可分为积极、消极和对抗三种类型,并且具有一定的稳定性。良好课堂心理氛围的形成,依赖于学生对教学目标的认同、对教师的尊重、对学习环境的满意度及和谐的人际关系。积极的课堂心理氛围能够增进师生情感交流,激发学生的学习热情与主动性,增强学生面对挑战的勇气和自信心,对预判和预防体育教学中的安全隐患起到了积极作用。通过营造正面、支持性的学习环境,不仅能够提升教学效果,还能从根本上促进学生身心健康的全面发展。

第五节　高校体育课安全隐患的有效预防

一、体育课准备部分的安全隐患与预防

（一）准备活动内容不合理影响身体健康的安全隐患预防

针对体育课上准备活动内容不合理而影响身体健康的安全隐患，可采取以下措施来预防。

（1）科学设计热身内容以匹配课程需求。体育教师应依据学生的生理心理特性及教学原则，精心挑选热身活动，避免选用如足球等高强度、高风险的项目作为预热，转而采用步行、慢跑等温和运动，确保热身活动的适宜性和安全性。

（2）强化安全意识教育。在教授如足球等具有一定风险的运动时，教师要事先预估潜在风险，持续向学生强调安全要点，培养其牢固的安全意识和自我保护能力，为安全教学环境的构建奠定基础。

（3）提升教师警觉性与责任感。体育教师应时刻保持高度警觉，秉持强烈的责任感，密切关注课堂动态，有效管理学生情绪与行为，特别是在竞技活动中，防止过度兴奋导致的伤害，坚决执行零事故教学目标。

（二）危险性物品扎伤身体部位的安全隐患预防

针对可能由携带尖锐物品引发的伤害，采取如下预防措施。

（1）加强安全检查与教育。教师应在课程开始前进行严格的安全检查，禁止学生佩戴胸针、项链等可能引起伤害的饰品，并通过安全教育增强学生的自我保护意识。

（2）培养学生自我检查习惯。鼓励学生在参加体育课前进行个人安全自查，形成良好的自我保护习惯，确保身体部位不受锐利物品伤害。

（三）准备活动不充分导致身体受伤的安全隐患预防

为预防热身不足而造成的身体损伤,可采取以下策略。

（1）强调充分热身的重要性。教师需向学生明确热身的必要性,通过教育引导,使学生养成课前自觉进行全面热身的习惯,确保运动前身体各部位,特别是关节和韧带得到充分激活。

（2）确保热身活动的全面与充分。热身不应流于形式,而应涵盖所有相关肌肉群和关节,特别关注即将参与的主要运动区域,通过系统的热身流程,预防因准备不足导致的运动伤害。

二、体育课基本部分的安全隐患与预防

（一）教师缺乏责任心的安全隐患预防

为防止教师不负责任的行为,学校应当强化师德教育与法律法规培训,提升教师对安全问题的认识,增强教师对学生的爱护与责任感,确保体育教学与训练活动在严格的监管下进行,有效降低安全风险。

（二）教学组织不合理致使学生受伤的安全隐患预防

（1）提升教师组织能力。体育教师需不断提升活动组织技巧,确保活动安排合理有序;同时,重视体育干部的培养,利用他们协助进行日常管理和安全监督。

（2）强化学生安全教育。教师应加强学生安全意识培养,教育学生掌握基本的自我保护措施,以减少伤害事故的发生。

（三）学生安全意识淡薄,易酿成大祸的安全隐患预防

（1）深化安全教育。加大对安全知识的教育力度,提高学生的安全意识和自我保护能力,同时强调遵守课堂纪律,确保学生遵从教师指令,远离危险区域。

（2）严谨的场地准备与管理。体育教师在课程开始前应彻底检查并准备场地,明确划分安全区域,强化课堂纪律和安全管理。

（四）体育课纪律散漫，不听从教师指挥的安全隐患预防

（1）优化教学组织与监督。体育教师应确保课堂组织有序，防止混乱，持续监督课堂动态，保持高度警觉。

（2）加强纪律教育与安全防范。通过加强纪律性教育，约束学生的自由散漫行为，同时深入普及安全知识，提升学生对伤害事故的防范意识，从源头上减少事故风险。

三、体育课结束部分的安全隐患与预防

（一）搬运体育器材时导致受伤的安全隐患预防

为避免搬运体育器材导致的意外伤害，体育教师应在课程末尾强化组织管理，对负责搬运的学生给予明确指示和警告，特别是对于重量较大的器材，应亲自参与或安排多人协同搬运，确保操作安全。

（二）疾跑后突停造成重力性休克的安全隐患预防

鉴于疾跑后骤停易引发重力性休克，采取以下预防措施尤为关键。

（1）加强热身与恢复训练。在进行高强度运动或竞赛前，确保充分热身，并在剧烈运动后推行适当的放松活动，如慢跑和深呼吸，避免立即静止，以减轻心脏负担，平稳过渡。

（2）普及教育与自我保护意识。体育教师需向学生详细解释重力性休克的医学原理，增强学生的安全知识和自我保护意识，使学生理解在剧烈运动后如何正确调节身体状态，以预防此类事故的发生。通过教育，使学生自觉遵循运动后的正确行为准则，确保体育活动的安全性。

第四章 高校体育教育中急救教育的开展与应急体育的融入

面对突发事件,人们的生存技能水平决定了其是否具备应急能力。因此,强化人自然本能的生存能力变得至关重要,比如,奔跑、跳跃、攀爬等。而体育课是培养这些生存能力的最佳途径之一,体育活动中同样要运用各种技能来提高自我保护。基于此,在高校体育课中开展应急教育,渗透应急体育,使学生学习基本的应急知识和运动技能,掌握基本的生存活动技能,从而提高学生逃生和化解危险的能力,增强学生的生存能力,使得学生既能安全进行体育活动,又能在面对突发事件时有效地进行自救或者他救。本章主要对高校体育教育中急救教育的开展和应急体育的融入展开研究,首先分析高校体育教育中开展急救教育的优劣势与机遇、挑战,其次探讨高校体育教育中开展急救教育的路径,最后对应急体育的发展及其课程资源开发展开研究。

第一节 高校体育教育中开展急救教育的 SWOT 分析

将急救教育融入高等教育的体育课程中,是对当前时代发展趋势及学生实际需求的积极响应,下面借助 SWOT 分析框架,深入剖析其优势、劣势、机遇与挑战,旨在帮助高校识别融合应急教育与体育课程过程中可能遇到的问题,并据此提出相应的改进建议,为后续的教育改革指明方向。

一、高校体育教育中开展急救教育的内部优势

（一）师资队伍的优势

在高校体育教育中,体育教师扮演着核心角色,其在开展应急体育教育中的优势主要体现在以下几方面。

第一,专业背景良好。体育教师经受过严格的专业培训,精通教育学、心理学等教育理论,不仅在体育技能上出类拔萃,还掌握了高超的教学技巧。

第二,知识丰富。通过学习解剖学、生理学等运动医学基础知识,他们对人类生理结构与机能变化有着深刻理解。

第三,实战经验丰富。鉴于体育活动固有的风险与挑战,体育教师在日常教学中频繁应对突发事件,积累了丰富的即刻处理经验。

第四,拥有科研与创新能力。高校体育部门集结众多体育学者,凭借其强大的科研实力和广泛的资讯网络,能科学探索将急救教育融入体育课程的最佳路径,提炼可推广的教学模式,加速急救教育的前进步伐。综上所述,体育教师无疑是当前推行高校急救教育的优选载体。

（二）大学生群体的独特优势

高校体育教育直面的是大学生群体,这一群体展现出诸多对开展急救教育有利的特质。

第一,心智成熟与知识储备丰富。大学生心智趋于成熟,具备一定的学术与技能基础,思维活跃,自信心强,拥有独立思考和分析问题的能力,这些均为学习急救知识与技能提供了良好的前提。

第二,能够高效学习。他们能快速吸收急救知识,并在关键时刻付诸实践。更重要的是,大学生作为社会活跃分子,能够将所学知识有效传递给亲友,形成知识传播的连锁效应,极大地促进了急救知识的社会普及。

第三,传播广泛。鉴于大学生快速的学习速度与广泛的社交网络,大学生群体成为急救教育推广中成本效益极高的目标人群。因此,依托高校体育教育平台,发挥大学生群体的这些内在优势,对于急救教育的广泛普及具有重要意义。

第四章　高校体育教育中急救教育的开展与应急体育的融入

（三）高校体育课程设置的助力

高校的教育资源得天独厚，拥有现代化的教学设施和灵活多样的教学手段。体育课程通过融合多媒体、网络技术等现代教育工具，为急救教育提供了多元化的教学场景，增强了教学互动性和实效性。体育课程的周期性和连贯性设计，使得急救技能的"培训—考核—复训"机制得以顺利实施，有效弥补了传统单次讲座式培训的不足，确保学生能够熟练掌握急救技能，提升急救实践能力。因此，借力高校体育课程体系推广急救教育，是一种高效、易于复制且广泛适用的普及策略。

（四）对接高校人才培养的高远定位

高等院校致力于培育具有高度社会责任感、强大实践能力和创新精神的高素质人才，以期为社会和国家发展贡献力量。自 2002 年体育课程转型升级为体育与健康课程以来，体育教育不再局限于体质锻炼，而是上升至全面健康教育的高度，标志着教育理念从"体质为先"向"健康优先"的深刻转变。尽管如此，体育与健康教育的整合一度面临脱节。近年来，随着"课程思政"理念的深入人心，高校体育课程逐渐成为落实健康教育的重要阵地。将急救教育嵌入体育课程之中，不仅使健康教育内容变得直观而具体，也实现了"体育育人"与"德育树人"的完美结合，强调德、智、体、美、劳全面发展，确保体育课程真正聚焦于人的全面发展，坚守"健康第一"的教育宗旨。此举不仅提升了学生的身体素质，也深化了他们的道德观念和社会责任感，使体育教育与思想教育相辅相成，共同促进学生的全面发展。

二、高校体育教育中开展急救教育的内部劣势

（一）缺乏统一、规范的急救教材

教材作为教学活动的基石，对保证教学质量至关重要。然而，目前市场上尚缺乏专为大学生设计、内容全面且标准化的急救教材，培训流程与考核准则亦不够成熟，这直接制约了急救教育的有效实施。因此，研发一套符合高校特点、统一规范的急救教材，成为当务之急。

（二）急救教育设备资源匮乏

急救教育的实践性质要求相应设备与场地的支持。当前，许多高校依赖讲座形式引入急救知识，这种模式往往缺乏配套的专业设施与稳定的学习环境。临时借用的体育场馆或会议室难以满足专业急救技能训练的需求，缺乏专门的急救设备与材料也限制了教学效果。资源的匮乏成为推广急救教育的一大障碍。

（三）教师急救教学技能有待提高

尽管体育教师具备一定的运动医学知识基础，但系统性的急救教育训练并不普遍，导致他们在教授急救技能时可能存在知识或技能上的不足。教师个人需要额外的时间和努力来提升急救教学能力，这对教师而言是额外的负担，也是高校急救教育推进过程中亟须克服的难题。

（四）学生主动学习和施救意愿不强

尽管大学生具备学习急救知识的能力，但急救教育在高校体育课程中的新引入意味着学生对此持观望态度居多，主动学习和实践的积极性不高。加之社会对施救者权益保护机制的不完善，进一步降低了学生参与施救的意愿。提升学生的主动学习意愿和施救自信，是实现急救教育目标必须面对的挑战。

三、高校体育教育中开展急救教育的外部机遇

（一）大健康背景下对健康的普遍追求

当前社会正处于大健康观念迅速普及的时期，这一理念源自对社会发展、公众健康需求变化以及疾病模式演进的深刻洞察。随着我国经济社会的飞速发展，居民生活水平显著提高，但同时也面临着"三高"（高血压、高血糖、高血脂）、肥胖症及亚健康状态人群增多等健康挑战。在此背景下，政府、医疗系统等多方力量携手推动，公众的健康观念正经历从被动治疗向主动健康管理的根本性转变，愈发重视疾病的预防和健康生活方式的培养。在此大健康趋势下，将急救教育融入高校体育课程

第四章　高校体育教育中急救教育的开展与应急体育的融入

不仅是对传统体育教学内容的创新与拓展,更是对时代发展脉搏的精准把握,直接响应了学生和社会对于提升个人健康防护能力的迫切需求。此举不仅有助于学生掌握关键的急救技能,提升自我保护与救助他人的能力,还进一步推动了全民健康意识的提升,为构建健康中国战略贡献力量。

(二)政策支持,教学改革势在必行

近年来,国家层面密集出台了一系列政策文件,为高校体育教育中融入急救教育提供了强有力的政策支持与导向,也彰显了国家对提升学校应急救护能力的高度重视。2021年8月,《教育部等五部门关于全面加强和改进新时代学校卫生与健康教育工作的意见》中首次明确规定了健康教育的内容,要求学校必须落实课程课时要求。[①]2022年,教育部办公厅印发《首批全国学校急救教育试点工作实施方案》从"完善工作机制""建设培训基地""组建导师团队""开展学生培训"及"安全证书体系"五方面提出要求。[②]2023年,《关于开展第二批全国学校急救教育试点工作的通知》中将学校急救教育试点的遴选规模扩大到1000所。这些政策的相继出台,不仅为高校提供了明确的行动指南,也创造了前所未有的发展机遇。在政策的积极推动下,高校体育教育正迎来一个深化急救知识与技能普及、强化校园急救设施建设、构建高效应急救护体系的关键时期。通过探索和实践,形成既符合高校实际情况又能引领行业标准的急救教育模式,对于提升我国高等教育阶段学生的健康素养与自救互救能力,乃至推动全社会急救教育水平的整体提升,均具有深远意义。在此背景下,高校体育教育与急救教育的深度融合,不仅是响应政策号召的必然选择,也是推动教育现代化、服务健康中国战略的重要举措。

---

① 教育部,发展改革委,财政部,卫生健康委,市场监管总局.教育部等五部门关于全面加强和改进新时代学校卫生与健康教育工作的意见[S].(2021-08-02)[2023-08-10].
② 教育部办公厅.首批全国学校急救教育试点工作实施方案[S].(2022-01-17)[2023-08-20].

四、高校体育教育中开展急救教育的外部威胁

(一)来自专业机构的竞争压力

在"人民至上,生命至上"理念的指引下,急救教育日益受到社会各界的关注,"人人懂急救"成为普遍共识。红十字会、医院等专业机构在急救培训领域具有明显优势,包括专业的组织架构、师资力量、齐全的设备以及标准化的培训流程,且培训后学员可获得官方认证的证书,这些因素共同提升了此类培训的社会认可度。然而,这类培训通常成本较高,且多为一次性集中培训,无法提供体育课堂那样持续、系统的教学与复习。高校体育教育在急救培训方面面临的竞争和挑战不容忽视。

(二)社会支持体系的不健全

现场急救的实施面临着时间紧迫、风险高、难度大的特点,但现行法律体系对施救者的保护措施尚不完善,导致"好心办坏事""担心被误解或讹诈"等负面心理普遍存在,阻碍了公众参与急救学习和施救的积极性。因此,加强急救知识普及、优化相关法律法规,为施救者提供充足的法律和社会保障,是推广全民急救文化必须解决的问题。

综上所述,高校体育教育在融合急救教育的过程中,既拥有独特的优势和广阔的发展机遇,也不可避免地面临着外部竞争的激烈和制度环境的不完善等挑战。虽然挑战重重,但总体趋势向好,特别是高校教育体系的内在优势和外部政策的积极引导,为急救教育的普及提供了坚实的基础和巨大的潜力。针对现有不足,如教材开发、师资培训、设备配置等方面的提升,将是未来高校体育教育改革和发展的重点方向。通过不断优化和完善,高校体育教育不仅能够有效提升学生的急救技能,还能为增强全社会的急救意识和能力作出重要贡献。

第四章　高校体育教育中急救教育的开展与应急体育的融入

第二节　高校体育教育中开展急救教育的路径

一、开设急救教育课程

为了高效推进急救教育,高校应采取线上线下相结合的教育模式,确保急救知识与技能的全面覆盖与深度渗透。

线下课程模块方面,一方面是开展课内训练,涵盖体验式急救培训、应急避险理论与实操、体能强化训练、应急技能实训及模拟情景教学,旨在通过实践操作加深理解。另一方面是开展课外活动,鼓励学生自发组织训练小组、参与急救社团活动及社会服务项目,如参与社区急救知识普及、参与急救演练等,以此增进技能熟练度和团队协作能力。

线上教育方面,一方面是知识学习,提供应急避险与急救知识的视频教程,方便学生灵活安排自学时间。另一方面是互动交流,设立线上答疑平台,组织在线测试与技能认证,确保学习成效的同时,激发学生学习兴趣。

高校可采用以下两种模式,以适应不同条件和需求。

第一种模式是体育课程融合急救教育,在这一方面可以进行一体化设计,在现有体育课程框架内嵌入急救内容,利用体育与急救间的内在联系(如体能基础、运动损伤处理等),实现体育教学与急救技能的有机结合。课程内容包括突发事件应对、个人安全教育、常见急症现场处理(如休克、骨折处理)、心肺复苏等关键技能,以及特定情境下的自我保护知识。

第二种模式是设立独立的急救课程,在该模式下进行系统化教学。开设专门的急救课程,确保教学内容更为系统、全面,适合有志于深入学习急救知识的学生。这一模式的实施还可通过情景模拟教学来落实,如精心设计七大模拟情境,包括溺水救援、火灾应急避险、心肺复苏与气道异物排除、自卫防身技巧、创伤管理(止血、包扎、固定)、绳索使用与逃生技巧、应急装备使用等,通过模拟真实场景提升学生的应急反应与处理能力。

二、加强对急救知识与技能的宣传和培训

通过组建大学生急救社团,推动急救知识的课外传播。依据特定纪念日策划多样化的活动方案,例如,在"国家防灾减灾日"组织水域安全自救、火灾应对及消防器材实操、地震逃生演练等;在"世界急救日"集中传授初步急救措施、急性病症管理及正确搬运伤者的方法,以此丰富学生的实际操作经验。

急救社团不仅应成为学习交流的平台,还应举办急救知识竞赛与技能挑战赛,作为课堂教学的有效补充。此外,社团应积极承担社会责任,组建安全教育志愿者团队,深入乡村或社区开展支教服务,设计包含防溺水、消防、急救等在内的综合性公益课程,广泛传播生命安全意识与技能。

三、发挥高校体育优势,建立高校应急教育常态机制

当前,高校应急教育涵盖安全教育课程、体育教学、军事训练、专题讲座等多个方面,尽管具有一定的针对性,但在内容全面性和教育持续性上仍存在提升空间。鉴于此,应充分利用高校体育部门的资源优势,创新性地构建一套常态化的应急教育机制。首先,融合体育教学与安全教育,发挥体育课程的时长与设施优势,结合体育教师在应急能力培养上的独特专长,将全面的应急知识与技能训练融入体育教学与大学生安全教育中,形成互补与强化。其次,优化教育资源配置,在确保体育课程核心地位的同时,整合军训、专题讲座与实战演练等多种形式,形成系统性的教育体系。特别强调通过定期演练来巩固理论知识,确保学生能在模拟情境中熟练运用所学技能,提升面对突发事件的实际应对能力。

第三节　应急体育概论及其教育发展途径

一、应急体育的概念

应急体育作为一个名词由"应急"和"体育"两个词汇构成。"急"指的是紧急状态,应急体育旨在通过体育的途径和方式,提升人们应对紧急状态,保证生命健康、安全的能力。[①]

与传统的体育活动相比,应急体育拥有其独特的定位。常规体育项目通常聚焦于特定运动技巧的掌握,旨在促进参与者的身体健康和心理健康,同时也带有娱乐放松的功能。应急体育是明确指向于提升个体在紧急情况下的应变能力,是一种涉及身体素质、心理素质、专业知识和实际操作技能等多维度综合素质的体现。应急体育训练体系包括应急体能训练、应急心理调适、应急知识教育及应急技能实践四个核心组成部分,这些要素相辅相成,共同构成了个人有效应对突发紧急情况的基石。

应急体育实践活动通过创造仿真情境,精心设计各类专业训练环节,旨在直接增强参与者的应急处置能力,确保其在真实的危险面前,能够凭借所学保护自己和他人的安全,从而为促进个体的全面健康成长与社会发展提供强有力的支持。简而言之,应急体育是一种以提升应急处置为核心目标,通过体育的多样化形式实现个人安全能力全面升级的创新教育模式。

二、应急体育的本源与本质

（一）人本主义视角下的"安全"需求论

从人本主义的透镜来审视,"安全"这一需求构成了应急体育的根

---

① 李海燕,马群,张红兵.青少年应急体育研究[M].昆明：云南大学出版社,2022：86.

本出发点。根据亚伯拉罕·马斯洛的需求层次理论,人类的基本需求序列中,生理与安全需求是基本需求,它们不仅是生存的基本条件,也是个体发展的初始驱动力。在此框架下,安全需求超越了简单的生存欲望,它作为一种内在的、深刻的驱动力量,指引着人类行为的方向,构成了人类文明演进和个体成长的底层逻辑。

追溯至史前时期,人类在自然选择的严酷环境中求生,对安全的渴望深深烙印于进化历程中。随着认知能力的提升,原始人类开始意识到身体强健与自我保护技能对于生存的重要性,这一认识激发了他们通过劳动改造环境、并通过模仿和实践传递生存智慧的主动性。这些早期的生存策略,实质上是应急体育精神的萌芽,展现了人类为了适应环境、规避危险而进行的身体锻炼与心智准备。

因此,应急体育的本质在于响应人类内心深处对于安全和保护的原始呼唤,它是一种教育和训练模式,旨在通过系统化的身体锻炼、情景模拟和知识传授,增强个体在面对突发状况时的适应力和自救能力。应急体育不仅是对古代生存智慧的现代传承,也是现代社会对个体全面发展和公共安全责任的积极回应,体现了人类不断追求安全、适应并超越环境挑战的不懈努力。

(二)顺应体育本源的回归

应急体育的出现,标志着体育领域的一次深刻反思与革新,它不仅呼应了人类对安全这一基本需求的深层次关切,也引领了体育教育向其原始本质的复归。在人类历史的长河中,体育从最初的本能性身体活动,如逃避危险、捕猎觅食等生存技能,逐渐演变成为一种集教育、娱乐、社交乃至精神寄托于一体的复杂社会活动。这一过程见证了体育从生物本能向更高层次社会需求的转化,展示了人类文化与社会进步的足迹。然而,随着现代体育的日益专业化与竞技化,体育活动在某种程度上偏离了其服务于人类基本生存需求的初衷,更多地聚焦于技术和成绩的追求。应急体育的提出,正是对这一偏移的矫正,它强调体育在提升个体应对突发紧急情况能力、保障生命安全方面的根本价值,是对体育起源——即满足人类生存与安全需求的直接回应。

应急体育通过模拟真实应急场景的训练,不仅增强了个体的体能与技能,更重要的是培养了人们在紧急状态下保持冷静、迅速决策的心理素质,以及互助合作的社会责任感,这些都是人类社会属性中不可或缺

第四章　高校体育教育中急救教育的开展与应急体育的融入

的部分,也是体育作为社会文化现象的核心价值所在。因此,应急体育不仅是体育教育内容的拓展,更是对体育本源意义的深刻挖掘与现代诠释,它倡导的是一种更加全面、实用且贴近生活的体育理念,引导我们重新审视体育与人类生存、发展之间的本质联系。

(三)以促进人的生命发展为根本

应急体育的推行,根植于对"人"的深切关怀与未来导向,它是现代教育理念与社会现实需求交汇的产物。在这样一个复杂多变的风险社会中,个人的成长与福祉面临着前所未有的挑战,自然灾害、公共卫生事件、人为事故等不确定因素时刻威胁着人类的生命安全。因此,教育的目标不再局限于知识的传授与技能的培养,更需关注个体如何在逆境中生存、在危机中成长,确保每个人都能拥有保护自我、珍视生命的能力。

应急体育,作为教育体系中的新兴分支,充分体现了"以人为本"的价值观。它超越了传统体育的界限,不仅仅关注身体的锻炼和竞技技能的提升,更侧重于通过体育教育这一平台,培养个体在紧急情况下的生存智慧与自救互救能力。这一教育模式的实施,是对"健康第一"原则的深化,同时也是对生命尊严与安全至上理念的实践。

应急体育课程通过模拟真实危机情境,不仅锻炼学生的身体素质,更在心理调适、知识积累、技能习得等方面进行全面培养。它教导学生如何在紧急情况下保持冷静、迅速判断并采取行动,如何有效避免伤害、减轻灾难后果,从根本上促进个体生命的安全与发展。应急体育的实践,不仅增强了个体的自我保护能力,也为构建更加坚韧、有韧性的社会打下了坚实的基础,确保每个人都能在面对不测风云时,有足够的能力和信心守护自己和他人的生命安全,真正实现人的全面发展与社会的和谐进步。

三、应急体育能力

应急体育能力是一种高度综合性的能力,它在紧急或潜在紧急状态下显得尤为重要,直接关联到个体能否有效地识别风险、保护自身安全并采取适当行动。这种能力的高低,直接反映了个人在面对危机时的生存意识、身体适应性、技能熟练度以及心理承受力,其中,"有效应对"成为衡量该能力是否达标的关键指标。有效应对不仅意味着能够及时采取措施降低即时危害，还要求能够预见并防止次生灾害，从而最大限度地减少损失。应急体育能力主要包括生命安全意识、应急身体素质、风险感知能力、应急知识与技能四个主体结构。

（一）生命安全意识

生命安全意识作为应急体育的根基，不仅是启动个体防护机制的钥匙，也是引导人们主动学习和提升应急能力的内在驱动力。它虽根植于人类的本能，却在现代社会的背景下，需要通过教育和实践的双重作用得到唤醒与加强。在日常生活的平静表象下，人们容易忽视潜在的安全威胁，但通过提升生命安全意识，可以促使个体从被动接受转变为积极预防，将安全行为内化为自觉行动。

具体而言，生命安全意识通过以下几个层面发挥作用。

（1）预警触发。它像一个敏感的雷达，能够在日常环境中察觉到潜在的危险信号，即使这些信号尚未显现出明显的威胁性。

（2）理性决策。基于生命安全意识，个体能够运用逻辑思维和已掌握的知识，对面临的情况进行快速评估，区分哪些是真正的威胁，哪些是可管理的风险，从而作出最为合理的应对决策。

（3）主动学习。强烈的生存本能和对安全的理性认识，激励人们主动寻求学习机会，不断提升自身的应急知识与技能，以更好地适应和应对未知的挑战。

（4）行为规范。在高度的生命安全意识指导下，个体的行为更加趋向于预防性和保护性，减少不必要的冒险行为，确保日常生活中的习惯和选择都符合安全标准，从而有效避免或减轻意外伤害。

生命安全意识不仅是应急体育能力的出发点，也是贯穿于学习、训练与实践全过程的核心。通过强化这一意识，不仅能够激发个体对安全的自觉追求，还能促进形成科学合理的风险评估与应对策略，为维护个人和社会的安全稳定提供坚实的保障。

（二）应急身体素质

应急身体素质是针对紧急状况下人体所展现的特殊机能能力，它强调在高度紧张和压力环境下，个体能够迅速反应并采取有效行动以保护自身安全的能力。与一般意义上的健康或运动素质相比，应急身体素质更侧重于在极端条件下的生存适应性和应对效率，是综合体现个体体

第四章　高校体育教育中急救教育的开展与应急体育的融入

能、心理承受力及应激反应速度的复合指标。

具体来说,应急身体素质的几个关键要素包括如下所述。

(1)力量与爆发力。在紧急情况下,如需要推开障碍物、攀爬逃生或是短时间内的强力对抗,良好的力量和爆发力至关重要。

(2)速度与敏捷性。快速移动、躲避危险或迅速执行逃生计划时,优秀的速度与敏捷性可以大大增加生存几率。

(3)耐力。长时间的应急行动,如长距离奔跑、持续的体力劳动或是在恶劣环境中等待救援,均需要良好的心肺耐力和肌肉耐力支持。

(4)灵敏与协调。在复杂或狭小的空间中避险、正确使用应急工具或执行救援动作,需要高度的身体灵敏性和协调性。

(5)平衡与稳定性。在不稳定或动态环境中保持身体平衡,避免跌倒受伤,是确保个人安全的基本要求。

应急身体素质的培养不仅依赖于常规的体育锻炼和健身活动,还需要结合模拟紧急情况的专项训练,如应急逃生演练、高应激状态下的体能测试等,以提升在真实危机中的适应性和生存能力。因此,应急身体素质的提升是应急体育能力框架中不可或缺的一环,它直接关乎到个体在紧急状态下的生存质量和自救互救能力。

(三)风险感知能力

风险感知能力,作为应急能力的关键组成要素,是指个体或集体对潜在威胁的识别、评估及预测能力。这种能力不仅基于直觉与生物本能,更融合了知识、经验、环境观察与逻辑分析,是决定个体如何预判危机、采取预防措施及制定应对策略的核心能力。在面对突发事件和意外伤害时,风险感知的敏锐度与准确性直接关系到能否及时采取有效行动,减少损害程度,甚至挽救生命。

风险感知的复杂性在于,它受到多种因素的影响,包括但不限于个体的心理状态、以往的经验、文化背景、信息获取渠道以及社会环境等。正确的风险感知能够激发个体采取预防措施的积极性,如预先规划逃生路线、准备应急包、参加安全培训等。然而,风险感知不足或过度都会带来问题:感知不足可能导致准备不足和应对迟缓;过度感知可能引发不必要的恐慌,消耗资源,甚至导致社会秩序的混乱。

因此,培养适度的风险感知能力,意味着要在提高个体对风险的敏感性与识别能力的同时,加强其理性分析与判断能力,确保在面对潜在威胁时,既能及时感知并采取必要行动,又能避免非理性的过度反应。这要求在应急教育与培训中,不仅要传授具体的应急知识与技能,还要加强心理韧性训练,提高信息筛选与评估的能力,以及强化基于事实的决策能力,确保个人与社会在面对危机时能够作出合理、有效的应对。

（四）应急知识与技能

应急知识与技能在面对突发事件时发挥着至关重要的作用,它们是个人保护自己和他人安全、有效应对危机情况的基础。

1. 应急知识

应急知识主要包括以下内容。

（1）安全常识与应急避险知识。这部分知识涉及对各类安全隐患的认识,如火灾、地震、洪水等自然灾害以及家庭安全、交通安全、工作场所安全等人为环境中的潜在危险。了解这些常识能够帮助个体识别风险,采取预防措施,减少事故发生的可能性。应急避险知识则教授在紧急情况下如何迅速而正确地躲避危险,比如火灾时的"低姿前行"、地震时的"桌下避难"原则等。

（2）自救知识与互救知识。自救知识教会个体在没有外部援助的情况下如何保护自己,比如简单的伤口处理、脱困技巧等。互救知识强调在确保自身安全的前提下,如何有效地帮助他人,这包括基本的心肺复苏（CPR）、使用自动体外除颤器（AED）、止血包扎等急救技能。

2. 应急技能

应急技能与基本动作技能、运动技能息息相关。基本动作技能是日常活动和体育活动中基础的动作控制能力,如走、跑、跳、平衡等,是进行更复杂运动或应急反应的基础。运动技能是指在特定体育项目中所需的一系列协调动作,如游泳、篮球投篮等,这些技能通过反复训练获得,提高身体协调性和反应速度。应急技能是专门针对紧急情况的技能,包括急救技能、使用消防器材、逃生绳索使用等。这些技能要求在高度紧张的状态下快速准确地执行,往往能直接决定生死。所有的应急技能都需要通过实践来熟练掌握。理论学习提供基础框架,但只有通过模拟演练、实操练习才能在真正遇到紧急情况时迅速反应并正确实施。例如,定期举行消防演习、急救培训等,可以有效提升个人和团队的应急

第四章　高校体育教育中急救教育的开展与应急体育的融入

处置能力。

四、应急体育发展的教育途径

增强应急能力是一个渐进且持久的过程，它植根于深厚的文化土壤，并非一朝一夕之功，尤其强调自小培育，持之以恒。提升青少年在应急体育方面的能力，关键在于强化生命安全意识、锻炼应急所需的体能、敏锐的风险识别力以及掌握实用的应急知识与技能。这一综合能力的建设，在不同的内容、形式、资源配给及实践操作上，要求各异，针对性强。

在教育体系的多元架构下，应急体育教育主要依托三大支柱：学校教育、社会教育和家庭教育，三者相辅相成，共同编织一张全面防护网。每一领域的侧重点各有不同，但在科普宣传以普及安全常识、深入知识讲授以深化理解、实战技能培训以提升操作能力，以及组织应急演练以检验实效这四大层面，形成互补互动的教育生态。

（一）学校体育与应急的结合

学校体育与应急教育的融合，不仅丰富了传统体育教学的内容，还极大地提升了青少年学生的安全防范与应对突发事件的能力，是现代教育体系中一个创新且必要的发展方向。这种结合可以从以下几方面落实。

1. 课程融合与创新

在体育课程设计中嵌入应急元素，如将心肺复苏、自救互救技能、灾害避险知识等应急内容作为必修或选修模块，使学生在锻炼身体的同时，掌握实际可操作的应急技能。通过将特定体育项目与应急技能训练相结合，如篮球课上加入扭伤处理、足球训练中讲解碰撞后的初步救助，既增强了体育课的实用性和趣味性，又提高了学生的安全意识和自救能力。

2. 实践活动与体验学习

组织定期的应急体育活动和竞赛，如校园内的应急疏散演练、急救技能大赛等，不仅检验了学生的学习成果，也在模拟真实情境中加深了他们对应急知识的理解和记忆。此外，通过野外生存挑战赛、定向越野赛等形式,学生能够在体验中学习到户外求生与救援技能,增强团队协作和应对复杂环境的能力。

3. 文化氛围营造

利用学校的宣传栏、网络平台等媒介,进行应急体育文化的主题宣传,树立"安全第一,预防为主"的观念,激发学生对应急知识学习的兴趣和主动性。建立应急体育社团或兴趣小组,鼓励学生自我管理和组织相关活动,形成良好的校园应急文化氛围。

4. 资源整合与设施利用

学校应充分利用现有的体育设施和资源,如游泳池、体育馆、操场等,作为应急教育的训练场地,同时引入专业的应急设备和教具,为应急技能的实训创造条件。此外,与地方应急管理部门、医疗机构等合作,引进外部专家进行专题讲座和技能培训,拓宽教育资源。

5. 全周期教育规划

应急体育教育应贯穿整个学校教育阶段,根据不同年龄段学生的认知能力和身心发展特点,设计分层次、递进式的教学内容。从幼儿园的初步安全教育到高等教育阶段的专业技能培训,形成一个完整的教育链条,确保学生在成长的每个阶段都能获得相应的应急体育知识和技能。

(二)家庭教育中的应急体育

家庭教育在应急体育教育中扮演着不可或缺的角色,它不仅是学校教育的延伸和补充,更是孩子应急能力培养的起点和持续影响源。每个家庭成员的年龄、身体状况、心理承受能力各不相同,因此在家庭中实施应急体育时,需注重个性化指导,让应急训练适应每一位成员的实际需求。通过家庭会议、角色扮演等方式,鼓励全员参与,无论是儿童、成人还是老年人,都能在适合自己的项目中学习和实践应急技能。应将应急体育理念融入日常生活,如在家庭聚会、节假日活动、日常家务中穿插应急知识讲解和技能训练,如火灾逃生路线的制定、家庭急救包的准备与使用、食物中毒的初步处理等,使应急准备成为家庭习惯的一部分。通过应急体育活动可以加强亲子间的互动,如一起参加急救课程、共同完成应急演练,不仅能增进家庭成员间的情感交流,还能在实际操

第四章 高校体育教育中急救教育的开展与应急体育的融入

作中加深孩子对应急知识的记忆和理解。将应急学习变成一种家庭共乐，增加其吸引力和有效性。家庭是文化传承的重要载体，通过讲述家族历史中的应急故事、分享长辈的生存智慧，可以将应急意识和责任感深植于孩子心中。家长的身体力行、对安全教育的重视，会潜移默化地影响孩子的行为模式和价值取向。

应急体育的学习不应是枯燥乏味的，家庭应创造轻松愉快的学习氛围，将应急训练与家庭游戏、户外探险等活动结合起来，让孩子在玩中学、学中玩，提高学习的积极性和效率。家庭应主动与学校、社区和其他社会组织建立联系，共享应急教育资源，参与联合举办的应急演练、讲座等活动，形成教育合力。利用社区的公共设施进行实地训练，如使用社区的消防设施进行防火演练，增强实践效果。

(三)社会教育中的应急体育

社会教育在应急体育的推广与普及中发挥着桥梁与纽带的作用，它弥补了学校和家庭在资源、专业性等方面的局限，构建了一个更为广泛、开放的学习平台。

第一，社会教育通过多样化的渠道，如在线课程、社交媒体、移动应用、公共讲座、展览和体验馆等，向公众传播应急知识，满足不同群体的学习需求。这些渠道打破了时间和空间限制，使得应急教育更加便捷可及。

第二，社会组织，特别是应急救援基地、红十字会等专业机构，拥有丰富的培训资源和实践经验，能够提供高水平的应急体育训练，如高仿真度的灾难模拟、专业教练的现场指导等，有效提升学员的应急反应能力和实际操作技能。

第三，社区作为连接居民的最前沿，是应急体育教育的重要阵地。通过定期组织应急演练、设置应急知识宣传栏、开展家庭应急准备工作坊等形式，社区可以有效提升居民的应急意识和自救互救能力。

第四，企业和政府机关不仅是社会经济活动的主体，也应承担起员工和公众应急教育的责任。通过内部培训、应急预案制定、应急设施配置等措施，不仅保护了员工安全，也促进了社会整体应急能力的提升。

第五，利用社会媒体的力量，制作高质量的应急教育节目、短视频、动漫等，可以生动有趣地传播应急知识，提高公众的关注度和参与度。此外，通过纪录片、电影、文学作品等文化产品，也能深刻反映应急事件，激发人们对应急准备的思考和行动。

第六，政府应引导社会各界力量，包括学校、家庭、企业、非营利组织等，共同参与到应急体育教育的体系建设中，通过政策支持、资金投入、资源共享等手段，构建一个多方协同、资源共享、优势互补的应急教育生态系统。

第四节　高校应急体育课程资源开发

一、应急体育课程资源概述

（一）应急体育课程资源的概念

应急体育课程资源是指在应急体育课程发展过程中，一切有利于应急体育课程生成与实施的各种因素与条件。构成应急体育课程的要素，包括应用于课程设计、编制、实施和评价等课程发展的全过程的要素，具体包括应急安全、生命健康、体质与运动技能方面的知识、技能、身体素质、身体练习、活动方式与方法、情感态度和价值观，各种应对突发事件的经验，等等。学校、家庭和社会中所有有助于提高学生应急体育能力的人力、物力、财力、环境等各种资源也属于应急体育课程的要素。[1]

应急体育课程资源与传统体育课程资源之间存在显著差异，传统体育课程虽包含了健康教育内容，但其应急与急救知识通常局限于运动伤害的预防与处理，应急安全教育的目标不够明确或仅作为边缘内容存在。相比之下，应急体育课程资源明确地将应急安全教育作为核心目标，旨在全面提高学生的安全意识、自救互救能力和应对各类突发事件的综合素质。应急体育课程资源不仅包括体育技能训练，还广泛覆盖了应急安全、生命健康、体质锻炼等多方面的知识和技能，以及情感态度、价值观的培养。它不仅关注运动相关的伤害处理，更将日常生活中的各种突发事故，如自然灾害、公共安全事件等纳入教育范畴，使学生能在更广泛的场景中应用所学知识。应急体育教育强调跨学科、跨领域的资

---

[1] 李海燕，马群，张红兵.青少年应急体育研究[M].昆明：云南大学出版社，2022：126.

第四章　高校体育教育中急救教育的开展与应急体育的融入

源整合,如将体育学、医学、心理学、社会学等多学科知识融合,以及学校、家庭、社区、政府等多方面力量的合作,共同构建一个全社会参与的应急教育体系,这远远超出了单一体育课程资源的范畴。

(二)应急体育课程资源的特征

1. 多样性与针对性

应急体育课程资源的多样性不仅体现在资源的种类上,如从实体的设施设备、师资力量到抽象的知识体系、信息资料,还包括了资源的功能、来源及应用范围的广泛性。从知识传授到实践操作,从学校环境到社会各个角落,甚至是网络虚拟空间,应急体育课程资源跨越了多个维度和领域。它不仅涵盖了生命健康、应急安全的理论知识,还吸收了体育锻炼的实践经验,以及来自社会生活和教育实践的宝贵经验。资源的空间分布同样广泛,既包括校园内部的正式教学资源,也涉及社会机构、家庭环境乃至民族传统和官方政策等多个层面。

针对性是应急体育课程资源区别于常规体育课程资源的关键所在。这意味着并非所有体育资源都能直接服务于应急体育教育的目标,而需要经过精心筛选和适应性改造,以确保其能够有效应对特定的紧急情况。例如,虽然竞技游泳技术在体育课程中占有一席之地,但直接应用于应急场景并不完全适用。通过调整和优化,如侧泳和仰泳等技术被改编为更适合应急救援的技能,体现了应急体育课程资源在选择和设计上的高度针对性。这种针对性确保了学习者能获得与实际应急需求紧密相关的技能和知识,从而在关键时刻发挥效用。

2. 价值潜在性与可开发性

应急体育课程资源蕴含着未被充分发掘的价值潜力与广阔的可塑空间,这与所有体育课程资源的本质特性相契合。在构思应急体育课程的初期阶段,实际上,潜在的课程资源已潜藏于现有的体育教育资源之中,静待转换为适应应急需求的形式。这一过程不仅要求我们对既定规则、活动场地、运动设施及教学方法施以创造性改造,还需巧妙融合与调整,使之成为支撑应急体育课程顺利开展的关键基石。

应急体育教育的核心宗旨,在于强化青少年学生的应急体能与反应速度,确保他们在面对不测时能够迅速而有效地自保与助人。实现这一目标,途径多样:一方面,可以从现有体育课程的丰富素材与条件下手,通过重构与融合,赋予传统体育项目新的应急应用价值。另一方面,则需拓宽视野,积极吸纳体育课程范畴以外的有益资源,通过精心筛选与定制化设计,使其服务于应急能力的培养。例如,跑步作为体育课程中的一项基础且成熟的体能锻炼,其潜在价值在于,通过特定情景模拟,如模拟遭遇紧急情况时的迅速逃离技巧,转变为应急体育课程中关于高效逃生策略的教学内容。又如,通过对体育场地和设施的适应性改造,增设专用于提升应急技能的辅助训练装备,不仅丰富了训练手段,也体现了资源的灵活性与多用途性。

因此,应急体育课程资源的潜在价值与可开发性,实则揭示了一个动态转化与整合的过程,即如何在保持体育精神与体质锻炼的同时,巧妙融入应急准备的要素,从而在危机来临时,青少年学生能凭借所学知识与技能,更加自信且有效地应对挑战。

3. 功能多元性与可替代性

首先,应急体育课程资源展现了跨越传统界限的多功能性。它们不仅服务于体育锻炼和身心发展的传统目标,还能无缝对接应急教育的需求,实现双重甚至多重教育目的。比如,野外活动不仅是一种增进学生体质、促进团队合作的体育休闲方式,同时也是绝佳的应急教育平台,能在自然环境中教授学生生存技能、提高他们的风险识别与应对能力。通过参与远足、登山等实践,学生在享受体育乐趣的同时,掌握了野外逃生、生存技能等应急知识,实现了体育与应急教育的有机结合。

其次,应急体育资源在实现具体教育目标时展现出高度的可替代性。这意味着,针对同一应急能力提升目标,教育者可以根据实际情况和资源的可获得性,灵活选择多种教学手段和内容。例如,为了增强学生的应急体能和耐力,教育方案可以非常灵活:既可以设计成单一技能的强化训练,如持续长跑以提高耐力;也可以组织综合性的应急演练,让学生在模拟的紧急情况下应用和整合多项技能;或者通过多样化且具挑战性的体育活动,如野外穿越、长途骑行、耐力游泳和滑雪等,这些活动虽各具特色,却都能有效提升学生的身体素质和心理韧性,实现应急能力培养的最终目标。这种可替代性不仅丰富了教学方法,还保证了教育效果的最大化,即便在某些特定资源受限的情况下,也能确保教育活动的顺利进行。

第四章　高校体育教育中急救教育的开展与应急体育的融入

4. 过程性与生成性

应急体育课程资源的发展过程,体现了一种鲜明的过程性和生成性特征,这不仅是对教育内容与形式的持续创新,也是参与各方协同进步与社会文化演进的生动体现。在这个动态的构建过程中,教育者与受教育者的角色超越了传统的界限,共同参与到一个开放的、互动的学习生态系统中。

过程性特征意味着应急体育课程资源的开发不是一蹴而就的任务,而是伴随着时间推移、技术进步和社会需求变化而逐步深化和完善的长期旅程。它要求学校、家庭以及社会各界形成合力,共同探索、实践和反思,通过不断的尝试和调整,逐渐积累起宝贵的实践经验、理论知识和技术技能。这一过程鼓励多方主体的主动参与和经验分享,促使应急体育教育体系不断成熟和完善。

生成性特征则体现在应急体育课程资源的创造与更新上。应急体育的教育实践不是静态的传授,而是一个动态的知识生成与传播过程。教育者在设计课程时,需根据学生的反馈、社会事件的变化以及科学研究的新发现,持续创新教学方法、技术和内容。同时,受教育者(包括学生、家长乃至更广泛的社会公众)在参与应急体育活动的过程中,通过亲身体验和反思,也能生成新的见解、策略和解决问题的方法,这些来自实践的第一手资料,经过提炼整合后,可直接转化为课程资源的一部分。这样的生成过程不仅使课程内容紧跟时代步伐,充满活力,也极大地提升了学习的实效性和学生的参与度。

(三)应急体育课程资源的结构

应急体育课程资源的结构,按照资源的功能与特点划分,可以分为素材性资源和条件性资源两大类,每一类别下又包含多个子类别。

1. 素材性课程资源

素材性资源直接关联于应急体育课程的内容与传授,是构成课程实体的基础,具体包括以下几方面。

(1)知识、技能类资源。这是应急体育课程的理论与实践核心,涵盖应急安全知识、体育与健康理论、突发事件特征解析等内容。这些资源以教材、教案、课程设计文档等形式存在,是显性的、可以直接应用的教学工具,对于明确课程目标、规划教学活动至关重要。

（2）体育与应急结合的运动项目资源。包括特定设计的运动项目、练习与训练方法,旨在通过体育活动培养学生的应急反应能力,如模拟逃生的障碍赛跑、团队协作的救援演练等。

（3）感知与经验类资源。这类资源相对隐性,涉及教育者与受教育者在应急体育学习过程中的主观体验和间接知识,如个人经历、情感态度、价值观等,它们通过分享、讨论等方式传递,对培养学生的情感认同和应急意识具有重要作用。

（4）传媒信息类资源。利用媒体信息丰富课程内容,如国内外突发事件的新闻报道、宣传材料、影视作品等,为学生提供真实案例分析,增强应急情境的认知和理解。

2. 条件性课程资源

条件性资源为应急体育课程的实施提供必要的外部支持和环境保障,具体包括以下几方面。

（1）应急体育课程管理机制。包括法律法规框架、课程标准设定、评价体系及监管措施,确保课程有序、高效运行。

（2）人力资源。涵盖课程管理者、教师、学生、家长及社会各界教育者的参与,强调师资培训与全员参与的重要性。

（3）物力资源。涉及课程实施所需的场地、器材及特殊设施,如应急体验馆,这些物理条件是实践教学的基础。

（4）财力资源。课程的经济支持,包括政府资助、社会投资和个人家庭的投入,确保课程资源的持续开发与维护。

（5）自然与环境资源。利用地理、气候及自然环境的多样性,设计符合地方特色的应急教育内容,提高课程的实用性和针对性。

二、应急体育课程资源开发的原则

应急体育是为了满足人们对生活中生存和安全的实际需要应运而生的,应急体育课程从其本质上来看依然属于体育课程的一部分。因而,应急体育课程资源的开发与运用与体育课程资源有着异曲同工之处。在应急体育课程内容资源开发中,原则的确定对内容资源的开发具有指导作用,在应急体育课程内容资源开发中应遵循的原则主要包括以

第四章 高校体育教育中急救教育的开展与应急体育的融入

下几项。

（一）应急性原则

应急性原则作为应急体育课程资源开发的基本原则，强调了在设计与实施过程中必须紧密围绕"应急"这一核心，确保所有资源和活动均服务于提升个体在紧急情况下的生存与自救能力。这一原则要求课程开发者深入理解各类突发事件的本质特征，包括自然灾害、人为事故等，以及这些事件对个体体能、心理、应变能力的具体要求。

具体来说，应急性原则的贯彻体现在以下几个方面。

第一，活动设计的针对性。课程内容应直接关联于提高个体在面对紧急情况时的快速反应能力、决策能力、体能表现（如速度、耐力、力量、敏捷性）以及特定的生存技能，确保训练活动与应急需求高度匹配。

第二，情景模拟的真实性。利用情景模拟教学，如模拟地震逃生、火灾自救等，创设接近真实的应急环境，使学习者能在安全的条件下体验紧急状态，通过亲身体验加深理解和记忆，提升应急处理能力。

第三，综合能力的培养。在课程资源开发中，不仅要重视身体能力的提升，还应融入心理调适、团队合作、信息判断与处理等非体能要素的培养，以适应复杂多变的应急需求。

第四，灵活性与适应性。鉴于突发事件的不可预测性，应急体育课程内容需具备一定的灵活性，能够根据不同的应急情境和学习者的实际情况进行调整，确保教育效果的最大化。

第五，教育与娱乐的结合。采用游戏化、体验式学习方法，使应急学习过程既富有教育意义又不失趣味性，提高学生的学习兴趣与参与度，从而更有效地掌握应急技能。

（二）开放性原则

开放性原则强调资源获取与利用的广泛性、灵活性和跨界性，旨在构建一个全方位、无界限的学习生态，以适应应急体育教育的多元化需求。具体到实践层面，开放性原则体现在以下几个维度。

1. 时间的开放性

这意味着应急体育课程资源开发应跨越历史长河，从古代生存技能中汲取灵感，如古代武术中的自卫技巧、古代部落的生存智慧等，并结合现代生活实际进行创新与转化,形成古今交融的应急体育教学内容。通过历史的视角,展现应急能力培养的连续性和时代适应性。

2. 空间的开放性

打破传统教育的空间局限,将应急体育课程资源的开发拓展至课堂内外、校内外乃至全球范围。无论是社区的防灾演练、家庭的应急准备教育,还是国外先进的应急教育理念与实践,都应纳入资源开发的视野,促进资源共享与经验交流,实现空间资源的优化配置。

3. 领域的开放性

应急体育课程内容的开发应跨越单一学科或行业领域,广泛吸收政治、科技、文化、军事、医疗卫生等不同领域内的专业知识与实践经验。这种跨界融合不仅能丰富教学内容,提升课程的实用性和创新性,还能促进学生的综合素质发展,帮助他们建立跨领域的应急响应思维。

4. 教育主体的开放性

在教育日益多元化的今天,应急体育课程资源开发应鼓励政府、学校、家庭、社会组织等多元主体的共同参与,形成协同效应。教育不再是单一机构的责任,而是社会各界共同的事业。通过建立多方合作机制,整合不同主体的优势资源与经验,可以更有效地推动应急体育教育的普及与深化,提升教育的广度与深度。

(三)安全性原则

安全性原则体现了对受教育者全面保护的教育理念,旨在通过科学合理的课程设计和教学实践,确保学生在学习应急避险技能的同时,身心安全得到最大化的保障。

贯彻安全性原则,要求应急体育课程内容的制定需基于对学生身体条件和心理承受能力的充分了解。这意味着课程应从简单、基础的技能训练开始,逐步过渡到更复杂、挑战性更强的项目。这样的设计不仅能够保证学生在安全的环境下学习,还能逐步增强他们的自信心和应对能力,减少因直接面对高难度或高风险项目而导致的心理压力和恐惧。

对于那些不可避免存在一定风险的应急技能训练,如火灾逃生、地震自救等,教学过程必须严格控制风险,通过模拟演练、理论讲解与实

第四章 高校体育教育中急救教育的开展与应急体育的融入

践操作相结合的方式,分阶段、分层次进行。每个阶段的教学都应明确目标,确保学生在掌握前一阶段知识和技能的基础上,再进入下一阶段的学习,从而逐步提升应对紧急情况的能力。

应急体育教育的安全性还依赖于学校的经济条件、场地设施及师资力量。学校应确保提供安全、专业的训练场地和设备,并对教师进行专业培训,使其掌握正确的教学方法和急救技能,能在紧急情况下迅速反应,有效指导学生。此外,定期检查维护设施,确保其良好运行状态,也是不可忽视的安全措施。

在应急体育教育中,学生的身心健康是核心考量。这要求教育者关注学生的身体反应,适时调整训练强度,同时也要重视心理辅导,帮助学生建立积极的心态,克服应急训练中可能遇到的心理障碍,确保训练过程对学生身心健康的正面促进作用。

(四)融合性原则

应急体育教育的独特之处,在于它与生命安全教育、应急教育以及传统体育教育之间存在着紧密的内在联系与高度的融合性。这种融合不仅体现在理念上,更深层次地贯穿于教育资源、实践内容与教学方法中,构建了一种互补共生、相互渗透的教育生态。

生命安全教育侧重于构建安全防范的意识框架,通过理论知识的传授,培养个体对潜在危险的认知与警觉,其教育资源富含教育性和理念性。相比之下,应急教育则聚焦于实际应对策略与灾害预防技巧,尽管其内容多为知识型资源,但在技能训练与实操环节略显单薄,特别是在增强应急体能方面,尚存发展空间。应急演练作为应急教育的关键组成部分,强调通过反复练习以达到快速、有效的应对流程,这正凸显了技能与操作类资源的需求。

体育教育,作为体能锻炼与运动技能培养的主阵地,其丰富的实践活动与多变的内容形式,为应急体育的融合提供了肥沃土壤。体育文化的悠久历史与多样性,跨越时空界限,蕴含了无数可借鉴的宝贵财富。从古代竞技到现代体育项目,每一项体育活动不仅是身体能力的展现,也是团队协作、策略运用及心理韧性的综合体现,这些特质恰是应急体育教育所迫切需求的。

因此,应急体育的教育资源开发应当突破单一学科限制,广泛汲取生命安全教育的理念精髓、应急教育的应对策略,以及体育教育的实践经验和文化内涵。通过深度整合与创新,形成一套既有理论支撑又有实践指导,集知识传授、技能训练、体能强化于一体的综合性教育体系。这样的融合不仅拓宽了教育视野,增强了教育内容的实用性和全面性,更为学生提供了全方位、多层次的安全防护能力培养,使他们在面对未知挑战时,能够更加从容不迫,游刃有余。

(五)针对性原则

应急体育课程内容资源的开发遵循针对性原则,意在确保教育内容紧密贴合实际需求,实现高效、精准的教育效果。这一原则具体体现在以下三个方面。

1. 针对特定事件特性定制内容

应急体育教育的核心在于应对各类突发事件,故其内容资源的开发需精确指向具体事件的特性和应对策略。例如,对于踩踏事故的预防和应对,课程设计需融合社会学、公众心理学、急救知识、安全防护、体育技能及危机管理等多个领域的知识资源。不同类型的突发事件虽有其独特性,但也存在共通之处,内容开发者需甄别资源的异同,选择或整合最适宜的教学素材,以提升课程内容的适用性和灵活性。

2. 紧扣课程目标与实施标准

应急体育课程内容的开发要明确服务于青少年应急安全能力提升的总目标,确保每项内容资源都能直接关联并支撑这一目标的实现。无论是理论讲授、技能训练还是模拟演练,都应围绕课程的具体目标、任务及实施标准进行精细设计,确保教育活动的每一步都朝着既定目标迈进,实现教育效果的最大化。

3. 考虑教育双方的个性化特征

针对性原则还体现在对教育者与受教育者个体差异的尊重与适应上。教育者方面,课程资源的开发需考虑教师等教育主体的专业背景、教学风格及个人经验,鼓励其发挥特长,创造性地运用资源。受教育者层面,则需细致考量青少年学生的年龄、心理发展水平、应急认知能力及现有应急技能基础,确保教学内容既符合其认知特点,又能适当挑战,促进能力提升。以人为本,意味着课程设计应充分理解并响应学生

第四章　高校体育教育中急救教育的开展与应急体育的融入

的真实需求,以此为出发点,开发出既有针对性又充满吸引力的教育资源,从而在实践中产生更大的教育价值和社会效益。

(六)可操作性原则

应急体育内容资源的开发强调可操作性原则,这是由应急体育教育注重实践操作的本质所决定的。该原则要求在设计课程内容时,必须确保所有知识与技能都能够通过具体的操作练习转化为学生实际的应急处理能力。这不仅仅涉及理论知识的传授,更重要的是通过一系列精心设计的操作程序、模拟情境和实践环节,让学生能够在安全可控的环境中,亲身体验和掌握应急处置的各项技能。

应急体育课程内容应按照逻辑顺序和难易程度进行程序化设计,确保学生能够从基础技能开始,逐步过渡到复杂情境下的应急反应训练。每个技能训练单元都应包含明确的操作步骤,便于学生理解和模仿执行。在应急体育课程教学中,应利用模拟真实应急场景的方式,增强训练的现实感和紧迫感。这包括自然灾害(如地震、火灾)、公共安全事件(如踩踏、恐怖袭击)的模拟演练,使学生在接近实战的环境中,学会快速判断、合理决策和有效行动。同时,鼓励学生积极参与,通过角色扮演、小组合作等形式,增强训练的互动性和实践性。这不仅有助于提高学生的学习兴趣,也能促进他们在团队合作中学习如何协同应对紧急情况。此外,还要建立即时反馈机制,对学生的操作表现给予及时评价和指导,帮助学生纠正错误,巩固正确技能。定期的技能测试和评估也是必要的,以确保学生达到预期的应急能力水平。

(七)开发与利用相结合原则

应急体育课程内容资源的开发与利用相辅相成,旨在确保教育资源的有效性与实用性,避免资源闲置与浪费。这一原则强调在开发初期即融入应用视角,确保每一项资源都能在教学实践中发挥其应有的价值。在开发应急体育课程资源时,需评估其在实际教学中的应用潜力,包括是否易于融入现有课程结构、能否有效提升学生的应急能力等。这意味着开发者需预先构想资源的应用场景,确保内容设计既符合教育目标,又能激发学生的学习兴趣和参与度。除了教材内容,还需积极发掘和利用校内外的多元化资源,如网络平台、社区资源、专家讲座等,这些资源往往能为应急体育教学提供新视角和丰富的实践案例。关键在于如何将这些外部资源创造性地融入课堂教学，可能需要对原有课程内容进行适当的调整或补充，以实现资源的有效对接与融合。

此外，考虑到学校和社会资源在使用条件上的差异，资源的开发与利用还应灵活适应不同环境的需要。这涉及对资源的本土化改造、技术升级或教学方法的创新，确保资源的普适性和高效性。需要注意的是，开发与利用的过程不是一次性的，而是需要建立在持续的反馈循环基础上。通过收集教师、学生及社会各界的反馈信息，不断评估资源的使用效果，及时调整和优化内容，确保其始终保持与应急需求的同步，避免内容老化或脱离实际。

三、应急体育课程资源开发的注意事项

（一）发挥多元主体的作用

应急体育课程资源开发的确应重视多元主体的协同作用，以确保课程内容的全面性、适应性和实效性。虽然学科专家在专业知识方面具有深厚积累，但在开发应急体育课程时，还需要吸纳来自应急管理部门、心理健康、教育学、文化研究等多领域的专家加入，形成跨学科团队。这样不仅能够丰富课程内容的科学性和专业性，还能确保内容的多样性和针对性，更好地满足不同群体的需求。教师作为课程实施的直接执行者，对学生的实际需求、学习能力有深入了解，应成为课程资源开发的核心力量。学生作为学习主体，他们的兴趣、需求和反馈更是课程开发不可或缺的参考。通过问卷调查、小组讨论等形式，积极听取师生意见，使课程设计更加贴近实际，更具吸引力。家长作为孩子的第一任老师，其经验与期望也是资源开发的重要参考。社区作为学生生活的一部分，其独特的文化和应急需求也不容忽视。通过家长座谈会、社区合作项目等方式，将家庭和社区的声音融入课程资源的开发，可以增强课程的实用性和文化适应性。

（二）运动项目与应急情景相结合

将运动项目与应急情景相融合，旨在构建一个既强化体质教育、提升运动技能，又注重应急安全能力培养的体育课程体系，实现体育教育与应急准备的无缝对接。在众多体育运动项目中，不乏能够与应急情景

第四章　高校体育教育中急救教育的开展与应急体育的融入

巧妙结合的元素，关键在于如何科学地设计课程，使这些元素转化为实用的应急体育教育资源。

应急体育课程设计应遵循"学以致用"的原则，明确每项运动技能在应急情境下的应用价值。比如，游泳不仅仅是提升水性，更应包括溺水自救与施救技巧；武术不仅是一种体育锻炼，也应融入自我防卫和紧急逃脱的实用技能。通过这种方式，体育课程不再局限于纯粹的体育技能训练，而是转变为一种复合型能力的培养平台。

在应急体育课程资源的开发中，应注重技能的迁移应用，即在学生掌握某项运动技能后，引导他们思考如何将此技能应用于具体的应急情境中。比如，篮球或足球场上的快速反应和团队协作能力，可以与火灾逃生、地震避险中的快速决策和互助行为相联系。通过模拟训练和情境教学，帮助学生认识到体育技能在应急反应中的重要性。

体育课程目标应明确纳入应急安全教育内容，将应急技能训练作为体育课程的基本组成部分。这要求在课程标准中增设应急安全相关的目标，比如，将水上安全教育、基本的自卫技能、应急避险知识等作为必修内容，确保学生在学习体育技能的同时，掌握应对紧急情况的方法。此外，应采用情景模拟、角色扮演、案例分析等多元化教学方法，增强应急体育教学的实践性和趣味性。通过模拟真实或假设的应急场景，让学生在实践中学习如何运用所学运动技能解决实际问题，加深对应急技能的理解和记忆。

（三）充分吸纳社会性资源

为了全面丰富应急体育课程的内容与形式，教育体系应积极融合社会资源，打破传统校园界限，形成开放式教育生态。这不仅要求充分利用好校内的现有设施，如体育场馆、健身房等作为基础教学平台，还强调要巧妙对接校外资源，以弥补校内可能存在的局限性。政府购买服务政策的放宽为这一进程提供了政策支持，鼓励社会资本涌入应急教育领域，催生了应急体验馆、专业训练基地等新型教育设施，这些不仅丰富了教学硬件，也引入了更多专业师资力量，为应急体育课程开辟了更为广阔的发展空间。

通过整合社区服务、社会实践项目以及多样化的社会培训机会，学生能够走出校园，亲身体验和实践应急技能，将理论知识与实际操作紧密结合。这种做法不仅提升了应急教育的实效性，也极大地拓宽了学生的学习视野和社会参与度。

此外,构建顺畅的校内外课程资源联动机制至关重要。这意味着要探索创新合作模式,将体育馆、应急展览馆、科技馆乃至工业、农业、军事、政府及各类企事业单位纳入教育资源网络,充分利用每个环节的独特价值。同时,也不忘挖掘自然环境中的教育资源,如山地、河流等野外环境,为学生提供更加真实多样的应急训练场景。在此基础上,信息化技术的应用成为连接各方资源的桥梁。开发公共应急安全教育数字平台,整合网络教育资源,如在线课程、模拟演练软件等,可以跨越地域限制,实现优质资源共享,提升教育效率。

(四)教师作为应急体育课程资源的重要性不容忽视

教师在应急体育课程资源开发与应用中的地位不言而喻。他们是连接理论与实践、资源整合与创新的关键纽带。教师的专业素养、创新意识与实践能力直接影响到课程内容的丰富度、教学方法的有效性和学习环境的营造,从而决定着应急体育教育的最终成效。鉴于此,提升教师队伍对于应急体育课程资源的开发与运用能力显得尤为迫切。

首先,应重视对现有体育教师的专项培训,不仅要加强其在应急知识、技能上的专业培训,还要培养其课程设计与资源整合的能力,使他们能够灵活运用多样化的教学资源和现代信息技术,创造性地设计出既符合应急教育需求又贴近学生实际的课程内容与教学活动。

其次,建立长效的教师发展机制,鼓励和支持教师持续学习,不断更新教育理念,优化知识结构,提升跨学科整合能力,特别是在心理学、医学急救、灾害管理等领域的知识融合,这对于提升应急体育教学的实用性和针对性至关重要。

再次,强化教师间的交流与合作,通过工作坊、研讨会等形式,促进经验分享和资源共建,形成教师团队合力,共同探索和创新应急体育教学模式。同时,建立教师评价与激励机制,认可和奖励在应急体育课程资源开发与教学实践中表现突出的教师,以此激发整个教师队伍的积极性与创造力。

最后,构建以教师为中心的课程资源观,意味着教师不仅要成为课程资源的使用者,更应当成为资源的创造者与传播者。通过教师队伍的能力建设,可以有效推动应急体育课程资源的持续优化与创新,为培养学生的应急反应能力和自我保护意识奠定坚实的基础。

（五）开发应急体育教材要重视培养应急能力

在开发应急体育教材时，确实需要超越传统知识点传授的框架，将重点置于学生应急能力的培养上。这意味着教材设计需紧密贴合学生的认知水平与生活实际，通过情景模拟、案例分析、实操演练等多种教学手段，引导学生在解决实际问题中学习和掌握应急知识与技能。教材内容应注重启发性与实践性，鼓励学生主动探索、批判性思考，并通过团队合作增强自救与互救能力，同时，将其视为培养学生社会责任感和公民意识的有效途径。

（六）重视学科知识间的渗透与融合

应急体育课程内容的跨学科特性要求在教材开发与课程设计中高度重视不同知识领域的交叉融合。应急体育不仅仅是体育学科的延伸，它涵盖了心理学、教育学、医学、安全科学、危机管理等多个学科的精髓。因此，教材与课程资源的构建应当基于广泛的知识融合，打破学科壁垒，构建一个以学生日常生活经验为核心，各学科知识相互支撑、互补增强的横向一体化知识体系。例如，结合心理学原理教授心理调适技巧，融入医学知识讲解基本急救技能，通过教育学理论指导教学方法与策略等。这种多维度、跨学科的融合不仅能够提升教学的深度与广度，更能促进学生综合素质的全面发展，使他们在面对复杂多变的应急情况时，能够运用所学知识，采取合理有效的应对措施。

第五节　应急体育融入高校体育课的设计

一、应急体育融入高校体育课的教学思想

（一）坚持"健康第一"，促进学生健康成长

高等教育机构应将"健康优先"的理念深植于教育体系之中，强化体育教育的功能，确保每位学生都能掌握基础运动技能，并形成持续锻炼的习惯。体育课程作为实现健康教育核心目标的关键渠道，其设计

与实施需全方位体现"健康优先"导向,涵盖教学目标的明确定位、课程内容的精心挑选、教学方案的创新设计、体育设施的充分利用,以及教学评估体系的科学构建,旨在全方位、深层次地践行健康至上的教育宗旨。鉴于学生健康已成为教育及体育工作的核心议题,将其置于所有教育目标之首显得尤为重要。

将应急体育教育融入高校体育课程体系,并非两种教育内容的简单堆砌,而是追求一种内在的、有机的整合,反映出体育教学内容与形式的动态发展与拓展。这一过程鼓励对教学法的不断探索与革新,依据体育教学的内在逻辑,循序渐进地从易到难、从分解动作到整体连贯动作的训练路径,逐步提升学生的运动技能与身体素质,同时嵌入应急反应与自救互救技能的学习,确保学生在享受运动乐趣的同时,获得全面的健康保障,提升安全防范能力。

(二)以学生为主体

应急体育与高校体育课程的融合需牢牢把握"学生中心"的教育理念,确保所有教学活动均围绕促进学生个人成长与发展展开。教师需根据学生的需求与兴趣定制教学方案,鼓励学生在体育课堂上不仅作为技能接收者,更要成为积极参与的学习主体。通过设计激发探索欲与实践精神的教学活动,增强学生的自我保护与防范意识,同时在确保安全的前提下,赋予学生更多探索与尝试的空间,促使他们通过反复练习技术动作,自然而然地掌握应急技能,享受体育带来的身心成长。在这一过程中,师生双方需共同推进观念转变,确立"以学生为本"的教育哲学,实现教育模式从教师单向传授向学生主动探索学习的过渡。虽然强调学生的主体地位,但并不削弱教师的引领角色。相反,要求教师在保持教学主导性的同时,更加注重教学设计的创新与互动性,通过启发式与问题导向的教学策略,激励学生主动求知,独立解决问题,掌握自我导向的学习方法,为学生的终身体育素养打下坚实的基础。这样的教学模式旨在促进学生个性化发展与全面成长,实现人与自然、个体与社会的和谐共生。

(三)激发学生的运动兴趣,培养学生的终身体育意识

兴趣是最好的老师,激发学生的运动兴趣,对于培养其长期的体育参与意识至关重要。兴趣,作为学习的强大驱动力,直接关系到学生能

否在体育课堂中习得并维持良好的锻炼习惯。传统体育教学模式往往侧重于知识的灌输与基本教学任务的完成，却忽略了激发学生兴趣和培养健康锻炼观念的重要性，这间接导致学生毕业后往往与体育活动渐行渐远，终身体育的理念难以落地生根。因此，在应急体育教学实践中，教师必须将激发学生的运动兴趣置于首位，采用新颖的教学方法和模式来吸引学生，使课堂充满趣味，让学生在愉快的情绪中掌握运动技能，为终身体育实践奠定基石。这不仅要求教学内容的创新与多样化，还强调教学氛围的营造，让学生在轻松愉悦的环境中享受运动的乐趣。

情景模拟教学法的融入，无疑是提升学生兴趣的有效途径之一。通过模拟日常生活或特定紧急情境的游戏化设计，学生能在参与和体验中潜移默化地学习应急知识与技能，同时锻炼身体、磨炼意志、提升心理承受力。这种寓教于乐的方式有助于学生将所学技能在现实情境中自如应用，面对紧急状况时能够沉着冷静、有效应对，真正实现应急体育教育的价值。

二、应急体育融入体育课中的实践过程

（一）学习突发事件的预防、防范以及应急体育的理论知识

鉴于多数学生对突发事件认知有限，自救与互救知识匮乏，导致面对紧急情况时采取不当措施，甚至造成额外伤害，实验班教学首当其冲的任务是奠定坚实的理论基础。课程初期便集中精力于突发事件的理论学习，涵盖灾害成因、预兆识别、逃生技巧、安全须知等内容，以及运动伤害的应急处理、心肺复苏、止血包扎等实用急救技能。通过生动的教学方式，如主题班会、小组展示、知识竞赛、视频观摩等，将原本可能乏味的救护知识变得引人入胜，激发学生兴趣。

具体安排上，可在学期前两节课进行突发事件的预防以及应急体育的理论知识学习。第一次课聚焦于地震、火灾、泥石流、交通事故等常见灾害的成因、预警信号及应对策略，教学方式多样，包括PPT展示、影片放映、小组讨论等，以促进深度理解与记忆。第二次课则深入探讨急救理论，如心肺复苏术、止血与包扎技巧，依然借助多媒体与讲解相结合的方式，确保学生牢固掌握。课程末尾通过简短的理论测试，检验学习成果，确保学生充分掌握应急体育的基础理论知识。在理论课的学习

中,应使学生充分掌握应急体育原则,包括以人为本,生命至上;安全优先,预防为本;迅速响应,协同合作;冷静应对,处变不惊;定期训练,行动敏捷。这些原则不仅是应急体育的重要理念,也是日常生活中处理紧急、突发、不确定性危险事件的基本指导方针,遵循它们,能够在遭遇不测时有效减少损害,提升自我保护与救助他人的能力。通过这样的理论学习,学生不仅增长了知识,更提升了对应急体育重要性的认识,为其后续实践学习奠定了坚实的基础。

(二)使用情景模拟法模拟地震、火灾等突发事件

1. 地震情景模拟教学

准备工作:创建逼真的地震场景,配备必要的道具,如毛巾、模拟手机、书籍、桌椅等,以营造紧急氛围。

(1)安全自救演练

学生在模拟地震发生时,迅速选择身边可用物品如书本、桌椅作为遮蔽物,模拟"生命三角"等自救动作。

(2)安全撤离演练

情景一:地震暂停后,学生按照预先规划的安全路线迅速且有序地撤往开阔地带。

情景二:途中遭遇余震,立即执行"趴下、掩护、握固"(Drop, Cover, and Hold On)的避险动作。

情景三:无教师指令时,分组自行组织,应用先前学习的指示牌和信号,高效撤离。

(3)互助救援演练

模拟地震后发现同学受伤,练习如何安全有效地提供援助,包括搀扶、背负伤员至安全区域。

2. 火灾情景模拟教学

准备工作。设置火灾现场,准备脸盆、湿毛巾、模拟电话等道具,分组分配任务。学生分组讨论室内火灾的应对策略,每组代表分享逃生计划。

实战模拟。教师宣布火灾警报,一小组示范正确使用湿毛巾捂住口鼻,快速但有序地沿安全出口撤离。遇到出口被火封锁的情况,学生需学习使用红领巾等醒目标志在窗口发出求救信号,同时拨打模拟的紧急

第四章　高校体育教育中急救教育的开展与应急体育的融入

电话求助。每轮模拟结束后,进行反馈与讨论,学生互评与教师点评相结合,指出操作中的亮点与不足,确保每个学生都能从中学到正确的逃生技能和冷静应对的心态。

通过这类高度仿真的情景模拟,不仅能够使学生学会具体的应急操作步骤,更重要的是在模拟中锻炼了学生在紧急情况下保持冷静、迅速决策的能力,以及团队合作与互助精神。

(三)应急体育融入体育课中的教学成果评定

1. 理论知识测评

以笔试的方式检验其对应急体育理论知识的掌握程度。考试内容涵盖两大部分:一是关于突发事件的成因、预防措施及应对策略等基础知识;二是基础急救知识,如心肺复苏术、止血技巧、包扎方法等关键技能的理论认知。

2. 身体素质测试

通过一系列标准化的身体素质测试项目,如 50 米跑、立定跳远、坐位体前屈、女生 800 米跑/男生 1000 米跑、实心球投掷、女生仰卧起坐/男生引体向上等,全面评估学生的身体适应能力、力量、耐力及柔韧性,这些体能指标是应急状态下自我保护与逃生的基础。

3. 应急体育技能测评

设计地震、火灾、遇袭等紧急情境,通过模拟演练评估学生的实际操作能力。重点考察学生在紧急情况下的避险速度、采取措施的合理性、反应灵敏度及最终是否能有效逃生,以此检验学生对应急技能的掌握程度与实际应用能力。

4. 日常学习与行为表现评估

结合学生的课堂出勤率、日常学习态度、参与度以及对应急体育课程的兴趣度进行评价。同时,观察学生在日常生活中是否能主动运用所学应急知识与技能,以及其健康生活习惯的形成情况,如是否定期锻炼、是否具备良好的安全意识等,以此综合评判学生的学习成效与行为改变。

第五章 大学生运动损伤急救能力培养

本章旨在全面提升大学生在运动中的自我保护与急救能力。通过运动损伤理论知识的教学,为学生奠定坚实的理论基础,通过运动损伤的预防原则以及运动损伤急救常识,确保学生在紧急情况下能迅速反应,另外还对常见运动损伤的应急处理以及伤后的康复等内容做了全面深入的讲解,助力学生快速恢复,重返运动赛场。

第一节 运动损伤理论知识教学

高校体育运动作为学生身心健康发展的关键环节,其重要性不言而喻。然而,伴随体育活动的增多,运动损伤问题也成为不容忽视的挑战。因此,高校体育运动损伤理论知识的教学显得尤为迫切。高校体育运动损伤理论知识的教学,是一个系统工程,需要理论与实践相结合,个性化与普遍性并重。通过构建这一全面的防护体系,不仅能够有效预防和减少运动伤害,还能培养学生的自我健康管理能力,为他们的终身体育锻炼奠定坚实的基础。

一、理论知识普及

(一)目标设定

基础理论教育的重要性在于,首先,我们必须向学生普及运动生理学、生物力学等基础知识,使他们能够深入理解运动过程中身体各部位的变化及其对预防运动损伤的重要意义。通过这些基础知识的学习,学生可以更好地了解身体在运动中的反应机制,从而在运动中采取适当的预防措施,避免不必要的损伤。

其次,损伤类型与机制的详细讲解是至关重要的。我们需要向学生详细讲解各种常见运动损伤(如扭伤、骨折等)的类型、发生机制及高风险因素。通过这种详细的讲解,学生可以更好地识别各种运动损伤的风险,提升他们的风险识别能力。例如,扭伤通常是由于关节过度扭曲或扭转导致的,而拉伤则是由于肌肉或肌腱过度拉伸或撕裂造成的。了解这些损伤的类型和发生机制,学生可以在运动中采取适当的预防措施,避免这些损伤的发生。同时,了解高风险因素,如不适当的热身、过度训练、使用不合适的运动设备等,也有助于学生在运动中更加谨慎,从而降低受伤的风险。

(二)教学方法

1. 融合多媒体教学

通过运用视频、动画等多种多媒体手段,直观地展示正确与错误的动作对比,从而帮助学生更深刻地理解和记忆。比如,在教授体育动作时,可以使用慢动作回放和三维动画来展示正确的动作要领,同时通过对比展示错误的动作,让学生清晰地看到两者之间的差异,从而避免在实际操作中犯同样的错误,提高学习效果。

2. 案例分析

通过分析真实运动损伤案例,让学生深入了解损伤的具体情况与后果,从而增强他们的预防意识。例如,在体育课上,教师可以选取一些典型的运动损伤案例,详细讲解事故发生的原因、过程以及造成的后果,让学生认识到运动损伤的严重性。通过这种生动的案例分析,学生不仅能学到理论知识,还能在实际生活中更好地预防运动损伤,提高安全意识。

二、实践技能培养

（一）技能训练

1. 预防技能

在体育教学中，我们特别强调教授学生们正确的热身和拉伸方法，以确保他们在运动前能够充分准备身体，减少运动伤害的风险。此外，我们还会教授一些运动中的自我保护技巧，例如如何在跳跃落地时进行有效的缓冲，以及在紧急情况下如何进行急停和转向，以避免意外的发生。这些技能的掌握对于学生们在运动中的安全至关重要。

2. 应急处理

为了应对可能出现的运动伤害，我们组织了一系列的急救技能培训，让学生们学习基本的急救技能。这包括教授RICE原则的实际应用，即休息（Rest）、冰敷（Ice）、压迫（Compression）和抬高（Elevation），这些是处理运动伤害的基本步骤。此外，我们还会指导学生们如何使用简单的医疗器材，如绷带、创可贴、冰袋等，以便在紧急情况下能够及时进行初步处理，为专业医疗人员的到来争取宝贵时间。通过这些培训，学生们能够在关键时刻更好地应对突发状况，保障自己和他人的安全。

（二）实践演练

为了确保学生们能够在实际情况下迅速而有效地应对运动伤害，我们定期组织模拟运动伤害应急处理演练。通过这些演练，学生们可以在一个模拟的情境中亲身实践他们所学到的理论知识，从而进一步提升他们在面对突发事件时的应对能力和处理技巧。这种实践不仅有助于巩固他们的理论知识，还能增强他们的自信心和团队协作能力，确保在真正的紧急情况下能够迅速采取正确的措施，最大限度地减少伤害。

第五章　大学生运动损伤急救能力培养

三、个性化指导与监控

（一）个性化评估

1. 体质与技能测试

为了全面了解每位学生的身体状况和运动能力，我们将进行详细的体质健康测试和运动技能评估。通过这些测试，我们可以识别出每位学生在体质和技能方面的个体差异，从而为他们制定个性化的预防策略。这些策略将有助于他们在日常锻炼和体育活动中避免潜在的健康风险，确保他们的身体健康和运动安全。

2. 风险筛查

针对那些有特定伤病史的学生，我们将进行更为细致和全面的损伤风险筛查。通过深入了解他们的伤病历史和身体状况，我们可以制定专属的运动方案，以最大限度地减少他们再次受伤的风险。这些方案将根据每位学生的具体情况量身定制，确保他们在参与体育活动时能够得到适当的保护和指导。

（二）持续监控与反馈

为了更好地关注每位学生的身体健康和运动表现，我们将为每位学生建立一份详细的运动健康档案。这份档案将全面记录学生在运动过程中的表现，包括他们的运动成绩、参与的运动项目，以及在运动中所展现的技能水平。此外，档案还将详细记录学生在运动过程中可能发生的受伤情况，包括受伤的部位、受伤的严重程度，以及受伤的时间等信息。更为重要的是，我们将持续跟踪学生的康复进展，记录他们在受伤后恢复过程中的各项指标，以确保他们能够尽快恢复到最佳状态。

为了确保教学的针对性和有效性，我们将根据学生的实际表现和健康状况进行定期的反馈和调整。这意味着，我们将定期评估学生的运动表现和健康状况，根据评估结果及时调整他们的训练计划。如果发现某些训练方法对学生的效果不佳，或者某些防护措施未能有效预防受伤，我们将立即进行调整，以确保训练方法和防护措施能够更好地适应每位学生的具体需求。通过这种方式，我们希望能够为每位学生提供最适合他们的训练方案，帮助他们在运动中取得更好的成绩，同时最大限度地减少受伤的风险。

第二节　贯彻运动损伤的预防原则

一、树立安全意识原则

大学生在参与体育运动的过程中，应当不断提升自身的安全意识，特别需要加强对预防运动伤害的警觉性。无论是日常锻炼还是特定的体能训练项目，都应将安全放在首位，时刻关注身体状态的变化，以便及时调整运动强度或寻求帮助。

体能训练不仅是日常学习的一部分，更是未来进行其他体育运动的基础。因此，在体能培训课程中，必须强化运动伤害预防的教育，使每一位学生都能够深刻认识到自我保护的重要性。通过系统的理论讲解与实践操作相结合的方式，让学生了解到预防伤害的知识和技能，如正确的热身与拉伸动作、合理的训练安排以及如何识别和应对早期的肌肉疲劳等。

在过程中教师还应注重传授具体的运动防护技巧，比如使用护具的方法、掌握正确的运动姿势、学会使用适当的呼吸技巧等，这些都是提高自我保护能力的关键要素。只有当学生真正掌握了这些科学有效的防护方法，并能在运动训练中有意识地运用，才能够有效地减少运动伤害的发生，确保训练的安全性和有效性。

二、合理负荷原则

在大学生的体育运动中，合理规划运动强度是一项至关重要的任务。适宜的运动负荷不仅能够帮助学生提高体能，增强体质，还能够显著减少运动损伤的发生率，从而确保运动过程的安全。过大的运动量会增加身体负担，容易导致肌肉疲劳甚至引发运动伤害。然而，如果仅仅为了规避风险而一味地选择低强度的活动,则可能达不到理想的训练效果,甚至可能限制了学生体能发展的潜力。

为了找到合适的平衡点,教练和学生都应该密切关注个人的身体状况,结合实际情况来设定训练目标。通过定期的体能测试来评估学生的身体素质变化,并据此调整训练计划。此外,逐步递增的训练模式是一种科学的方法,它允许学生有足够的时间去适应新的挑战,从而在不过度施压的前提下,逐渐提高运动能力和身体的适应性。

在运动过程中,如果设计高强度运动计划,应注意监控心率、观察身体反应以及倾听身体发出的信号都是非常重要的。如果出现任何不适或疲劳累积的迹象,应及时调整训练量,必要时给予充分的休息恢复时间。通过这种方式,不仅能够帮助学生有效地达到训练目标,还能最大限度地减少运动损伤的可能性,确保每一次的体育活动都是安全且有益的。

三、全面加强原则

全面加强是指促进身体各方面素质的均衡发展,以确保身体各系统功能协调一致,共同提升个体的整体体能水平。在大学生参与体育活动时,运动损伤的发生往往与整体身体素质的不足密切相关。薄弱的力量、缺乏足够的耐力、灵活性受限或是平衡感不佳,都有可能导致在运动中出现意外伤害。因此,全面提升包括力量、耐力、灵活性、平衡性等在内的各项身体素质,是预防运动损伤的一个关键策略。

为了实现这一目标,基础体能训练应被纳入大学生日常的体育锻炼计划之中。这些训练不仅能够在专项体能训练之前起到良好的热身作用,减少因突然高强度运动所带来的风险,而且长期坚持还有助于提升身体的整体素质水平。例如,通过定期的力量训练可以增强肌肉和骨骼的稳定性;耐力训练则有助于改善心肺功能,延长高强度运动的持续时间;而灵活性和平衡性的练习,则能够帮助学生更好地控制身体,减少跌倒和其他运动伤害的可能性。

将这些基础训练元素有机地结合到日常锻炼中,不仅能够为学生提供一个全面发展的平台,还能让他们在享受运动乐趣的同时,建立起一套行之有效的自我保护机制,从而在参与各种体育活动时,更安全、更自信。

四、严格医务监督原则

医务监督是预防运动损伤不可或缺的重要环节。通过定期的健康检查和专业的医务指导,可以及时发现并评估大学生在体育运动中的身体状况,从而实现早期发现潜在健康问题并采取相应的干预措施。这样不仅能有效避免因过度训练或不当训练而导致的运动损伤,还可以帮助学生更好地了解自身身体条件,制订出更加科学合理的训练计划。

此外,对运动场地和器材的严格检查也是预防运动损伤的重要方面。确保运动环境的安全无虞以及器械设备的完好无损,可以大大降低因外部因素引起的意外伤害风险。例如,检查地面是否有湿滑或凹凸不平的情况,运动器械是否稳固可靠,以及装备是否符合安全标准等,都是防患于未然的有效措施。只有在安全可靠的条件下进行训练,才能最大程度地保证大学生的健康和安全。

五、灵活调整训练计划原则

当大学生在体育运动中感到严重疲劳时,应及时调整训练计划,以防疲劳加剧进而导致运动损伤。适时调整训练计划不仅不会破坏训练的整体连贯性,反而能够有效避免因过度疲劳而引发的受伤情况,防止训练被迫中断。

调整训练计划的具体措施通常包括改变训练内容、方法和负荷。这可能意味着降低训练的难度、减少训练的频次以及减轻训练的强度,以此来帮助学生从疲劳状态中恢复过来。一旦疲劳症状消失,且学生的身心机能恢复到正常水平后,可以重新启动之前的训练计划,但在恢复训练时仍需注意预防运动损伤。

在受伤后的康复期间,制订专门的恢复训练计划尤为重要,其目的是帮助受伤部位逐步恢复至正常状态。如果继续沿用原先的高强度训练计划而不进行调整,那么尚未完全愈合的组织可能会面临二次伤害的风险。因此,在康复阶段,应当遵循医生或专业理疗师的建议,采取温和且有针对性的恢复训练方案,以确保身体能够安全、有效地回到正常的训练节奏中。

第三节 掌握运动损伤急救常识

高校体育教学中,掌握运动损伤急救常识是保障学生安全、促进健康运动习惯形成的重要环节。

一、理论知识教育

(一)课程内容的扩写

为了提高学生的运动安全意识和应对运动损伤的能力,我们计划将运动损伤急救常识纳入体育教学体系中。这将通过设置专门的课程或讲座来实现,旨在让学生全面了解运动损伤的类型、原因、预防措施、急救原则以及具体的急救方法。课程内容将涵盖各种常见的运动损伤,如扭伤、拉伤、骨折、脱臼等,并详细讲解如何在紧急情况下进行初步处理。此外,课程还将强调预防运动损伤的重要性,教授学生如何在日常锻炼中采取有效的预防措施,以减少受伤的风险。通过这些系统的教学内容,学生将能够掌握必要的急救技能,为应对可能发生的运动损伤做好准备。

(二)教材与资料的扩写

在选择教材和资料时,我们将优先考虑那些权威且科学的教材,确保其内容准确无误,能够为学生提供可靠的信息。为了使理论知识更加生动易懂,我们还将结合丰富的多媒体资料,如视频、图片、动画等,帮助学生更好地理解和掌握复杂的急救知识。通过这些直观的视觉资料,学生可以更直观地了解运动损伤的实际情况以及急救操作的具体步骤。此外,我们还将提供一些互动式的教学工具,如模拟演练软件和急救操作指南,让学生在实践中进一步巩固所学知识,提高实际操作能力。

(三)教师资质的扩写

为了确保授课教师具备足够的专业能力和教学经验,我们将对教师进行严格的选拔和培训。所有参与急救课程教学的教师必须具备专业的急救知识,包括但不限于急救操作技能、急救设备使用方法以及急救现场管理等。同时,教师还应具备丰富的教学经验,能够采用多样化的教学方法,如案例分析、角色扮演、小组讨论等,使课堂氛围更加活跃,提高学生的学习兴趣和参与度。此外,我们还将定期组织教师参加专业培训和学术交流活动,以保持其教学内容的前沿性和实用性,确保学生能够获得最新的急救知识和技能。通过这些措施,我们相信教师能够准确传授急救技能,为学生提供高质量的教学体验。

二、组织急救技能实操训练

(一)基础技能的教授与练习

重点教授并反复练习一系列基础急救技能,包括但不限于止血、包扎、固定和搬运等。这些技能对于应对各种紧急情况至关重要。特别地,针对常见的运动损伤,如扭伤、拉伤、骨折和脱臼等,进行详细的急救处理教学。通过这些教学内容,学生能够掌握如何在紧急情况下迅速有效地进行初步处理,从而为后续的专业医疗救治争取宝贵时间。

(二)模拟演练的重要性

为了让学生更好地理解和掌握这些基础急救技能,通过模拟真实场景下的运动损伤情况来进行实践操作。在教师的指导下,学生们将有机会亲自参与这些模拟演练,从而增强他们应对突发事件的能力。通过这种模拟演练,学生们不仅能够更好地理解理论知识,还能在实际操作中积累宝贵的经验,提高他们的自信心和应对突发事件的能力。

(三)考核评估的必要性

为了确保每位学生都能够熟练掌握基本的急救技能,通过实操考核来检验学生对急救技能的掌握程度。这种考核不仅包括理论知识的测试,更重要的是实际操作能力的评估。通过这种严格的考核评估,我们可以确保每位学生都能够达到一定的急救技能标准,从而在真正遇到紧急情况时能够有效地运用所学知识和技能,为他人提供及时有效的救助。

三、建立运动损伤应急预案

学校应当制订一份详尽的运动损伤应急预案,这份预案应涵盖以下几个方面:首先,明确应急响应流程,确保在发生运动损伤时能够迅速、有序地进行处理;其次,组建专业的救援队伍,由具备相关知识和技能的人员组成,以便在紧急情况下提供及时的救援;再次,配置必要的急救设备,如急救包、担架、固定器材等,确保在第一时间能够对伤者进行初步处理;最后,列出紧急联系方式,包括校内相关部门、医疗机构以及紧急联系人等,以便在紧急情况下迅速取得联系。

在宣传教育方面,学校应将应急预案的内容广泛宣传给师生,通过各种渠道如校园广播、宣传栏、班会等进行普及,确保每位师生都能够了解预案的具体内容。此外,还可以通过举办讲座、培训等形式,提高师生的应急意识和自救互救能力,从而提高整体的应急响应效率。

为了确保预案的可行性和有效性,学校应定期组织应急演练,模拟各种可能发生的运动损伤场景,检验预案的实际操作效果。通过演练,可以发现预案中存在的问题和不足,及时进行调整和完善。同时,演练还可以增强师生的应急反应能力,提高他们在真实情况下的应对能力。根据演练结果,学校应对预案进行持续的优化和更新,确保预案始终处于最佳状态,能够有效应对各种突发情况。

四、加强安全教育,提升安全意识

在日常的体育教学过程中,教师不断地强调安全运动的重要性,通过各种方式引导学生树立正确的运动观念和安全意识。例如,在进行各种体育活动之前,教师会详细讲解相关的安全规则和注意事项,确保学生在运动过程中能够时刻保持警惕,避免发生意外伤害。

通过案例分析的方式,教师向学生讲解各种运动损伤的案例,分析其发生的原因,并总结其中的经验教训。这种生动的教学方式能够让学生更加深刻地认识到预防运动损伤的重要性。学生通过了解真实的案例,能够更加直观地感受到运动损伤的严重性,从而在实际运动中更加注重安全。

此外,教师还会教授学生一些实用的自我保护技能。例如,在进行跳跃、投掷等运动项目时,教师会详细讲解正确的落地姿势,帮助学生掌握如何在落地时保护自己,避免因落地姿势不当而造成伤害。同时,教师还会教授学生避免碰撞的技巧,如在跑步、球类运动等项目中,如何合理控制身体动作,避免与其他运动员发生碰撞,从而减少运动损伤的发生。通过这些具体的自我保护技能的教授,使学生在运动过程中能够更加安全地进行各种活动,有效降低受伤的风险。

五、建立后续跟踪与反馈机制

(一)健康监测

学校应密切关注那些在体育活动中遭受运动损伤的学生,并在他们受伤后进行持续的跟踪观察。这包括定期检查他们的恢复进度,确保他们能够顺利康复。同时,学校还应提供必要的指导和支持,帮助受伤学生在康复过程中克服各种困难,确保他们能够尽快恢复到最佳状态。

(二)效果评估

为了确保体育教学中运动损伤急救常识教育的有效性,学校应定期进行评估。这包括对教学内容和方法进行系统的检查,以了解学生和教师的反馈意见。通过收集这些宝贵的意见,学校可以不断改进教学方法和内容,使急救常识教育更加贴近实际需求,提高其实际应用价值。

(三)持续改进

基于评估结果和师生的反馈意见,学校应迅速采取行动,及时调整教学计划。这包括优化教学内容和方式,确保运动损伤急救常识教育能够更加有效地传授给学生。通过持续改进,学校可以确保急救常识教育不仅具有针对性,而且能够真正帮助学生在紧急情况下采取正确的应对措施。

第四节　掌握常见运动损伤的应急处理方法

一、擦伤

在大学生的训练过程中,由于与硬质物体(如地面)发生摩擦,如摔倒等情况,可能会导致皮肤擦伤。这类伤害通常会在受伤部位留下明显的擦痕,有时还会伴有出血和表皮脱落的现象。身体的许多部位都可能发生擦伤,尤其是那些暴露在外的部分,其症状可能会更为明显。

对于擦伤的处理,可以遵循以下步骤。

(1)如果擦伤较轻微,首先应用清水彻底清洗伤口,去除污垢和碎屑,随后进行消毒处理。一般情况下,轻微的擦伤不需要包扎,让其自然干燥即可。

(2)若擦伤较为严重,尤其是当伤口出现感染迹象或者有异物(如沙粒)嵌入时,应立即送往医院接受专业治疗。在某些情况下,可能需要注射破伤风抗毒素以防止感染。

(3)特别需要注意的是,如果擦伤发生在面部,由于该区域较为敏感且影响美观,应格外小心以防止感染。应立即清洁和处理伤口,以避免留下疤痕。此外,避免直接在伤口上使用创可贴或其他覆盖物,因为这可能会阻碍伤口愈合,甚至引起炎症。

正确处理擦伤不仅有助于加速伤口愈合,还能减少感染的风险,并尽可能减少留下疤痕的机会。

二、扭伤

扭伤通常发生在腰部、手腕、颈部等部位或活动频繁的关节处。这些区域由于结构复杂且活动频繁,容易在运动或不慎的情况下发生扭伤。扭伤的主要症状包括受伤部位的皮肤红肿、局部疼痛以及肿胀,严重时还可能导致关节活动受限或完全不能活动。

针对不同部位的扭伤,有以下几种处理方式。

（1）当颈部或腰部发生扭伤时，应立即停止所有活动，平躺在平坦的地面上，尽量保持不动，以减少进一步的伤害。此时，需要仔细观察症状，判断扭伤的程度。如果情况严重，应立即呼叫急救服务或请求医务人员到场处理。在等待救援期间，尽量保持安静，避免移动受伤部位，以免造成更大的损害。

（2）对于关节部位的扭伤，如踝关节或手腕扭伤，首先应将受伤的肢体抬高至心脏水平以上，以减少血液流向受伤部位，进而减轻肿胀。接着，可以用冷水冲洗或冷敷受伤部位，持续时间为15～20分钟，每小时重复一次，直到疼痛和肿胀有所缓解。之后，使用弹性绷带或压缩袜对受伤部位进行加压包扎，但要注意不要绑得太紧，以免影响血液循环。这样的处理可以有效减少肿胀，并为后续的医疗处理争取时间。

（3）在扭伤后的1～2天内，可以开始进行热敷处理，以促进血液循环，缓解肌肉紧张。热敷可以通过热水袋或暖水浸泡来实现，每次大约15～20分钟。同时，配合适当的医学按摩，可以帮助进一步放松肌肉，缓解疼痛。但需要注意的是，热敷和按摩应在专业人士的指导下进行，以避免加重伤情。

正确的初期处理对于扭伤的恢复至关重要，不仅可以缓解症状，还能减少并发症的风险，加快康复进程。如果疼痛持续不减或症状加重，应及时就医，获取专业的诊断和治疗。

三、肌肉拉伤

肌肉拉伤通常是由于外力直接或间接作用于肌肉，迫使肌肉过度主动收缩或被动拉长所引起的肌肉牵拉或撕裂伤。在大学生的体育运动中，如果准备活动不充分，身体未能得到适当的预热，或者是由于动作不协调、肌肉弹性与伸展性较差等因素，都非常容易导致肌肉损伤。肌肉拉伤的症状主要表现为受伤部位的明显肿胀、压痛，肌肉可能出现痉挛现象，在触诊时可以感觉到受伤肌肉处有硬块形成，严重时甚至会出现肌肉纤维的撕裂。

对于不同程度的肌肉拉伤，处理方式也有所不同。

（1）轻度拉伤。如果只是轻微的肌肉拉伤，可以根据伤情适当降低运动强度，避免对受伤部位施加额外的压力；可以采取适度的按摩和静态拉伸来缓解肌肉紧张，帮助肌肉恢复正常的弹性和长度。但需要注意的是,按摩和拉伸的动作应轻柔,避免用力过猛导致伤情加重。

(2)重度拉伤。对于较为严重的肌肉拉伤,应立即停止一切相关的体力活动,避免进一步的损伤。接下来,应该迅速冷敷受伤部位,以减少肿胀和疼痛。可以使用冰袋包裹在毛巾或布料中,每次冷敷约 15～20 分钟,间隔一段时间后再重复此过程。此外,应用弹性绷带轻轻包扎受伤部位,以提供支持并帮助减少肿胀。如果可能的话,应将受伤的肢体抬高至心脏位置以上,以促进血液回流,减少局部充血。经过初步处理后,应尽快就医,以获取专业的诊断和治疗。

在受伤后的 1～2 天内,如果疼痛和肿胀有所缓解,可以在医生的指导下开始使用具有消肿作用的膏药,并配合热敷或温和的按摩,以促进血液循环,加速恢复过程。但所有的治疗措施都应在专业人士的建议下进行,以确保治疗的安全性和有效性。

四、踝关节韧带损伤

在大学生进行攀爬速降训练时,如果落地时不慎失去平衡摔倒,或者不慎踩空,很容易导致踝关节内旋及足部跖屈内翻,从而引发踝关节韧带损伤。这类损伤的主要症状通常表现为踝关节外侧的剧烈疼痛,伴有明显的肿胀,并且受伤者可能无法直立行走。一般常见的处理方式如下。

(1)对受伤部位进行降温处理,以减少内部出血,并缓解肿胀。使用冰袋冷敷受伤区域,每次约 15～20 分钟,间隔一定时间重复。此外,还需要对受伤部位进行加压包扎。在包扎时,应注意将足外侧作为"8"字形交叉点的位置,这样可以有效地帮助预防踝关节内翻,减轻疼痛和肿胀。

(2)接下来,使用钢丝托板或其他适当的固定装置来固定受伤的肢体,保持受伤的脚处于稍微外翻和跖伸位。这样做可以减少继续出血的风险,并为受伤的韧带提供支撑,有助于稳定关节,防止进一步损伤。

(3)将受伤的肢体抬高至心脏水平以上,有助于改善血液循环,减少受伤部位的肿胀。可以使用枕头或垫子将脚抬高,尤其是在休息时,保持这种姿势直到肿胀消退。

(4)继续进行局部降温处理,如继续使用冰袋冷敷受伤部位,以维持降温效果,进一步减少肿胀和疼痛。

以上措施应在受伤后立即实施,并尽快寻求专业医疗帮助,以确保正确的诊断和后续治疗。在处理过程中,应遵循 RICE 原则(休息 Rest、冰敷 Ice、加压包扎 Compression、抬高 Elevation),这是应对急性软组织损伤的标准方法。

第五节 加强运动损伤后的康复训练

一、背部及脊柱运动损伤康复训练

(一)俯身杠铃划船

运动类型:力量。
锻炼关节:肩关节、肘关节。
锻炼肌肉:肱二头肌、背阔肌、三角肌后部、大圆肌、小圆肌、冈下肌、菱形肌、斜方肌。
练习方法:保持背部挺直,膝盖微弯,双手正握杠铃,身体前倾。双臂自然下垂,目视前方。在呼气的同时,收缩背部肌肉,按照划船动作轨迹提起杠铃。

(二)单手哑铃划船

运动类型:力量。
锻炼关节:肩关节、肘关节。
锻炼肌肉:肱二头肌、肱肌、肱桡肌、背阔肌、三角肌后部、大圆肌、菱形肌、斜方肌。
练习方法:将一对哑铃分别放置在平板凳的两端。采取跪姿,左膝和左手支撑在凳子上。用右手拾起地面上的哑铃,手臂自然垂下,掌心朝向身体。在呼气时,利用背部肌肉的力量将哑铃拉起至胸部旁边,同时保持上半身稳定。在动作的最高点停留片刻,感受背部肌肉的紧绷,接着在吸气时缓慢地将哑铃放回起始位置。

（三）正握引体向上

运动类型：力量。

锻炼关节：肩关节、肘关节。

锻炼肌肉：肱二头肌、肱肌、肱桡肌、背阔肌、三角肌后部、大圆肌、胸大肌、菱形肌、斜方肌。

练习方法：以正手握住单杠，身体自然下垂，双臂完全伸展。在吸气时，弯曲手肘并内收肩关节，向上拉起身体，努力使下巴超过手掌的高度。当动作达到最高点时，稍作停留，然后缓慢地将身体下降回到起始的悬挂位置，同时进行呼气。这构成了一次完整的引体向上动作。

（四）早安式

运动类型：力量。

锻炼关节：脊柱、髋关节。

锻炼肌肉：腘绳肌、腹肌、臀肌、腰背肌。

练习方法：站立时保持身体挺直，胸部挺起，头部抬起。两脚分开，距离与肩宽相等，肩胛骨向内收紧，膝盖轻微弯曲。在肩部后方放置杠铃。保持双腿稳定，通过弯曲髋部使身体向前倾斜，同时进行吸气动作。继续降低身体，直至与地面保持平行。

（五）交替手臂/腿举起

运动类型：力量。

锻炼关节：脊柱。

锻炼肌肉：腹部、背部、肩部肌肉。

练习方法：双膝跪地，双手平放在地面上，背部保持挺直并与地面平行。在吸气时，将左臂抬高至肩膀的高度，手掌心向前，手指伸直。同时，抬起右腿至与地面平行，脚背绷直，脚趾向后延伸。在伸展四肢的同时，尽量拉长脊柱，头部向前延伸，而尾骨则向后延伸。保持这个姿势片刻，然后回到起始的跪姿。接着，换右手和左腿重复上述动作。完成这一系列动作算作一次完整的练习。

（六）仰卧屈膝滚伸

运动类型：拉伸。

锻炼关节：脊柱。

锻炼肌肉：竖脊肌、腹直肌、腹外斜肌。

练习方法：平躺在地面上，双臂向两侧展开，手掌朝上，轻轻握拳，形成 T 字型。双膝弯曲，使大腿和小腿之间的角度大约为 45°，脚掌平放在地面上。保持双腿并拢，然后缓缓将双腿向身体的一侧转动，感受腰腹部的拉伸感。在一侧稍作停留后，再慢慢转向另一侧。完成这整个转动过程算作一次完整的动作。

二、下肢运动损伤康复训练

（一）弓步转体拉伸

运动类型：拉伸。

锻炼关节：髋关节、膝关节、肩关节。

锻炼肌肉：髂腰肌、背阔肌、竖脊肌。

练习方法：站立时保持身体直立，右脚向前跨出一大步，注意膝盖不要超过脚尖，同时将右手臂轻放在大腿上；左膝跪地，小腿平贴地面。接着，慢慢降低上身，同时举起左臂，向右侧伸展，直至感受到身体的拉伸。然后，换边进行，即左腿向前迈出，右膝跪地，举起右臂向左侧伸展。完成这一系列动作算作一次完整的练习。

（二）托马斯拉伸

运动类型：拉伸。

锻炼关节：髋关节、膝关节。

锻炼肌肉：腰大肌、阔筋膜张肌、股直肌。

练习方法：仰卧在桌子上，双腿自然垂于桌边，小腿保持垂直于地面，悬空不接触任何物体。首先抬起右腿，膝盖向上，用双手抱住膝盖，然后慢慢地将腿向下压，尽量使其靠近胸部。完成右腿的动作后，换左腿重复同样的动作。完成左右腿的这一系列动作算作一次完整的练习。

(三) 侧方弓步

运动类型：拉伸。
锻炼关节：膝关节、髋关节。
锻炼肌肉：髂腰肌、股内收肌。

练习方法：站立时保持身体直立，双脚分开至与肩膀同宽的距离，双手叉在腰间。将左腿向左前方迈出一大步，同时右腿向右侧后方伸展，保持伸直状态，身体的重心落在左腿上，然后慢慢降低身体高度。完成左腿的动作后，换右腿向前迈出，左腿向左侧后方伸直，重复上述动作。这一系列动作，包括左右腿的交替，构成一次完整的练习。

(四) 髋部旋转拉伸

运动类型：拉伸。
锻炼关节：髋关节。
锻炼肌肉：髂胫束、阔筋膜张肌。

练习方法：坐在地面上，双腿向前伸平。保持右腿伸直，左腿跨过右腿，左脚掌平放在地面上。用右臂的肘关节内侧抵住左膝，然后向身体左侧施力，使左膝向左侧压下。

维持这个姿势，接着用右臂的肘关节外侧抵住左膝，向身体右侧施力，使左膝向右侧压下，同时上身向左侧转动。完成这一系列动作后，换右腿跨过左腿，重复上述步骤。这整个流程算作一次完整的动作。

(五) 梨状肌拉伸

运动类型：拉伸。
锻炼关节：髋关节。
锻炼肌肉：梨状肌、臀肌。

练习方法：仰卧在地面上，双腿并拢，双臂自然放在身体的两侧。首先，抬起右腿，膝盖弯曲，用右手将右膝向左侧肩膀方向推，尽量使其靠近胸部。然后，抬起左腿，用左手重复相同的动作。

接下来，抬起右腿，膝盖轻微弯曲，将右腿向身体左侧下压，尽量让腿部贴近地面。之后，抬起左腿，重复这一动作。完成这一系列动作算作一次完整的练习。

（六）股后肌群坐姿拉伸

运动类型：拉伸。
锻炼关节：髋关节、膝关节。
锻炼肌肉：股后肌、臀肌。
练习方法：站立时保持身体直立，靠近桌子。将左腿伸直，平放在桌面上。髋部向前倾斜，同时双手尽量伸向左脚脚尖，直到感觉到大腿后侧有拉伸感。完成左腿的拉伸后，换右腿放在桌子上，重复上述动作。这一系列动作，包括左右腿的交替，构成一次完整的练习。

三、上肢运动损伤康复训练

（一）直立哑铃推举

运动类型：力量。
锻炼关节：肩关节、肘关节、腕关节。
锻炼肌肉：三角肌、肱三头肌。
练习方法：在开始时，将哑铃向上推举，伴随呼气动作，直至双臂完全伸展，哑铃位于头顶上方。在头顶位置，哑铃需短暂停留，以充分感受肩部肌肉的紧缩。随后，缓缓将哑铃降至起始位置，同时进行吸气。完成这整个推举和下降的过程，即为一次完整的动作。

（二）直立哑铃交替前举

运动类型：力量。
锻炼关节：肩关节、肘关节、腕关节。
锻炼肌肉：三角肌前部、喙肱肌。
练习方法：站立时保持身体直立，双脚分开至与肩膀同宽。两手各握一个哑铃，自然垂放在大腿前方。首先，下沉双肩，随着呼气动作，左手向前举起哑铃，直至手臂与地面保持平行。然后，左手慢慢将哑铃放回起始位置，同时吸气。接着，右手重复左手的动作，向前举起哑铃至与地面平行。完成左右手的这一系列动作，算作一次完整的练习。

第五章　大学生运动损伤急救能力培养

（三）直立哑铃侧平举

运动类型：力量。
锻炼关节：肩关节、肘关节、腕关节。
锻炼肌肉：三角肌中部、斜方肌上部、冈上肌。
练习方法：站立时保持身体直立，双脚分开至与肩膀同宽。两手各握一个哑铃，垂放在大腿前侧。双臂伸直，肘部保持轻微弯曲，将哑铃向身体两侧平举，伴随呼气动作，直至手臂与地面平行。在最高点稍作停留，以感受肩部肌肉的紧缩。随后，缓缓将哑铃放回初始位置，同时进行吸气。完成这一系列动作算作一次完整的练习。

（四）直立哑铃交替弯举

运动类型：力量。
锻炼关节：肘关节、肩关节、腕关节。
锻炼肌肉：肱二头肌、肱肌、肱桡肌。
练习方法：站立时保持身体直立，双脚分开至与肩同宽。两手各握一个哑铃，手臂自然下垂于身体两侧，掌心相对。首先，下沉肩部，随着呼气动作，右手向前举起哑铃，直至手臂与地面平行。然后，右手慢慢将哑铃放回起始位置，同时吸气。接着，左手重复右手的动作，向前举起哑铃至与地面平行。完成这一系列动作，包括左右手的交替，构成一次完整的练习。

（五）俯卧撑

运动类型：力量。
锻炼关节：肩关节、肘关节、腕关节。
锻炼肌肉：胸大肌、三角肌前部、肱三头肌。
练习方法：身体前倾，双手平放在地面上，手臂伸直，两手之间的距离与肩膀同宽或略宽于肩膀。双腿伸直并拢，脚尖着地，腰腹收紧，头部轻微抬起。保持身体成一直线，缓慢弯曲手臂，让身体下降，同时吸气，直至胸部接近地面，稍作停顿。然后，伸直手臂，将身体推回到起始位置，同时呼气，并在最高点短暂停留。完成这一系列动作算作一次完整的练习。

（六）双臂肩后伸展

运动类型：拉伸。

锻炼关节：肩关节、肘关节、腕关节。

锻炼肌肉：三角肌后部、肱三头肌、背阔肌。

练习方法：站立时保持身体直立，双脚分开至与肩同宽。将双手在背后交叉握紧，手心向上。保持手臂伸直，缓缓将手臂向上抬至能够达到的最高点，在此位置稍作停留，然后慢慢将手臂放回到起始位置。完成这一系列动作算作一次完整的练习。

第六章 大学生野外避险与应急技能培养

随着户外活动的日益普及,指导大学生掌握野外生存常识、野外避险技巧显得非常重要。另外,具备一些突发事故应急处理技能,也能对大学生进行安全的野外活动起到一定的保护作用。本章将从野外生存的基本准备、识别潜在危险、制定避险策略出发,逐步深入教授野外生存技能、紧急救援方法及心理调适技巧。通过理论与实践相结合,全面提升大学生在复杂多变的自然环境中的自我保护与互助能力,确保每一次探险都能安全归来。

第一节 了解野外生存基础知识

一、野外生存的身心准备

(一)加强身体锻炼,提高身体素质

参加野外生存训练前,拥有健康的体魄是非常重要的前提。一个身体健康的人能够更好地发挥自身的潜能,而体弱者仅能发挥出一小部分的潜能。因此,在参与训练之前,尽可能地增强体质是非常必要的。

1. 体魄强健的标准

一个体魄强健的人,通常需要符合以下几项标准。

(1)反应灵活、思维敏捷:具备快速的反应能力和较强的思维能力,在面对突发状况时能够保持冷静,做出客观的判断和处理。

(2)感官敏锐:视觉、听觉、嗅觉、触觉和味觉等感官功能均应保持敏锐的状态,这对于在复杂的野外环境中及时察觉和应对各种情况非常重要。

（3）肌肉线条清晰、体形匀称：肌肉发达且分布均匀,体型保持良好比例,即使在遇到困难时也能保持积极乐观的心态。

（4）心脏功能强大：心脏跳动有力,能够为全身肌肉提供充足的血液供应,确保在高强度活动中的能量需求。

（5）肺活量充足：具有较大的肺活量,能够高效地输送氧气到全身各部位,支持长时间的体力劳动或运动。

（6）体脂比例合理：男性体脂率不超过15%,女性可略高于男性,但也要保持在一个健康范围内,以确保身体既不过于瘦弱也不过于肥胖。

（7）血脂水平健康：血脂水平保持在正常范围内,血液循环良好,有助于维持整体健康状态。

（8）动作灵活、不易受伤：身体动作灵活敏捷,能够有效避免在活动中发生不必要的运动损伤。

（9）关节柔韧性好：关节具有良好的柔韧性,可以自如地参与各类体育运动,减少受伤风险。

2.增强体质的基本原则

无论从事何种活动,一个健康的身体都是基础。然而,健康并非一蹴而就,而是需要通过长期的锻炼和维护才能达成的目标。在这个过程中,遵循以下几个基本原则至关重要。

（1）设定明确且可行的目标：首先需要明确自己希望通过锻炼达到什么样的目标,这个目标应该是具体且实际可达的。其次基于此目标,制订详细的锻炼计划,并严格按照计划执行,以确保锻炼过程有序进行。

（2）设定具体的锻炼指标：为了确保锻炼效果,建议每周至少进行三次锻炼,以巩固已有的成果。每次锻炼的持续时间应不少于20分钟,并随着体能的提升逐步增加锻炼时长。锻炼强度需根据个人实际情况调整,遵循循序渐进的原则,避免一开始就进行高强度的训练。

（3）提高锻炼的积极性,保持连续性：按照预先制订的计划有条不紊地进行锻炼,保持锻炼的连贯性和规律性,这对于形成良好的锻炼习惯至关重要。

（4）养成持久锻炼的习惯：持之以恒地进行锻炼不仅有助于取得更

好的锻炼效果,还能帮助培养"终身体育"的意识,使锻炼成为生活中不可或缺的一部分。

(5)注重锻炼的科学性:选择锻炼项目时,应从简单的开始,逐渐过渡到复杂程度更高的活动;锻炼的方法也应由简入繁。同时,锻炼应注重全面性,所选项目应覆盖身体各个部位,促进全身肌肉的发展。此外,锻炼形式应多样化,以增加趣味性和主动性,提高锻炼的积极性。

3. 身体锻炼方式的选择

每个人的体质存在差异,兴趣爱好也各有不同,因此在选择身体锻炼项目、方式和内容时,应根据自身实际情况作出决定。以下是几种常见的身体锻炼方式。

(1)有氧锻炼:有氧锻炼涵盖了多种活动形式,如步行、慢跑、骑行、游泳、跳绳等。这类锻炼能够有效地改善心血管系统的功能,增强心肺耐力,并调动全身肌肉群参与运动。有氧锻炼对于改善睡眠、增进食欲等健康问题也有积极作用。

(2)无氧锻炼:无氧锻炼通常包括短跑、跳跃、举重等高强度、短时爆发性的运动。这类运动在最初的 2~3 分钟内主要依靠无氧代谢供能,之后随着运动时间的延长,身体会逐渐过渡到有氧代谢状态。无氧锻炼有助于提升肌肉力量和爆发力。

(3)静力锻炼:进行肌肉收缩时,如果作用对象是固定的物体,并且没有产生肢体运动,这就属于静力锻炼。静力锻炼特别适合于增强某一部位的肌肉力量,如握力、臂力等。

(4)等张锻炼:等张锻炼是指通过逐渐增加阻力来锻炼全身肌肉,这种方式可以增强肌肉的硬度和柔韧性。常见的等张锻炼包括使用哑铃、杠铃进行的重量训练。

(5)负载受力锻炼:负载受力锻炼结合了静力锻炼和等张锻炼的特点,通常需要借助器械完成。这类锻炼通过增加肌肉的负荷来提高耐力,例如使用拉力器进行训练。随着肌肉压力的增大,耐力也随之增强。

(6)灵活性锻炼:灵活性锻炼对于维持关节的活动范围至关重要。长期缺乏灵活性锻炼会导致关节僵硬、肌肉失去弹性。被动伸展是一种有效的灵活性锻炼方法,它可以帮助拉伸身体各部位的肌肉,增强肌肉的柔韧性。

(7)野外生存课程:这类课程通常包含攀登、定向越野、拓展训练等内容。参与这些项目的大学生需要具备良好的身心素质,否则不仅会影响教学训练的效果,还可能对身体造成伤害。因此,在参与此类活动前,应确保自己有足够的准备,并在专业人士的指导下进行。

(二)加强心理训练,保持良好心态

野外活动发生在自然环境之中,固有地伴随着不可预知的风险与挑战,这是其本质特性,难以完全规避。面对这些挑战与危难,我们不仅要精通生存技能和应对策略,还需具备坚韧的精神力量和卓越的心理适应能力。在大学野外生存课程中,关键在于教育学生如何管理情绪、优化心理状态,维持一种积极向上、健康的心态,这对战胜逆境、有效应对紧急情况至关重要,是确保安全与成功的核心要素。

1. 正确认识各种困难

个体常会体验到消极情绪,引起心理剧烈波动,有时甚至采取过于激烈的行动。因此,准确理解和对待这些挑战与阻碍显得尤为重要。以下是对常见困境的认识及其应对策略的探讨。

(1)疼痛管理。在野外求生过程中遭遇疼痛极为常见,疼痛是身体的自然警报机制,表明机体运作中某个部位出了问题。克服疼痛的关键在于坚定的意志力。当疼痛袭来,我们应尝试分散注意力,全神贯注于解决当前实际问题,并保持高度的忍耐力。

(2)应对疲劳。高强度的野外训练快速消耗体能,随之而来的疲劳感可能导致精神萎靡、动力衰退,伴随紧张和压抑。此时,大学生可通过小成绩的累积重建自信,如完成一项简单任务,以此重燃激情,这是有效缓解野外疲劳的策略之一。

(3)饥饿应对。长期野外生活,食物短缺在所难免,饥饿直接威胁生存。面对饥饿,重要的是冷静分析,寻找获取食物的途径,利用智慧增加食物来源,补充能量。

(4)干渴应对。相较于饥饿,缺水的危险更为紧迫,可迅速导致认知功能下降、体力衰竭。在训练中,珍惜每一滴水资源至关重要。一旦缺水,适当减少食物摄入也是必要的,因食物消化同样需要水分。

(5)抵御寒冷。冬季野外训练,严寒是主要敌人,它会减缓血液循环。对抗寒冷的有效方式是进行适度的身体活动,通过运动产热,抵御外界低温侵袭。

2. 合理制订锻炼计划

制订并执行一个合理、详尽且周密的行动计划是至关重要的,必须严谨地依照计划推进。规划训练方案时,应遵循以下核心原则。

(1)目标导向原则。参与训练前,大学生需确立清晰的目标。明确的目标不仅能增强个人的积极性与自我驱动力,还能确保训练成果与预期相符。

(2)个性化与针对性原则。鉴于大学生体质存在显著差异,训练方案设计时应充分考虑每位学员的个体特征,实施个性化、针对性的训练策略,以满足不同学员的需求。

(3)持续性与系统性原则。优秀的身体素质非一蹴而就,要求大学生培养持续且系统的锻炼习惯,通过日积月累实现身体素质的全面提升。

(4)综合性原则。基于人体各机能间相互关联、协同发展的特性,训练计划需全面覆盖,旨在促进学生身体素质的均衡发展,确保训练内容的系统性和完整性。

(5)多样性与趣味性原则。考虑到长时间单一训练易引发厌倦情绪,为提升大学生参与体育锻炼的积极性,应融入多样化、富有趣味性的训练方式,如采用受欢迎的游戏化训练模式。这不仅能够有效激发学生的兴趣,还能显著提升训练成效。

二、野外生存的着装准备

(一)鞋、袜

1. 鞋子

参与野外活动时,务必配备适宜的运动鞋或专业户外鞋,并留意以下关键要点以确保舒适度与安全性。

(1)优选材质与性能。选取轻便、透气性强、兼备防水与保温性能的鞋款,确保材质优良,可有效抵挡湿气与寒冷。

(2)鞋底适宜。鞋底厚度与软硬需平衡,既不过厚亦不过薄,推荐中等硬度,以提供足够的支撑同时不失灵活。

（3）防滑耐磨。鞋底需具备出色的防滑性能及耐磨性,宽度适中,以防步行时脚踝受伤,确保稳定与安全。

（4）高帮设计。建议选择高筒鞋,有助于阻挡碎石、沙粒及尘土进入鞋内,为脚踝提供更多保护。

（5）备用鞋的重要性。条件允许的话,背包中携带一双备用鞋是明智之举,尤其是面临长时间徒步或复杂地形时,额外的鞋子能有效缓解双脚疲劳,预防意外伤害。

2. 袜子

参与野外探险时,推荐使用纯棉袜,因其质地柔软,吸湿性佳,能有效维持脚部的干爽舒适。尤其在冬季或高山环境下,携带一两双保暖的纯羊毛袜是必不可少的,它们在夜晚露营时能提供额外的温暖。此外,选择具有一定厚度的袜子可以更好地保护双脚,同时,多准备几双袜子作为替换,以应对突发状况或长时间徒步可能引起的磨损需求,是明智的准备策略。

（二）野外着装

1. 外衣

在日常情境中,个人风格常通过服饰搭配展现。然而,野外活动的着装更侧重实用性和功能性,个性展示应退居其次。野外着装的基本准则是宽松、舒适、耐磨损与灵活性。

选择外衣时,应重视其防水、透气和耐磨性能,同时,合身的尺码对于确保活动自如至关重要,衣物过紧或过松均可能妨碍动作的灵活性。服装色彩上,淡雅色系与鲜明色调皆适宜,各有其优势。

尽管夏日炎炎,仍建议避免短打扮,女士不宜穿裙,男士不宜着短裤,以免野外环境中昆虫叮咬或复杂地形造成不便。春秋季节,推荐穿着纯棉或纯羊毛的宽松外套,要求具备基本的防风保暖功能,确保穿着便捷,适合户外活动。至于寒冷地带,高品质羽绒服成为首选,以确保极端天气下的保暖与舒适。

2. 裤子

野外活动中,裤子的选择需注重耐磨性,优先选取材质坚韧且触感柔软、尺寸合身的款式,确保活动自由度,既增强了穿着的舒适度,也提升了运动安全性。理想中的裤子应坚固耐用,兼具耐磨与抗撕裂性能,并能有效抵抗污渍。

宽松牛仔裤与棉质休闲裤是野外活动的理想伴侣,它们为行动提供极佳的便利性。而对于如登山等特殊野外活动,则推荐使用专业的防风裤与耐磨岩石裤,这些专为恶劣环境设计的装备,将为探险之旅提供更全面的保护与支持。

3. 内衣

在野外活动条件下,内衣的选择尤为关键,因为它直接关系到个人的舒适度与健康状态。具体而言,有两个关键因素值得细致考虑。

首先,内衣材质的化纤含量应当得到严格控制。过高比例的化纤材料,虽然可能在某些情况下提供了较好的耐磨性,但却牺牲了织物的透气性能。在户外活动中,身体持续产生的热量和汗水需要得到有效排放,否则会导致内衣下方的微环境变得潮湿闷热。这种不透气性不仅会延长衣物的干燥时间,影响连续穿着的舒适度,还可能在长时间活动后给人带来强烈的炽热与不适感,尤其是在炎热或是高强度运动时。

其次,内衣应具备良好的吸汗与快干性能。选择那些能够迅速吸收并扩散汗水,同时又能快速干燥的天然纤维或高科技合成材料制成的内衣,是保持身体清爽与卫生的关键。这类内衣可以有效减少汗水在皮肤表面的滞留,防止因湿冷造成的体温过快流失,大大降低了因身体受凉而引发感冒或其他呼吸系统疾病的风险。特别是在温差大、气候多变的野外环境中,保持身体干爽是预防疾病、维持体能与精神状态的重要保障。

4. 帽子

筹备野外活动装备时,一顶适宜的帽子不可或缺。面对夏日户外运动,应挑选具备良好遮阳效果的帽子,以抵御强烈阳光直射;而冬季则需着重考虑保暖性,选择能有效锁温的帽子。值得注意的是,不论季节变换,帽子的防水性能同样重要,推荐选用带有防水设计的款式,以便在遭遇雨雪天气时,也能保持头部的干爽舒适。

(三)手套

在野外活动之际,手套的挑选需紧密贴合季节特性和活动类型。冬季环境下,强调手套的保暖效能,推荐选用外层皮革并内置绒毛材质的款式,附加一副较薄手套内衬佩戴,以实现保暖与灵活操作的双重保障。转至夏季,透气为先,半指手套成为优选,确保手部既能保持凉爽又得以适当防护。

针对特定活动,手套的功能性尤为重要:滑雪时,选取结合保暖与操作便利性的专业滑雪手套;攀岩活动,则需依赖摩擦系数高的帆布手套,以增强抓握力与防护效果。总而言之,依据季节变换与活动特性精心挑选手套,是提升野外活动体验与安全性的关键所在。

三、野外生存的器材准备

(一)背包

背包是进行野外活动必不可少的器材之一,背包的合理选择与使用是非常重要的。

1. 背包的种类

(1)登山包。登山背包,作为户外探险活动中不可或缺的装备之一,其设计精巧且功能多样,通常分为两大类型以满足不同探险需求。一类是大容量型,其体积跨度大约在50～80升,专为远征登山及长时间户外活动设计。这类大背包能够装载大量登山必需品,如帐篷、睡袋、多日食物供给及个人防护装备等,确保旅途中物资充足。其结构设计注重人体工程学,背包轮廓紧随人体背部曲线,通过科学分布重量,有效减轻双肩及腰部的承重压力,即便在崎岖山路上也能保持较好的负重平衡与舒适性。另一类别则是轻便型小背包,容量范围大约在20～35升,它们是高海拔攀登或快速突击登顶的理想选择。这类背包强调轻量化与灵活性,便于携带最基本的生命维持装备和应急物品,使攀登者在追求速度与效率的同时,也能保持最佳的身体状态。无论是攀爬陡峭岩壁还是穿梭于狭窄的山脊,小背包都能提供必要的自由度和便利性。

无论大小,专业的登山背包在制造上均采用高品质材料与精湛工艺,确保耐用性与功能性并重。许多背包表面经过特殊防水处理,有效抵御恶劣天气,保护内部物品干燥安全,无论是骤雨侵袭还是穿越湿润的丛林地带,都能保证装备的完整性。

第六章　大学生野外避险与应急技能培养

此外,登山背包的应用范畴已远远超出传统登山领域,它同样是漂流、沙漠穿越、长途徒步等多种探险活动中的重要伙伴。这些多功能背包以其出色的负载管理、便捷的存取设计以及对极端环境的适应能力,成为现代探险家探索未知、挑战极限时的得力助手。

(2)旅行包的设计充分考虑了旅行者的实际需求,其包体形状与登山包相异,更倾向于宽大平直,以便于最大化利用空间。尤为特别的是,旅行包的正面往往采用全开式拉链设计,这使得包内物品一目了然,无论是打包还是寻找所需物品,都能够轻松快捷,极大地提升了旅行途中的便捷性。在挑选旅行包时,除了外观的时尚美观,更重要的是要关注背包的背负系统是否符合人体工学设计,是否有足够的背垫和腰垫来分散重量,确保即使长时间背负也不会感到过度疲劳,让旅行的每一步都轻松愉快。

(3)自行车专用包作为骑行爱好者的必备装备,其设计巧妙地结合了实用性和安全性。挂包式自行车包因其多变的携带方式而广受欢迎,它既能像普通背包一样背负,也可以稳固地挂在自行车的车架上,确保骑行过程中的平衡与稳定,尤其适合短途骑行或是城市通勤。而背包式自行车包则更加注重高速行驶中的稳定性与贴合度,其紧凑的设计能减少风阻,适合长途骑行或竞技使用。为了保障夜骑安全,几乎所有自行车专用包都会配备高可见度的反光条或反光片,这些材料能在夜间有效反射车灯光线,提高骑行者的可视性,确保道路安全。

(4)背架包是一种针对搬运大体积、重物而设计的专业背包,其构造独特,由坚固的包体与外部的铝合金框架组成,这种设计大大增强了背包的承重能力和稳定性。背架包特别适用于携带摄影器材、户外探险装备,甚至是野营用的煤气罐等重量级物品。背架的设计能够将重量合理分配到背部、臀部和腿部,减少了对肩部的压力,即便是长时间背负也不会感到过分劳累。对于经常进行野外摄影、登山探险或是需要携带大型装备出行的人群而言,背架包无疑是最佳的选择,它不仅确保了携带的便利性,更是对体力的一种有效节省。

2. 背包的选择

如同衣物般贴合身形的背包,是户外探索的最佳伴侣。在选择背包时,以下几个关键点不容忽视。

(1)匹配适宜的款式。面对野外复杂且严苛的环境,准备充分是关键。背架包凭借其卓越的承载能力,成为携带大量生存装备的理想选择,确保在紧急时刻有备无患。

(2)合适容量至关重要。针对大学生的野外生存训练,一个容量在65～75升的背包,通常是满足需求的理想尺寸。安全原则提醒我们,背包重量不宜超过个人体重的1/3,以维护健康与行动效率。

(3)科学背负体系。选择背包时,背负系统的个性化匹配极为关键。理想的背负应能将负重有效转移到髋部与臀部,减轻肩部压力,确保在户外活动中的自如与舒适。

(4)材质与工艺的考量。优质的背包应兼具耐用与防水特性,即使在恶劣条件下也能保持良好状态。因此,材质的选择与制作工艺的精细度同样不可忽视。

3. 背包的装填

掌握正确的背包装填技巧对于提升户外体验至关重要,不当的装填会导致背负不适,甚至引发运动疲劳。高效装填建议如下:常用物品如雨具、地图、指南针等,应置于背包侧面口袋,便于随时取用。不常用的物件应置于背包底部,以充分利用空间。易碎品需妥善安置于背包顶部,避免受压损坏。重物紧靠背部摆放,有助于维持背包重心,保持身体平衡,减轻行进中的疲劳感。

此外,野外生存训练中,建立固定的装填习惯,能使物品定位清晰,迅速取用。尝试优化装填模式,减少背包外挂,不仅能提升行动的安全性与美观性,也是对自我组织能力的一次提升。正确装填,让每一次探险都更加从容不迫,游刃有余。

(二)帐篷

在野外求生场景下,根据季节变化和天气情况,合理选择帐篷和睡袋等装备至关重要。帐篷作为野外过夜的首选休憩方式,凭借其宽敞的内部空间、便捷的搭建过程、不受地点限制的灵活性,以及良好的隐蔽性、安全防护性能(包括防雨、防雪、防风、防晒),成为野外生存训练中不可或缺的装备,而且其耐用性与可重复使用的特性,更加彰显其价值。

1. 帐篷的分类和款式

帐篷市场琳琅满目,依据不同特性和应用场景,大致可归纳为高山帐篷和旅行帐篷两大类。

(1)高山帐篷:专为应对极端恶劣环境设计,强调材料的高强度与耐候性,如优秀的抗风、防水、耐磨性能。选购时,细致检查其材质与结构设计是关键,这类帐篷定位中高端,完美匹配登山探险活动中可能遭遇的各种复杂气候挑战。

(2)旅游帐篷:面向大众休闲娱乐需求,侧重于性价比与轻便性,适合温暖季节或基础野外露营活动。相比专业高山帐篷,它更注重成本效益,是家庭度假、初阶露营爱好者的理想选择。

2. 帐篷的结构与规格

帐篷的多样性还体现在其结构与规格上,主要依据使用需求和环境温度两大标准来划分。

(1)按使用需求划分

①单室式结构:追求极致轻量化与便携性,设计上偏重压缩体积和减重,专注于睡眠与休息功能,适合快速轻装出行。

②厅篷式结构:在单室基础上增设了外厅区域,不仅强化了防风雨性能,还提供了额外的活动空间,满足用户多元化的需求,提升了居住的舒适度。

(2)按温度环境设计

①单层帐篷:轻便经济,适合温暖或温和气候下的休闲活动,结构简单,便于携带。

②双层帐篷:通过内外帐分离设计改善通风,有效减少内壁凝水现象,适合春秋季节或较冷地区使用。

③三层帐篷:在双层基础上增加隔热棉层,大大增强了保温性能,是冬季露营或极寒环境下的理想选择,确保使用者在极端低温中的温暖与舒适。

3. 帐篷的材料与性能

材料是决定帐篷品质的核心要素,涵盖了面料、里料、底料及撑杆等多个组成部分,每一部分的材质选择都直接影响到帐篷的性能表现。

（1）面料的选择尤为关键，它直接关系到帐篷的耐用性和防水性。尼龙绸因质地轻薄，成为徒步旅行和登山爱好者的心头好，其轻盈特性减轻了行进负担。相比之下，牛津布的厚重使其更适宜构建驾车露营或团队使用的大型帐篷。在防水处理上，聚氨酯（PU）涂层脱颖而出，它不仅解决了聚氯乙烯（PVC）材料在低温下易脆硬的问题，同时提供了出色的防水效能，是面料处理的优选方案。

（2）里料则需兼顾透气与防潮，常见选择为棉布或尼龙绸。尼龙绸以其优异的透气性和防霉性，成为比棉布更受欢迎的选项，它能有效减少内部潮湿，提升居住的舒适度。

（3）底料的作用在于隔绝地面的湿气、灰尘，保障内部干燥。经济型帐篷多采用 PE 或 PVC 作为底料，成本低廉但性能有限。而采用 PU 涂层处理的牛津布底料，则在耐用性、防寒性和防水性上实现了显著提升，是追求高品质帐篷的不二之选。

（4）撑杆作为帐篷的支撑骨架，对帐篷的整体稳定性和使用寿命起着决定性作用。早期的钢筋材质撑杆虽坚固，却因重量大、弹性不足而逐渐被淘汰。随后的玻璃纤维撑杆虽然在重量和弹性上有所改进，但在强度和耐久性方面仍不尽如人意。相比之下，铝合金撑杆集高强度、轻质、高回弹力等优点于一身，成为高端帐篷的标配，它不仅提高了帐篷的稳定性和耐用度，还大幅减轻了使用者的负担，是现代帐篷设计的理想材料。

4.帐篷的选择

在野外环境下，帐篷能够防风、防雨、防尘、防露水及防潮，为户外探险者营造一个相对舒适的休息空间。选择帐篷时，需综合考虑以下要素。

（1）外帐材质：优先选择防水性能卓越且透气性良好的面料，以确保在保持内部干燥的同时，也能排出湿气。

（2）内帐材质：强调透气性，以促进空气流通，减少内部凝结水汽。

（3）撑杆：材质需具备高强度与良好回弹力，铝合金是理想之选。

（4）底料：重视防水性和耐磨程度，以 PU 涂层牛津布为佳。

（5）结构与颜色：推荐双层结构帐篷，增加舒适性和实用性；门篷设计和稍大的尺码利于存放装备；选择暖色调如黄、橙、红，易于识别，增强安全性。

（6）通风与入口：前后双门设计利于空气流通，出入口位置应背风，地面若有倾斜，出口应位于下坡便于排水。

5. 帐篷的使用

选址方面，应选在平坦干燥处，入口避开风口，若有斜坡则出口设于低处便于排水。铺设帐篷时，可加地席保护底层，固定帐篷时拉紧绳索并用土压实，地钉以40度角打入地面，与绳索保持垂直，确保帐篷稳固。

需要注意的是，帐篷间保持适当距离，利于防雨防露。搭建时顺序固定四角，确保均匀受力。

6. 帐篷的维护与保养

除了正确使用之外，还应做好维护和保养的工作，这样帐篷才能得到长期使用。对于帐篷的保养须注意以下几点。

（1）避免火源：切勿在帐篷内烹饪，以防火灾，尽量在外帐与内帐间操作。

（2）保持清洁干燥：进入帐篷前脱去雨衣和湿衣物，避免穿着登山靴进入，可挂湿衣物于帐篷两侧的细麻绳上。

（3）器材存放：燃料油、绳索等攀登装备宜放置于帐篷角落，以免损坏帐篷。

（4）清洁与存储：清理时，去除地面泥沙，擦拭干净撑杆，检查附件是否完整。避免使用洗涤剂清洗，以免损害防水层。特别注意防火，防止尖锐物品接触帐篷，以免划伤。

（三）睡袋

1. 睡袋的种类

睡袋是户外探险和露营不可或缺的装备，其种类繁多，旨在满足不同环境与个人需求。睡袋大致可按用途分为两大类。

（1）通用型睡袋：适合常规旅行与露营，设计较为轻薄，适合春、夏、秋季使用，价格亲民，应用广泛。

（2）专业型睡袋：专为寒冷环境或高海拔探险设计，采用高端材料与工艺，保暖性能优越，虽然价格较高，但在极端条件下的必要性不言而喻。

睡袋的性能差异主要体现在面料、保暖层材料及设计上。低端产品通常采用普通尼龙绸面料，填充物为腈纶棉，保温性一般，适用温度约为20度，且重量较大，压缩性不佳。而高端专业睡袋则选用优质材料，确保在保暖性、轻量化与体积控制上达到最佳平衡。

每个睡袋都有其特定的"温标"，指示适用的温度范围，包括最低安全温度、最舒适温度和最高可忍受温度。近年来，先进的人造纤维材料在睡袋保温层中的应用日益广泛，提高了睡袋的性能。

对于顶级专业睡袋，尤其是探险级别产品，羽绒是不可或缺的填充物，含绒量至少需达到80%，而普通羽绒睡袋的含绒量也应不低于70%，以确保良好的压缩性、轻便性和保暖性。鹅绒相较于鸭绒，因蓬松度更高而更受欢迎。

睡袋面料的理想选择应具备轻微的防水性能，以防御露水或帐篷内凝结的水分，同时保持良好的透气性，确保睡眠舒适。某些品牌采用特殊防水透气材料，平衡了防水与透气的需求。

在设计上，木乃伊式睡袋因其紧密贴合人体、减少热量流失的设计而广受欢迎，常配有头套和侧面拉链，便于进出。此外，还有一种信封式睡袋，不仅舒适，还能完全展开作为被子使用，适合多样化的场景。

专业睡袋几乎全部采用木乃伊式设计，特别加强脚部保暖，有的甚至添加加厚脚垫，顶部和头部均可调节收紧，防止冷空气入侵。高端产品还采用了立衬设计，通过直接缝合内外层面料，有效固定羽绒，确保均匀分布，提升保暖效果。

选择睡袋时，最重要的是找到与自身活动相匹配的产品，而非一味追求高端昂贵。最合适的睡袋才是最佳选择，它应当能够完美适应你的户外活动需求，提供恰到好处的舒适与保护。

2. 睡袋的使用技巧

睡袋的性能受多种因素影响，因此使用时需要掌握一些技巧。要明确睡袋本身并不产生热量，它主要是通过减少体温流失来保持温暖。以下是几个使用睡袋时的关键技巧。

（1）避风防潮。在野外选择营地时，应避免谷底和强风区域，如山脊或山谷凹处。携带防潮垫可以有效防止睡袋受潮。冬季在雪地露营时，建议使用两层防潮垫。

（2）保持睡袋干燥。睡袋吸收的大部分水分其实来自人体。即使在极寒条件下,睡袋也会吸收人体的水分。因此,如果睡袋连续使用多天,最好在阳光下晾晒一段时间,以便让保温材料恢复弹性。

(3)多穿衣物。可以穿着一些松软的衣物作为额外的保暖层。这些衣物可以帮助填充睡袋内部的空隙,增强保暖效果。

(4)睡前热身。人体是睡袋的主要热源。睡前做一些简单的热身运动或喝一杯热饮可以略微提升体温,从而更快地使睡袋变暖。

(四)睡垫

在选择睡垫时,应综合考虑多个方面的因素,以确保睡垫能够满足你的需求。以下是一些关键的因素。

1. 保暖能力

保暖能力是选择睡垫时最重要的因素之一。不同的睡垫有不同的保暖性能。例如,自充气垫通常具有较好的保暖效果,因为它们内部有绝缘材料;而泡沫垫虽然轻便但保暖效果相对较差。根据所处的环境温度和季节,选择合适的保暖性能至关重要。

2. 重量

睡垫的重量直接影响到背负的负担。对于长途徒步或登山活动来说,轻量化的睡垫更为理想。自充气垫虽然保暖性能较好,但往往比泡沫垫重。如果需要长时间行走,选择一个重量适中的睡垫非常重要。

3. 舒适度

舒适度是一个主观但非常重要的因素。一个舒适的睡垫可以帮助自己在野外获得更好的睡眠质量。自充气垫通常比泡沫垫更舒适,因为它们可以提供更好的支撑和缓冲。此外,一些高端睡垫还会有额外的设计,如不同的厚度和形状,以增加舒适感。

4. 耐用性

耐用性决定了睡垫的使用寿命。泡沫垫通常比自充气垫更耐用,因为它们不容易被刺破或损坏。自充气垫虽然舒适,但在使用过程中需要更加小心,避免被尖锐物体刺破。选择一个耐用的睡垫可以节省长期使用的成本。

5. 大小

睡垫的大小不仅包括其展开后的尺寸,还包括收纳后的体积。较大的睡垫可以提供更多的空间,但收纳后可能会占用较多背包空间。对于长途徒步或需要携带大量装备的情况,选择一个易于收纳且占用空间较小的睡垫尤为重要。

6. 材质

不同材质的睡垫有不同的特点。例如,泡沫垫通常由闭孔泡沫制成,非常耐用且轻便;而自充气垫则采用 PVC 或 TPU 材料,虽然较重但保暖性能更好。选择适合自己需求的材质也很重要。

7. 价格

预算也是一个重要的考虑因素。高端睡垫通常价格较高,但功能更全面;而经济型睡垫虽然便宜,但可能在某些方面有所妥协。根据自己的预算和需求选择合适的睡垫。

(五)绳结

结绳技术是一种方法,通过打结将绳索之间或绳索与其他装备连接起来。

1. 基本结

基本结也被称为单结或保护结,通常在绳索的末端打结以防止绳结松开。建议在完成其他类型的结之后再打这种结。

2. 连接固定点用结

连接固定点用结是将绳索一端直接固定在自然物体上的结绳方法。

(1)"双 8 字结"易于掌握,且在拉紧后不易松脱;在不受力的情况下,它也不容易自行解开。

(2)布林结,也被称为系船结,是一种非常实用且常见的绳结。这种结的优点在于它既容易打结,又容易解开,非常适合在需要快速固定或解开绳索的场合使用。然而,布林结也有一个小小的缺点,那就是在某些情况下,绳结可能会因为外力的作用而变得松动,从而影响其牢固性。尽管如此,布林结仍然是许多航海爱好者和专业人士在系泊船只或其他重物时的首选。

（3）蝴蝶结,也被称为中间结,是一种常见的绳结类型。这种结因其形状酷似蝴蝶而得名,通常用于各种户外活动和救援工作中。蝴蝶结的制作方法相对简单,但其牢固性和实用性都非常高。在攀岩、登山或其他需要使用安全带的活动中,蝴蝶结可以被直接套在中间队员的安全带上,起到重要的保护作用。

具体来说,蝴蝶结可以有效地固定在安全带上,确保队员在高空作业或遇到突发情况时不会轻易脱落。它的设计使得结扣在受力时能够均匀分散力量,从而减少对安全带的损伤。此外,蝴蝶结的拆卸也非常方便,这使得队员们在紧急情况下能够迅速解开结扣,进行救援或自救。蝴蝶结作为一种简单而实用的绳结,广泛应用于各种户外运动和救援任务中。它不仅能够提供可靠的保护,还能在关键时刻为队员们提供安全保障。

（4）双套结,也被称作丁香结,是一种非常实用的绳结。它不仅可以用于固定物体,确保其稳定性和安全性,还可以在攀登和下降的过程中发挥重要作用。这种绳结因其结构牢固且易于解开的特点,被广泛应用于各种户外活动和救援任务中。无论是固定帐篷、捆绑装备,还是在攀岩和登山时作为安全绳的连接点,双套结都能提供可靠的保障。它的使用方法相对简单,只需将绳子绕过物体或穿过环扣,然后按照特定的方式打结,就能形成一个既稳固又方便操作的双套结。

3. 绳子间的连接

（1）平结,也被称作连接结、本结或陀螺结,是一种非常实用的绳结。它主要用于连接两条粗细相同的绳索,以便在各种情况下保持牢固的连接。平结的结构简单,操作方便,因此在日常生活中得到了广泛的应用。无论是户外运动、航海、登山,还是日常的家居使用,平结都能发挥其独特的作用,确保绳索之间的连接安全可靠。

（2）"8"字结是一种非常实用的绳结,它主要用于连接两根粗细相同的绳索。这种结的形状类似于数字"8",因此得名"8"字结。它的优点在于结构紧凑、牢固,且在受力时不容易松动。在户外运动、登山、攀岩等活动中,"8"字结被广泛使用,因为它能够有效地连接两根绳索,确保使用者的安全。此外,"8"字结的打法简单易学,即使是初学者也能在短时间内掌握。

（3）渔人结是一种非常实用的结，它主要用于连接两条质地和粗细完全相同的绳索或扁带。这种结的结构简单而牢固，非常适合在各种户外活动和渔业作业中使用。渔人结的名称来源于其广泛的使用人群，尤其是渔民们在海上作业时，常常需要将多条绳索连接起来，以增加绳索的长度或承重能力。由于其易于掌握和操作的特点，渔人结也成为许多登山爱好者和探险者必备的结绳技巧之一。在实际应用中，渔人结不仅能够承受较大的拉力，而且在解开时也相对容易，不会因为过度紧绷而难以解开。因此，无论是进行简单的日常任务还是面对复杂的紧急情况，渔人结都能提供可靠的帮助。

（4）水结，也被称作防脱结，是一种非常实用的结绳方法，主要用于将两条扁带连接在一起。这种结的结构相对简单，但在实际使用过程中，需要注意一些关键点以确保其安全性和可靠性。首先，水结在打结时需要用力拉紧，以防止在使用过程中因松动而导致连接失败。其次，由于水结在某些情况下可能会出现松脱的情况，因此在使用过程中需要频繁地进行检查，以确保其始终处于安全状态。总的来说，水结是一种非常有效的扁带连接方法，只要正确使用并注意检查，就能在各种户外活动中提供可靠的连接保障。

（5）混合结是一种非常实用的结，主要用于连接不同直径的绳索。这种结在登山、攀岩、帆船运动以及日常生活中都非常常见。通过混合结，可以确保不同粗细的绳索能够牢固地结合在一起，从而提高安全性和可靠性。

混合结的打法相对简单，但需要仔细操作以确保结的牢固性。首先，将较细的绳索对折形成一个环，然后将较粗的绳索穿过这个环。接下来，将较粗的绳索对折，形成一个新的环，并将较细的绳索穿过这个环。最后，将两个环相互穿过并拉紧，确保结的各个部分都紧密贴合，没有松动。

在使用混合结时，需要注意以下几点。
①确保绳索的材质和强度能够承受预期的负荷。
②在连接前，仔细检查绳索是否有磨损或损伤。
③打结时要确保每个步骤都正确无误，避免因操作不当导致结松动。
④在完成结后，最好再检查一遍，确保结的牢固性。

⑤在实际使用中,定期检查结的状态,确保其在关键时刻能够发挥作用。

通过以上步骤,混合结可以有效地连接不同直径的绳索,为各种活动提供安全保障。

(6)交织结,也被称为渔翁结、水手结、紧密结或天蚕结,是一种非常实用的绳结。这种结主要用于连接两条直径相同的绳索,以确保它们能够牢固地结合在一起。交织结的名称来源于其独特的编织方式,通过反复交叉和缠绕,使得两条绳索紧密地交织在一起,从而达到非常稳定的连接效果。这种结在航海、登山、露营等户外活动中非常常见,因其简单易学且可靠性高而广受欢迎。无论是水手还是渔夫,都会使用这种结来确保他们的绳索在关键时刻不会松脱,从而保障安全。

4. 特殊用途的结

(1)抓结,也被称作普鲁士结或移动结,是一种在攀岩和登山运动中广泛使用的结。这种结的主要用途是在行进或上升过程中提供自我保护。抓结的独特之处在于,当它不受力时,可以沿着主绳自由滑动,而一旦受到拉力,它就会在主绳上卡住,保持不动。这种特性使得抓结在紧急情况下非常有用,因为它可以迅速固定在主绳上,防止滑落。

(2)意大利半扣,这种结在沿主绳快速下降时用于控制下降速度。它的主要优点在于操作简便且可靠。意大利半扣特别适用于那些在攀登过程中丢失了"8"字环的情况。在这种情况下,意大利半扣可以迅速替代"8"字环,帮助攀登者安全地控制下降速度,确保下降过程中的安全。这种结的使用方法相对简单,只需将主绳穿过安全带上的一个环,然后在主绳上打一个半扣,即可实现有效的速度控制。

(六)防护眼镜

在进行各种各样的野外活动时,户外眼镜是不可或缺的重要装备之一。对于大多数户外活动,如徒步、露营或一般的郊游,一副普通的太阳镜或墨镜就能满足基本需求。太阳镜和墨镜能够有效地阻挡强烈的阳光,减少眩光,保护眼睛免受紫外线的伤害,同时还能提升视觉舒适度。然而,对于那些更为极端和挑战性的户外活动,比如攀登高山、雪山,或者穿越冰河、冰山等环境,就需要配备更为专业的防护眼镜了。在这些极端环境中,为了防止雪盲症的发生,选择一款专为高山环境设计的防护眼镜是至关重要的。这种眼镜不仅能遮挡强烈的阳光,还能有效阻挡冰雪反射的刺眼光线,从而保护眼睛免受紫外线的伤害。

在选择防护眼镜时,镜片的颜色和材质也非常重要。一般来说,茶色镜片在户外活动中表现优异,因为它们能够提供良好的对比度和色彩辨识度,同时减少眼睛的疲劳。在海拔 7000 米以上的高山区,环境更为恶劣,紫外线和红外线的强度也更大,因此需要配备专门设计的防风雪眼镜。这种眼镜不仅能阻挡紫外线和红外线,还能防止强风和飞舞的雪花对眼睛造成伤害。

在野外活动中,根据不同的环境和需求,选择合适的眼镜是非常重要的。常见的户外眼镜类型包括墨镜、太阳镜、防风沙镜、防紫外线镜、防电弧镜和防偏振光镜等。每种眼镜都有其特定的功能和适用场景。例如,防风沙镜适合在多风沙的环境中使用,能够有效防止沙尘进入眼睛;防紫外线镜则适用于阳光强烈的环境,保护眼睛免受紫外线的伤害;防电弧镜则适用于电焊等高风险作业环境,防止电弧光对眼睛造成伤害;防偏振光镜则能够减少水面、玻璃等光滑表面的反光,提高视觉清晰度。

综合护目镜是一种多功能的护目镜,它集合了多种防护功能于一身,成为目前最常用的户外眼镜之一。综合护目镜不仅能有效防范户外强光对眼睛的伤害,还能防止树枝、尘土等异物刺伤眼睛,提供全方位的保护。这种眼镜通常具有良好的密封性和抗冲击性,能够适应各种恶劣的户外环境,确保佩戴者的眼睛安全。无论是在炎热的沙漠中,还是在寒冷的高山之上,综合护目镜都能提供可靠的保护,让户外爱好者能够更加专注于活动本身,享受户外的乐趣。

(七)登山手杖

在野外活动时,登山手杖是非常有用的装备,它可以显著减轻腿部和膝盖的负担,提高步行的稳定性。目前常用的登山手杖是三节可调节式的,通常由铝合金或钛合金制成,配备碳钨钢尖头。这种设计不仅轻便,而且非常实用。高级的登山手杖还配备了避震系统,可以进一步减轻手臂的负担。

在复杂的野外环境中,登山手杖能够有效保证运动者的身体平衡,避免摔倒或磕绊。过河时,登山手杖可以提供额外的支点,帮助在湍急的河流中保持平衡,并且可以探明水的深浅,确保行走安全。上坡时,登山手杖可以为腿部提供助力；下坡时，它可以减少腿部和膝盖的震动，减少对身体的伤害。在休息时，登山手杖还可以用来支撑地席，做成简易的遮阳帐篷。冬天时，还可以用登山手杖清除树枝上的积雪，清除路障。

（八）工具盒

在野外活动时，携带工具盒是十分必要的，因为野外活动存在一定的风险。遇到突发状况时，工具盒中的物品可以发挥重要作用。大学生进行野外生存训练时，应该养成携带工具盒的习惯，并定期检查工具的状态，确保其完好无损。

工具盒里应该包含以下物品。

（1）针线包：主要用于缝补衣服或其他物品。

（2）断线钳：用于剪断线或金属丝。

（3）折叠刀：多功能用途，可以切割、削皮等。

（4）圆形锯片：用于锯断木棍或树枝。

（5）信号旗：用于发出求救信号。

（6）鱼钩、钓饵、鱼线：用于钓鱼。

（7）别针：主要用于固定衣物，在特殊情况下还能当作针或鱼钩使用。

（8）尼龙线：多种用途，如绑扎、固定等。

（9）指南针：最好选用纽扣式指南针，并检查其灵敏度。

（10）镜子：用于反光求救。

（11）蜡烛：可用作光源或火种。

（12）电灯：便携式照明设备。

（13）火柴或打火机：用于生火，作为备用火源。

（14）打火石：通过摩擦产生火源，使用次数和时间较长。

（15）塑料袋：用于装水或其他物品。

（16）净水净化片：在水质较差时净化饮用水。

（17）哨子：用于发出求救信号。

（18）高锰酸钾：用于消毒杀菌。

（19）绳索：最好选用钢丝或铜丝制作的绳索。

在特殊环境下的野外生存训练中，还需要携带更为专业的工具。例如，火柴用于生火，作为其他工具生火失败后的备用；蜡烛可以作为光源或火种；打火石通过摩擦产生火源，使用次数和时间较长；针线包主要用于缝补衣物或其他物品；净水净化片在水质较差、无法得到饮用水的情况下能发挥重要作用；指南针最好选用纽扣式，并检查其灵敏度；镜子不仅可以用来反光求救；别针可用于固定衣物，在特殊情况下还能当作针或鱼钩使用；钢丝锯主要用于锯断木棍或树枝；塑料袋可用于装水或其他用途；高锰酸钾用于消毒杀菌；绳索最好选用钢丝或铜丝制作的绳索。

（九）急救箱

在野外活动时，由于环境复杂，会遇到各种突发状况，准备好急救箱可以应对紧急情况，有时甚至能救人一命。急救箱应随身携带，并包含以下物品。

1. 绷带

绷带主要用于处理不同面积及种类的损伤。常见的绷带有纱布滚动条绷带、弹性滚动条绷带和三角绷带三种。纱布滚动条绷带主要用于处理一般伤口，固定敷料。弹性滚动条绷带由于具有弹性，适用于处理拉伤、扭伤和静脉曲张等伤病，可以固定伤肢并减少肿胀。三角绷带可以全幅使用或折叠成不同宽度的绷带，通常用于手挂，承托上肢。

2. 敷料

敷料由数层纱布制成，质地柔韧，主要用于覆盖伤口及吸收分泌物。对于流血和分泌物较多的伤口，可以加厚覆盖。

3. 棉花球

棉花球用于清洁伤口，使用时需蘸透消毒药水。

4. 消毒胶布

消毒胶布通常用于处理面积较小的伤口。在贴上胶布前，必须确保伤口周围的皮肤干爽清洁，否则胶布无法牢固贴合。

5. 胶布

胶布用于固定敷料、滚动条绷带或三角绷带。

6. 各种药丸

急救箱中应包含一些常备药以备不时之需,比如康泰克、感冒通、黄连素、牛黄解毒片、藿香正气丸,以及缓解胃部不适、促进消化的胃药等。

携带这些物品可以在紧急情况下提供必要的急救措施,确保安全。

第二节 掌握野外生存常识与技能

一、野外生存常识

野外活动是一种与大自然亲密接触的休闲方式,它不仅能让我们远离城市的喧嚣,还能让我们在大自然的怀抱中放松身心。然而,在享受大自然的美好时,我们也不可避免地会遇到一些潜在的危险,比如迷路、断水等情况。因此,对于学生来说,学习野外救援和求生自救的知识显得尤为重要,这样在遇到险境时,才能最大限度地保护自己,确保安全。

(一)准备充分

在出发前,一定要详细了解目的地的环境和气象情况。这包括了解当地的地形、气候特点以及可能遇到的野生动物等。准备必要的装备和物资也是至关重要的。例如,带上地图、食物、水源、常用药物、适合当地气候的衣物、应急用品以及一些特殊用品,如手电筒、哨子、急救包等。这些物资在紧急情况下可能会救你一命。

1. 制订详细的计划并明确分工

在出发前,要设计一条明确的行动路线,并设定合理的时间表。同时,还要制订应急计划,以便在遇到突发情况时能够迅速应对。将任务分解到每个人,确保每个人都清楚自己的职责和任务。

2. 紧跟团队,保持联系

在野外活动中,团队合作至关重要。要随时与队伍保持联系,不要轻易单独行动。这样可以确保在遇到危险时,团队成员能够互相帮助,共同应对。

3. 避免麻烦

在野外,要尽量避免招惹野兽和昆虫。这不仅需要保持警惕,还需要掌握一些基本的野外生存技能。例如,要学会如何寻找水源和食物,如何辨别方向等。

4. 辨别方向

判断方向的方法有很多种,其中最简单的一种是利用阳光。在地上垂直立一根竹竿或木棍,在其影子顶端放置一块石头,10分钟后再次放置一块石头。两次放置石头的连线即为东西方向,与其垂直的方向则为南北方向。

在夜晚,星星也可以成为辨别方向的助手。最常见的一种方法是利用北极星定位。通过观察勺子形的北斗星,沿着勺边前方延伸的方向,可以找到明亮的北极星;或者通过观察W形的仙后星座,中间正前方的明亮星星也是北极星。北极星所在的方向就是正北方向。

(二)寻找食物

1. 可以吃的植物

可供食用的植物种类繁多,跨越了不同的气候区域。在温带地区,大自然赋予了我们如蒲公英,其嫩叶富含营养;荨麻,尽管处理时需小心其刺,但煮熟后是一种美食;还有车前草,传统中常用于熬制利尿解毒的汤剂。在热带与亚热带的茂盛地带,无花果以其甜美多汁成为人们的桌上佳肴,而竹类与棕榈类植物的某些部分,不仅是食材,还常常融入当地的文化习俗中。在环境严酷的荒漠区域,仙人掌蕴含水分,经过特殊处理去除刺后可食用,刺梨则提供了珍贵的维生素。沿海地区,则有巨藻与紫菜等海藻类植物,它们不仅味道鲜美,更是富含海洋矿物质的天然宝库。

第六章　大学生野外避险与应急技能培养

除此之外,山林间还藏着许多可口的野果与菌菇,比如山葡萄,酸甜适中,是自然的零食;酸枣与桑葚,色彩诱人,滋味独特;枸杞,既是药材也是食材,富含抗氧化成分;沙棘,小小的果实中蕴含大大的能量;野梨子,带着山野的香甜;山葱,为菜肴增添一抹清新;珍贵的松蘑,口感细腻,风味独特,是不可多得的山珍。

2. 可以吃的动物

在探索自然的同时,了解并合理利用动物资源也是一门学问。要成功觅得可食用的动物,需细心观察它们的生活习性,尤其注意动物们多在早晚活动的规律。通过识别足迹,可以追踪到它们的行踪;观察啃食痕迹,能推断出动物的种类与大小;而排泄物与新近翻动的土堆,则是判断动物活动频繁区域的线索。设置陷阱时既要考虑效率,也要确保对动物的最小伤害及生态平衡不被破坏。

安全食用野生动物时,有几个重要原则需谨记:首先,避免食用动物的肝脏,因为它们可能累积了环境中的毒素;其次,任何显示出病态迹象的动物都不应成为食物来源,以免疾病传播给人类。通过这些方法与注意事项,我们不仅能更加贴近自然,也能在尊重生命与保护环境的前提下,享受大自然的赐予。

(三) 野外行走

1. 山地

在崎岖多变的山地环境中行进时,遵循着一套既实用又安全的策略。面对茂密的森林,即使面前有看似便捷的直穿路径,也应选择已开辟的道路行走,避免因穿越树林而可能遇到的迷路或植被缠绕的困境。同样,在路线选择上,如果有宽敞明确的大路,就不必冒险去走狭窄难行的小径,这样既能保证行进速度,又能减少不必要的体力消耗。攀登岩石时,采用经典的"三点固定法",时刻确保身体有三个支撑点稳固不动,再谨慎地移动另一肢,这样可以在确保安全的同时,稳步向上。而当行走在草坡这样易滑的地形时,采取"之"字形横向斜向前进的方式,可以有效减少下滑的风险,尤其是在面对陡峭斜坡时,让双脚保持横行姿态,能大大增强稳定性。

2. 丛林

步入茂密复杂的丛林地带，个人防护与行进技巧同样关键。穿戴专业的防水靴子，并仔细扎紧裤脚和袖口，以防虫蚁侵扰和荆棘划伤。为了减少蛇虫的附着，可在靴面上涂抹一层薄肥皂，同时佩戴手套，以增加手部的保护。手持一根结实的木棍，既可以作为支撑，辅助穿越复杂地形，又能在行进过程中拨开密集的灌木丛和藤蔓，为自己开辟一条清晰可见的道路，从而提高行进的安全性和效率。

3. 沙漠

面对广袤无垠且极端环境的沙漠，行者的智慧在于顺应自然的节奏。选择在凉爽的清晨出发，日落时分寻找合适的地点安营扎寨，避开烈日高温时段的直接曝晒。在沙漠中行走，保持慢而稳定的步伐至关重要，每行走一个小时便安排十分钟的休息，这有助于调节体温，防止过度脱水和体力透支。这样的行止结合，不仅能够有效地管理体能，也是对沙漠环境的一种尊重与适应，确保旅途的安全与顺利。

（四）野外宿营

在野外露营时，地点的选择是至关重要的第一步，以确保安全与舒适。理想的营地应位于背风处，这样可以有效避免夜晚寒风的侵袭，同时也要考虑到防雨的需求，选择一个自然遮蔽或是易于搭建遮雨设施的地方，以保持帐篷内的干燥。地势要相对较高，以防夜间地面湿气上升或突发的雨水汇聚，同时这也有利于观察周围环境，确保安全。

理想的营地应靠近清洁的水源，以便于取水饮用和日常所需，但也不能太近，以免遭遇洪水或水源污染的风险。周边最好有适量的林木，既能提供木材作为燃料，又能在必要时充当遮阳避雨的自然屏障，但需确保营地不在山洪或泥石流的潜在路径上，确保即使在恶劣天气下也能安然无恙。

野炊是野外生活的一大乐趣，但在享受之后，安全意识不能放松。使用完篝火后，必须确保火源被彻底熄灭，采用浇水、覆盖泥土等方法，直至确认无复燃的可能，以防火灾的发生，保护自然环境不受破坏。

为了应对野外可能遇到的各种未知情况，准备一些基本的防身用品是必要的，比如手电筒、哨子或是多功能军刀等，这些工具能在紧急情况下提供帮助。夜间,团队成员之间应轮流担任守夜任务,保持警觉,及时发现并应对可能的危险。睡眠时,尽量减少衣物的更换,保持体温,同时将睡铺设置在至少1米的高度,既可以避免地面湿气和寒冷,也能在一定程度上防止小动物的侵扰,确保一夜好眠,为次日的探险活动蓄满能量。

(五)发出求救信号

1. 点火

在紧急求救时,点火是一种非常有效的信号传递方式。建议点燃三堆火,巧妙地排列成一个等边三角形的布局,这样的火堆排列不仅在视觉上更引人注目,也符合国际公认的求救信号模式。为了使火产生的烟雾更加明显,可以选用绿枝、油料或废旧橡胶等材料作为助燃物,这些物质燃烧时会释放出浓厚的烟雾。特别地,橡胶、塑料乃至少量的汽油在燃烧时会产生浓郁的黑烟,在雪地或沙漠这样背景对比鲜明的环境下,黑烟的信号效果尤为突出,容易引起远处搜救人员的注意。而在丛林或是夜晚,使用青草、干树叶等自然材料燃烧产生的浓白色烟雾,因其在暗绿或深蓝背景下更为显眼,成为更合适的选择。

2. 吹哨

声音信号同样是求救的重要手段之一。采用吹哨的方式,以三次短促而响亮的哨声作为一组信号,间隔大约三分钟后再次重复这一序列。这样的吹哨模式不仅节省体力,还能确保信号的规律性,易于被他人识别为非自然声响,从而引起关注。在相对安静的环境中,哨声可以传达很远的距离,有效提升被救援的概率。

3. 反射光

利用自然光源,如强烈的阳光,配合反射镜或者任何可以反光的平面物体(如手机屏幕、金属片),可以向远方发送紧急求救信号。具体操作时,应将反射光集中朝向天空或可能存在的搜救飞机、直升机方向快速闪烁,特别是尝试反射出红色光,因为红色在白天的空中非常醒目,能迅速吸引注意。如果条件允许,可以按照国际摩尔斯电码的标准,发出SOS的信号,增加被专业救援队伍识别的可能性。这种非言语的求救方式,即便在通讯中断的情况下,也能跨越语言和距离的障碍,传达出求生的强烈愿望。

二、野外生存的技能

(一)野外可食性植物的获取

在野外求生情境下,一旦常规食物供应中断,辨识并利用周围的可食用野生植物便成为维持生存的关键。这些自然资源涵盖了多种野菜、野果、蘑菇和藻类等,它们可以通过生食、烹饪、熬汤或凉拌等多种方式加工食用。因此,掌握准确鉴别可食野生植物的技能,对提高野外生存能力至关重要,这也是野外生存训练的核心内容之一。

1. 可食野生植物的鉴别方法

(1)味觉检测法:轻轻咀嚼植物嫩叶,用味蕾感受是否有苦涩、辛辣等异常味道。强异味往往提示植物可能含毒,这时要立即吐出并清洗口腔。涩味指示含有单宁,苦味则可能是生物碱或配糖体的信号,均为不利健康的物质。

(2)水煮排毒法:鉴于某些毒素能溶于水,可通过沸水焯烫植物后浸泡数小时或完全煮熟,再次品味以确认是否仍有不良味道。持续的苦涩意味着植物不宜食用。

(3)茶水反应法:在煮植物的汤水中加入浓茶,沉淀出现意味着存在重金属盐或生物碱,应避免食用。

(4)泡沫测试法:煮汤摇晃后泡沫丰富,可能含有皂苷,亦非安全食品。

(5)动物行为参考:一般而言,家畜可食的植物对人类也相对安全,特别是多种动物共食的植物,毒性风险较低。

(6)微量试食法:在无其他鉴别手段时,可少量试食,观察8~12小时内的身体反应,无不适感则视为可食用。

(7)盐测变色法:切开植物,撒入少量盐观察切口颜色变化,变色则提示植物有毒性。

2. 有毒野生植物的处理方法

（1）凉水浸漂法

在处理某些含有水溶性毒素（如配糖体、单宁、生物碱和亚硝酸盐）的野生植物时，采用长时间的凉水浸泡并反复漂洗是一个基础而有效的方法。此过程有助于逐步析出并冲洗掉植物中的有害成分，显著降低其毒性，使植物更接近安全食用的状态。

（2）煮沸法

对于某些耐热且含有较顽固毒素的植物，先将其彻底煮沸，随后用流动清水彻底漂洗干净，是一种加强版的去毒技术。高温处理能促使更多毒素分解或溶解于水中，进一步减少植物中的有害物质残留。

（3）烘炒法

利用高温烘烤或炒制，不仅能够改变有毒植物的物理结构，还能促使某些毒素分解蒸发，尤其是那些对热敏感、易挥发的有毒成分。这种方法在去除毒素的同时，还能赋予植物一定的烹饪风味。

（4）碱洗法

针对特定类型的毒素，如生物碱，采用稀醋酸进行浸泡洗涤是一种针对性的去毒策略。通过化学中和作用，醋酸能够有效减少乃至消除植物中的生物碱成分，提高其安全性。

3. 野生植物中毒时的急救与治疗

（1）民间采食的警惕

尽管很多传统采食的野生植物相对安全，野外生存中误食有毒植物的情况仍需高度重视。一旦出现中毒迹象，如神经系统反应（头晕、头痛）、消化系统不适（恶心、腹痛、腹泻），应立即终止食用并启动急救程序。

（2）急救措施

①催吐：利用物理刺激，如用干净的手指触碰咽喉深处，促使中毒者呕吐，直至吐出的液体清澈为止，以尽快排出体内毒素。

②导泻：使用硫酸镁或硫酸钠作为导泻剂，成人推荐剂量为15～30克，溶于200毫升水中饮用，以加速肠道内毒物的排出。

③解毒：在实施上述初步处理后，应根据中毒症状对症给予解毒剂。简单的家庭解毒法包括饮用生鸡蛋清、生牛奶或新鲜大蒜汁，它们

能中和一部分毒素。在医疗条件允许的情况下,应尽快服用专业解毒剂,如由活性炭、氧化镁、鞣酸按比例配制的通用解毒混合液,以吸附和中和多样化的毒素,为后续的专业治疗争取时间。

④洗胃:紧急情况下,可用肥皂水、浓茶水或2%的碳酸氢钠溶液进行简易洗胃,以减少毒素吸收,同时清洁肠道。

4.可食性植物的种类

在我国丰富的野生植物资源中,可食用的种类繁多,多达数十种,其中包括蕨类、藜科植物如藜、地肤,以及其他如荠菜、马齿苋、牛繁缕等广为人知的野菜。下面简要介绍几种常见的可食用野生植物及其特点。

(1)茎、叶、花植物

①普通夜樱草。这种植物偏好生长在干燥开阔的草原地带,植株高大,叶片覆盖细毛,形状狭长且边缘具波浪状。其顶部偶尔绽放的大型黄色花朵极为醒目。根部是其可食用部分,需通过多次换水煮沸来减轻其自带的刺激性味道,进而食用。

②菩提树。作为一种高大乔木,菩提树常现身于湿润的森林环境中,高达20余米,拥有宽大的心形叶片与芬芳的黄色花朵。其幼叶与嫩芽适合直接食用,带有自然的清新口感,而花朵则适宜泡制成茶饮,香气扑鼻,令人神清气爽。

③蛇麻草。蛇麻草,一种常见的攀爬植物,遍布于灌木丛中,其茎条细长弯曲,叶缘具锯齿,花朵为绿色钟形。它的幼茎需剥皮切片后沸煮食用,而花朵同样适合泡茶,别有一番风味。

④萹蓄。萹蓄也称为扁竹、猪牙草、鸟蓄、地蓄扁竹等。它广泛分布于田野、荒地、路旁及水湿地,为一年生草本植物。其高10~40厘米。茎自基部分枝,平卧向上升,有棱角,顶端稍尖。叶披针形或狭椭圆形,长1.5~3厘米,跨宽3~12毫米。顶端稍尖,基部成楔形。全缘,托叶鞘膜质,下部褐色,上部无色透明,有不明显脉纹,易破裂。花单生或数朵生于叶脉;花梗细而短,顶部有关节;花被5深裂,裂片绿色,边缘白色或淡红色。瘦果卵形,有3棱,长2.5~3.5毫米,黑褐色,密生小点,无光泽。在每年的2~7月,可采摘萹蓄的嫩茎叶,炒食或切碎后与面粉混合蒸食,也可做菜。

⑤藜。藜,又常被称作灰菜或灰条菜,是一种极为普遍的一年生植物,广泛散布于道路两侧、荒废空地、农田边际及住宅周围。它的植株高

度可达60～120厘米，茎秆笔直挺立，表面饰有绿色或紫色的纵向条纹，分枝繁多。藜的叶子形态多样，从菱形卵形到披针形不等，长度约为3～6厘米，宽度则是2～5厘米，前端尖锐或略微圆钝，基部宽阔，呈楔形，叶缘参差不齐，布满了细微的锯齿。叶子的上表面呈绿色，下表面则为灰白色，覆盖着一层明显的白粉，幼叶时期尤为明显，质地柔软。叶柄长度几乎等同于叶片本身。

藜的花小巧玲珑，几朵聚集成簇，生于枝条与叶的交汇处。花被由五片分离的卵形片构成，背面带有绿色隆起，并同样覆有白粉，这些花被通常包围着微小的胞果。花中有五枚伸出花被之外的雄蕊，以及两个柱头。藜的种子扁平圆形，呈现黑色且富有光泽，内部胚的形状为环状。

春季至夏季期间，藜的嫩茎叶是采集的对象，适宜的处理方法是先用沸水快速焯烫，随后用清水浸泡数小时，以去除可能的苦涩味。处理过的藜叶可以用于炒菜或烹调汤品，增添风味。然而，需要注意的是藜不宜连续长期食用，因为过量摄入可能对健康不利。此外，若藜的茎端出现红色粉粒或叶片中心及边缘呈红色的变种，则应避免采集食用，以免引起不适。

（2）可食性根类植物

多数植物的根部或块根蕴含丰富的淀粉质，适合食用前需彻底烹煮以确保安全。

①结节草：常见于荒野与林地，株高30～60厘米，叶片狭窄呈三角形，花穗为白色或淡紫。食用前需浸泡根部去除苦味，并充分煮熟。

②银草：偏爱潮湿环境，植株矮小匍匐，叶背银白色，顶部延伸出细长的茎，开有单朵黄花。其肉质根可直接生食，但通常推荐烹饪后食用。

③野豌豆：遍布草地、灌木丛和沙地，高度与结节草相近，小叶卵形且对生，淡黄绿色花朵排列成覆瓦状。

（3）可食性果实类植物

夏秋之际，在自然环境中，野生果实和坚果是重要的生存资源。对于辨识野生可食果实缺乏经验的人，观察鸟类和猴子所食之果可作为参考，因它们所选食物多对人体无害。中国南北山林间生长着众多可食用野果，例如，中华猕猴桃、桃金娘，多见于低山丘陵的常绿灌木丛；山桃、胡颓子，分布于山地落叶灌木区域；小果蔷薇，生长于石灰岩地带的落叶灌木中；余甘子、沙棘，常见于河谷的落叶灌木丛；山荆子、稠李，适应沙地环境。一般地，常见的可食性果实类植物主要有以下几种。

①山楂类。山楂类为有刺小灌木,大多分布于灌木丛及野外荒地,其羽状叶深缺刻,花枝上簇生白、淡紫或红色小花,秋季结出亮红色浆果,果肉酸甜,可以生吃。此外,其嫩茎顶端也可食用。

②山梨树。山梨树大多生长于森林或多岩地区,其最高可达15米,树皮呈灰色、光滑,复叶对生、边缘有小齿,白色花着生于伞状花萼上。果实簇生,成熟时呈橘红色,食用时有刺激性酸味。

③野桑树。野桑树广泛分布于温带多林地区,其一般高6～20米,卵形叶,有时具深度缺刻,叶腋部生有柔荑花序,浆果呈红褐色,可以生吃。

④山葡萄。山葡萄在我国东北各地有大量分布,主要生长在山地的林缘地带。其为蔓性灌木,树皮常成片状剥离。叶互生,有很长的叶柄,叶片圆形,宽8～14厘米。圆锥花序,花小而密。浆果球形,直径约8毫米,成熟后变黑色。每年9月间果实成熟,可生食,其嫩条可解渴。

⑤柿树。柿树主要分布于东亚和美国南部温暖干燥地带。其高可达20米,叶小、缘呈波纹形,叶为梭形,可制茶,富含维生素C。果实为浆果,类似西红柿,黄、红至紫红色,可以直接生吃。

⑥毛栗。毛栗为一种高大灌木植物,多分布于山坡野地。其叶呈卵形至心形、革质、边缘有锯齿。棕黄色果壳,富含营养,外被叶状多毛外壳。

⑦茅莓。茅莓在我国云南也被称为悬钩子,为攀援状灌木。它广泛分布于我国各地,主要生长在山坡灌木丛或路旁向阳处。其枝和叶柄上生有毛和钩状小刺。叶为羽状复叶,小叶为3片,也有5片的,近圆形,顶端一片较侧生叶片大,边缘有不整齐的深齿缺,下面呈白色,密生短绒毛。花单生在叶腋,或由几朵聚成短圆锥花序,生在枝顶,总梗有稀疏的刺,花瓣粉红色,倒卵形。小核果球形,红色,核有深窝孔。每年7～8月果实成熟,味酸甜,可生食。

(4)可食性真菌类食物

①白蘑科包含多种蘑菇,其中60%的种类可供食用。它们大多数生长在地面上,广泛分布在山区、草地和草原上,可以单独生长或成群出现。在野外,常见的可食用白蘑科蘑菇包括松口蘑(又称松树伞、松蘑、松伞蘑)、根白蚁伞、草菇、金针菇、白桩菇和口蘑等。

②侧耳科的蘑菇通常呈扇形,菌柄位于一侧,菌褶向菌柄方向延伸。成熟后,菌盖常常会开裂。这些蘑菇一般附着在树木上,属于木腐菌。除了鳞皮扇菇外,大多数侧耳科蘑菇都是可食用的,因此在野外可以安

全采集食用。常见的种类有侧耳、阿魏侧耳、白灵侧耳、长柄侧耳等。

③牛肝菌科的蘑菇种类繁多，分布广泛，主要生长在地面上，多见于林下。这个科中有85%的种类是无毒的，但也有部分种类食用后可能会引起腹泻，因此不宜过量食用。它们的菌盖通常是半球形，颜色多为褐色或红褐色。牛肝菌科的一个显著特征是它们没有菌褶，而是具有菌管（即伞盖下的许多蜂窝状小孔）。常见的牛肝菌科蘑菇包括粘盖牛肝菌（粘团子）、美味牛肝菌、褐环牛肝菌等。

（5）可食性海藻类植物

海洋中的低级植物——海藻，无根系，在海洋潮间带（即低潮线与高潮线交界的地域）及阳光照射得到的浅水区域繁茂生长。众多海藻品种适宜食用，诸如海带、紫菜、裙带菜等，已成为人类饮食文化中的重要组成部分。至今，未有因食用海藻导致中毒死亡的报告，这使得海藻成为相对安全的野外食物源，尤其是对于海岛生存者，海藻是不可或缺的食物资源。

①紫菜。紫菜，又称干苔菜，广泛散布于中国东南沿海温暖海域的礁石上，退潮时海滩可见。属于红藻门，其叶片平坦，形态多样，可为卵形、披针形等，尺寸约为15～25厘米长，7～12厘米宽，基部楔形到圆形，全叶翠绿，边缘常带有波浪状皱褶，颜色多为红紫色或绿紫色。紫菜全身可食用，采集后经晾晒制成的干品，用于熬汤风味极佳，亦可干炒并添加调味料，口感香脆。

②次海松。次海松，常称海松，主要栖息于中国东南部较暖海域。属于绿藻类，底部具有盘状结构用以附着岩石，其上分支繁多，形态类似珊瑚。新生体在老枝上萌芽，成熟后下部形成类似根的结构，随后与母体分离，独立成长。次海松幼体部分适宜食用，通常清洗切碎后可用于炒菜或汤料。

③裙带菜。裙带菜，又名昆布，常见于中国沿海低潮线下暗礁或平静海湾。作为一种多年生大型褐藻，体长可及1～2米，宽达1米。其根部分叉且呈轮生状，柄部短而近乎扁圆，中央微隆。上部叶片质地柔软，新鲜时为棕绿色，常作羽状分裂，表面覆盖大量黏液腺，干燥后遇水能释放大量黏液，易于分层。每年3～5月，柄的两侧会长出木耳状结构，内部含有孢子囊群。裙带菜全株皆可食用，采集后清洗晒干，食用前用热水焯烫，可切碎炒制或用于制作汤品。

（二）野外可食性动物的获取

在野外生存环境下，所有动物均可视为潜在食物资源。相较于植物性食物，肉类通常提供更丰富的营养，并且在特定环境下，如捕捉昆虫和蠕虫，获取肉类更为直接简便。然而，有效猎取动物需基于对目标物种的生物学特性和行为习性的深入了解，以及掌握相应的狩猎技巧。

野外获取动物的方式主要包括狩猎、捕猎及针对特定种类如蛇、两栖动物、鱼和鸟类的捕捉。狩猎是指主动追踪并捕获猎物，而捕猎则更多依赖于设置陷阱等待猎物上门。以下是一些具体的获取野生动物类别及其方法。

1. 鸟类

鸟类以其敏捷性和隐蔽性著称，除少数特例外，它们的足迹往往难以区分种类，仅能提供体型信息。在特定环境如沙漠、雪地，鸟迹和飞行路径可指引我们发现其藏身地。鸟鸣声、飞行轨迹及排泄物都是追踪鸟类的有效线索。沿海地区的某些鸟类，如海燕，常在偏远岛屿或悬崖峭壁的洞穴中筑巢，日出海觅食，夜归巢休息。鸟类的猎取方法如下。

（1）陷阱设置：利用鸟笼、落石陷阱进行捕捉。

（2）环境利用：在森林开阔地或河边设置陷阱，并以自然食物如水果、浆果为饵。

（3）心理诱导：利用鸟类的好奇心，通过悬挂带诱饵的绳套或设计吸引其注意的装置进行捕捉。

（4）季节优势：秋季鸟儿换羽期间，飞行能力受限，如野鸭、野鹅等成为较易捕获的目标。

对野外求生者来说，鸟蛋也是一种不错的食物来源。在繁殖季节，尤其是在某些地区，鸟巢中的鸟蛋是易得的食品。一些鸟类甚至会在地面筑巢，便于收集。然而，对于如海鸥这类具有强烈领地意识的鸟类，接近其巢穴可能遭遇攻击，特别是在群体繁殖地，单独行动时需格外小心。

2. 哺乳类

（1）野猪类

野猪种群丰富，体型差异显著，共同特征为皮肤上常覆有刚毛。它们力大无穷,受伤后尤为凶猛。野猪的足迹呈现为偶蹄印,幼崽的足迹则更显点状。其粪便松散,活动区域地面杂乱,常伴露根,泥地里可见其滚动留下的长条形痕迹。若发现类似宽敞地洞的洞穴,很可能是野猪的巢穴。

猎取技巧:鉴于野猪广泛的食性,利用常见食物作为诱饵,在其频繁出没的路径设置强韧的四脚套、落石陷阱或尖刀阱。

(2)鹿类

鹿通常群居于人迹罕至的地区,性格温顺而机敏,拥有高度发达的听觉和嗅觉。它们主要在黎明和黄昏时活动,靠近水源,除干旱地区。鹿的足迹各异,多数为长方形偶蹄印,驯鹿则是圆形。鹿粪形态多样,从长条到球形不等,常成堆出现。鹿不仅是食物来源,其皮毛可御寒防潮,鹿角则是制造工具和防御的理想材料。

猎取方法:利用动物内脏吸引鹿群,根据鹿的体型选择不同的陷阱,小型鹿适用四脚套或落石阱,大型鹿则采用尖刀阱或平台阱。

(3)野山羊/绵山羊

这类动物栖息于偏远地带,警惕性高。它们的足迹为分开的细长偶蹄印,绵羊的蹄尖外展,山羊的前端较圆钝。其粪便呈球形,与家养绵羊相似。

猎取策略:在山羊/绵羊的常规路径设置四脚套或弹性四脚套,岩石地形则利用自然障碍设置落石阱。

(4)兔类

兔类多居住于地下洞穴,社群生活,行进路线固定。它们的脚印因毛茸茸的脚垫和后腿长前腿短的构造而易于辨认,前脚五趾,末趾小而不显,后脚四趾细长。兔子啃食的树皮留下两道门牙痕迹,粪便硬实,呈球形。

猎取方式:捕捉兔子较为简易,通常使用四脚套阱。尖刀阱的使用可使猎物离地,减少被盗食的风险。

(5)小啮齿类

小型啮齿类动物的足迹难以辨别,其种群分布广泛,其中最普遍的是老鼠,因数量庞大且易于捕捉而备受关注。然而,考虑到老鼠可能携带多种病原体,处理时需谨慎避免内脏破裂,并确保鼠肉彻底烹煮后食用。

捕获技巧:利用捕鼠笼或夹子设计陷阱,它们也可能意外落入为其他猎物准备的落石陷阱中。

（6）刺猬

刺猬夜行性动物，日间栖息于巢穴，温带区域存在冬眠现象。其特征为满身棘刺、五趾印记及长爪，常现四趾痕迹。由于行动迟缓，捕获较为简便，但需注意刺猬常携带寄生虫。

捕捉方式：主要通过设置落石陷阱来捕获。

（7）松鼠类

松鼠机灵敏捷，饮食以坚果、浆果及嫩枝为主，某些种类亦食鸟蛋。它们居住于树洞或地下，探索树洞时或可发现幼崽，但须防备幼兽尖牙。地栖松鼠喜群居，前足四趾细长具爪，后足五趾。食物来源包括树皮、坚果和地面落果，常在树间构筑枝条巢穴。

狩猎策略：地面松鼠可用切开的水果或鸟蛋作为诱饵，配合小型活套陷阱。树栖松鼠则可用直径约5厘米的圆环活套，置于频繁活动的树枝上诱捕。

（8）猫科动物

多数猫科动物肉质难以消化，烹饪时必须充分炖煮，小部分品种的鲜肉口感佳，媲美兔肉，且其强韧肌腱适于制弓弦。行走时仅脚趾触地，脚掌具肉垫，前四趾印大小相近且趾部缩回，粪便形态为细长逐渐尖细，尿液浓烈刺激。

狩猎方法：通常利用动物器官、肉块或血液为饵，设置强力弹簧陷阱或环套陷阱。

（9）野狗类

包括狼、野犬及狐狸等，拥有敏锐嗅觉和好奇天性。行走时四肢着地，前足四趾清晰，外侧趾印小于内侧，粪便形态与上述猫科相似，狐狸粪便尤其恶臭。

狩猎方法：通常布置四脚套陷阱，注意减少人为气味影响。

（10）水獭类

水獭沿河而居，或选择水边洞穴，充满好奇。其足迹五趾展开，近圆形，常在岩石留痕，粪便细长带鱼腥。

捕捉技巧：利用鱼类为饵，配置四脚套陷阱。

（11）鼬类

涵盖黄鼬(黄鼠狼)、白鼬、臭鼬及貂等，多栖息野外。足迹在软土中明显，五趾五爪分明，跳跃式行进导致前后足迹重叠。

狩猎方法：以内脏或鱼为诱饵，运用活动套索或落石陷阱。

（12）獾类

獾体型健壮，遇困凶猛，夜间活动，五趾爪印清晰可见，步幅约50厘米，粪便类似犬粪，活动区域常伴有挖掘痕迹。

狩猎方法：在活动路径或排泄区设置牢固夹套、落石或饵套。

（13）蝙蝠类

蝙蝠夜行性，分食肉与食果两大类。肉食蝙蝠捕食昆虫、小鱼等，而植食蝙蝠体型较大，常群居于洞穴或树上筑巢。

狩猎方法：对植食蝙蝠可于巢树布网；洞居蝙蝠则可在洞口设网，于其休憩时惊扰捕捉。

3. 爬行类

（1）蛇类

蛇类动物广泛分布，具备高度敏感的感知力与卓越的隐蔽技能，即使微小动静也能迅速触发其警觉并逃逸。丛林生存时，蛇类可能近在咫尺而不易察觉，某些种类遭遇惊扰时会主动袭击人类而后遁去。热带地区尤为危险，如树眼镜蛇和巨蝮蛇等毒蛇可能无预警攻击。

捕获技巧：传统智慧提醒"打蛇打七寸"，即首先用"丫"形棍稳定蛇身后部，再用力击打其头背。树栖蛇类则需先敲落，地面卷曲蛇体则宜用丫棍固定其粗部，再以长棍探查头部进行捕捉。务必警惕，除非确认死亡，否则避免徒手接触或过于接近，尤其是某些毒蛇擅长装死，易造成误伤。在野外，非必要情况避免捕捉毒蛇，若遇大型蟒蛇，最佳策略为避让，以免遭受其锋利牙齿的重创。

（2）蜥蜴类

多数蜥蜴性情温和且胆小，但部分种类拥有毒腺。面对威胁，部分蜥蜴和巨蜥会采取攻击姿态，利用锋利爪牙自卫。

捕捉方法：普通蜥蜴可通过捕捉尾巴的方式制伏，而对于大型蜥蜴，则需设计特定陷阱。

（3）鳖鱼类

这类生物多栖息于水域，部分仅在繁殖期上岸产卵，如匣鳖陆地产卵，而海龟偶尔远离海岸。繁殖季，雌性上岸留下的痕迹可引导至其巢穴。

捕捞策略：水生鳖类可使用渔网或拖钓捕捉，陆地上的个体则通过翻转使其背朝天控制,注意防范其咬伤,尤其是龟类长颈可回转。杀戮方法为重击头部,烹饪前去除内脏和有毒的头颈部(部分种类)。

(4)鳄鱼类

鳄鱼以其凶猛著称,锐利牙齿与强大尾巴构成致命武器,善于伪装与伏击猎物。

捕获手段:通常使用内置诱饵的三角木卡住鳄鱼咽喉,幼鳄可直接通过水上三角木诱捕,已捕获者需击打两眼间的弱点致死。野外安全考虑,建议选取较小鳄鱼作为食物来源。

(5)两栖动物

两栖动物偏好夜间活动,常居于水源附近,例如青蛙、蝾螈和水蛭。

捕捉方法:夜间寻蛙依据其叫声定位,强光源令其目盲后徒手或工具捕捉。蝾螈与水蛭亦可以类似方式水中捕获,白天则可用带饵鱼钩钓青蛙。注意,某些两栖动物皮肤含毒,食用前务必去皮,以防中毒。

4. 昆虫类

昆虫是野外生存中一种极其可靠且营养丰富的动物性食物资源,广泛分布且种类繁多,尽管体型小巧,却蕴藏了极高的营养价值。相较于相同重量的蔬菜,昆虫能提供更丰富的营养成分,包括高比例的脂肪、蛋白质和碳水化合物。例如,蚂蚁体内的维生素 B_1、B_2 含量超过了鸡蛋和鱼类;不少昆虫的蛋白质水平超越了常见的肉类,干燥的黄蜂蛋白含量高达 80%,蝗虫则有 61%,相比之下猪肉仅有 20% 的蛋白质含量。这些微小生物大多在炎热天气中保持静默,却会在雨后活跃,寻找水分和湿润环境,常见于树木缝隙、阴暗角落及湿润地带,蚁丘周围特有的疏松土壤也是它们活动的标志。在野外环境下,白蚁、甲虫、蝗虫、蟋蟀、蜜蜂幼虫、毛虫,以及多种水生昆虫成为宝贵的食品来源。

直接生食许多昆虫可以最大限度保留营养,但野外条件下,为减少细菌和寄生虫的风险,推荐将昆虫彻底烤熟或煮沸后再食用。食用前,需去除大型昆虫如蝗虫、蚱蜢和蟋蟀的腿部和翅膀。某些幼虫可通过挤压去除外壳后直接食用其内部组织。对于具有坚硬外壳的甲虫,则需先行去壳。至于小型昆虫如蚂蚁和白蚁,可通过捣碎制成糊状,进一步烘烤或烘干成为粉末,既可单独熬汤,也能与其他食材混合增加食物的营养价值,或是作为保存性的食品添加剂。下面介绍几种常见昆虫的捕捉与食用方法。

(1)蚁类

①普通蚂蚁。根据其踪迹很容易找到它们或者它们的巢穴。食用时必须烹煮至少6分钟。

②白蚁。先找白蚁群垒起的土堆后,用石块或木棒将之捣碎成土块,放入水中,迫使白蚁从蚁穴里爬出,即可采集;也可利用白飞蚁和白蚂蚁在雷雨交加的日子里,经常大量落于树叶和嫩枝上的机会收集。

在食用大白蚁之前应去除其翅膀,虽然生吃很有营养,但煮沸或油煎更安全些。此外,蚁卵的营养价值也很高,可直接生食。

(2)蝗虫类

蝗虫的分布范围很广,有些体长达15厘米。在野外可用多叶树枝或衣物拍打捕捉。一般来说,几乎所有蝗虫都有肥厚的身体和强健的肉腿。食用时,应去除翅膀、触角和腿刺,可生吃或者油炸。

(3)蜜蜂与黄蜂

一般来说,蜜蜂的蜂巢大都位于中空树洞或悬于岩石之上。夜间是捕捉公蜂的好时机。可以用野草制成火把,点燃后靠近蜂巢,使巢内充满浓烟,再封堵巢房出口,就可以将它们杀死,安全地取得蜂和蜂蜜。

黄蜂的巢穴通常位于树枝上,外形类似一只足球或呈圆锥形,进出口在基部。捕捉黄蜂的风险较大,因此要特别小心。对夜间活动型的大黄蜂,注意应在白天进行捕捉,且要在成年蜂没发觉之前找到它们的巢穴后行动,否则很容易被它们蜇到。

一般情况下,蛹、幼虫和成年蜂都可以食用。但应去除蜜蜂的腿和翅膀以及尾刺后,煮沸或油炸后食用。

蜂蜜是筋疲力竭时最有效的恢复剂,其能极快地被人体吸收,并即刻增强体力,且可长时间贮存。此外,蜂房也能食用。

(4)水生昆虫

常见的淡水昆虫有水甲虫、蜉蝣、石虫、球虫及其他一些水生昆虫的成幼虫,它们都可以食用。方法是用一件衬衫或其他较能透水的衣物放入水中做网,如有必要可用木棍支撑。搅动水的上游,以便使水流带起水底的浮游昆虫向下游进入设置的"网"中。此外,也可用棍棒搅动水面进行捕获。

食用水生昆虫时,必须将其彻底煮沸至少30分钟,以确保杀死寄生虫。

5. 软体动物类

在户外求生环境中,软体动物同样是不可或缺的食物资源之一,其中蜗牛更是被一些美食爱好者视为美味。然而,必须警惕的是,部分软体动物自带毒性,不宜食用;另有一些虽本身非毒,却可能因摄食环境中的有害物质而累积毒素,故摄入前彻底去毒至关重要。下面将概述几种常见的软体动物及其食用注意事项。

(1)蜗牛类

蜗牛广泛分布于淡水、咸水乃至干旱区域,非洲甚至还存在着长达20厘米的巨型品种。因其体内富含蛋白质和矿物质,蜗牛成为野外生存的重要食物。值得注意的是,色彩鲜艳的蜗牛多含毒素,应避免食用。热带水域的蜗牛,若无法确定安全性,则不宜轻易尝试。海洋中某些蜗牛如太平洋和菲律宾海域的某些锥螺,其毒刺能释放强烈毒素,食用时必须格外小心。

为了安全食用蜗牛,建议采取以下去毒步骤:首先,让蜗牛饥饿数日,或喂以无害绿叶,促使它们排出体内毒素;其次,烹饪前可将蜗牛置于盐水中,促其吐净杂质,随后煮沸至少10分钟,并加入药草提升风味。

(2)蠕虫类

蠕虫富含高浓度蛋白质及必需氨基酸,易于捕捉,是野外求生时的又一营养来源。为确保食用安全卫生,建议先饿养蠕虫数日,或通过挤压排除体内废物,接着通过晒干或风干的方式处理,最后可与其他食物混合食用,既增补了营养,又确保了食用的安全性。

(三)寻找水源

在野外求生环境下,水是维系生命至关重要的元素,缺水比食物短缺更为紧迫,因为人体在缺少水分的情况下只能存活数日。因此,除携带少量应急用水外,掌握如何在自然环境中识别并获取水源变得极为关键,同时还需要了解正确的取水方法和水质甄别知识。

1. 根据地质构造、地貌形态特点寻找水源

(1)群山叠排处泉水较多

在基岩构成的山脉区域,众多山峰层叠,山脚平缓地带常现泉水涌流,标志着基岩裂缝含水层的存在。

（2）群山的盆地中水源充足

遭遇群山包围的盆地，是地表及地下水流汇聚的宝地，尤其在喀斯特地貌中，此为探寻地下河流的理想场所，水源丰富无疑。

（3）在断层线附近地下水较多

在断层活跃区，沿断层轨迹多见泉水、水塘、湖泊及瀑布等水体，呈点线状分布，因断层影响地下水流通或穿透含水层所致。

（4）山区与平原交界处地下水较丰富

山区和平原接壤地带，洪积扇与冲积扇地貌丰富，其下蕴含大量地下水，常以泉水形式显露，为理想的水源探索区域。

（5）峻岭水源多，峡谷多清泉

峻峭山岭与深切峡谷形成之处，峡谷两侧常见泉水涌出，部分悬于半空，形成壮观瀑布。

（6）山腰低洼处，寻水靠得住

民谚有云"山腰低洼水不虚"，意指山腰凹陷处因风化减弱，土层积水能力增强，利于地下水储存。

2. 根据植物生长特点寻找水源

植物存活依赖于水分，缺水则无法生长。在野外生存情境中，辨识水源的关键之一是观察植物种类及其生长模式与分布。

（1）根据植物种类判断水源位置

寻找喜水植物群落，例如黄花、白芨等大叶或深根植物，若茂密共生，指示其根系下方可能隐藏着优质的地下水源。

注意特定指示植物，如三角叶杨、梧桐等，它们的出现几乎肯定了地下水的存在。

茂密芦苇地带暗示地下水资源丰富，常位于地表下浅层。

竹林偏好地下水丰富的环境，如喀斯特地形的漏斗、落水洞旁，这些地点地下水易得。

在干旱环境中，圣柳、胡杨等植物的分布揭示了地下水的深度，从几米到十几米不等，而老艾草、马兰花则指向更浅层的水源。

（2）根据植物的生长情况判断地下水的多寡

植物生长状态是地下水情的间接反映。理想状态下：

①状态展示的健康树木意味着地下水充沛，大约1～2米之下即可探寻。

②状态中树木扭曲生长,可能指示地下水供应不稳定,除非是树木本身的健康问题。

③状态中上部歪斜的树木,揭示该区域存在水分短缺。

④状态树木自然倾斜,提示倾斜方向有水流影响,可能是地下水流动的线索。

(3)根据植物在季节变化时的表现判断水源所在

于季节交替之际野外求生,应关注植物生长的异常迹象,这往往是水源指示。例如,冬春交接时,地下水位高或出露地面之处,积雪融化迅速,柳树等树木率先吐绿;夏日干旱,水源充沛区域的植被能保持葱郁;秋冬季,水源丰富地的树木落叶延迟,花草凋谢缓慢。

3.根据动物活动习性寻找水源

(1)地下水埋藏浅的地方,常是昆虫和某些动物的聚集地

地下水浅层区域吸引众多昆虫与小动物聚居。夏夜,蚊群盘旋成柱状标志着地下水的存在;青蛙、大蚂蚁、蜗牛亦是水源的指向标。冬季,湿润之地常成为青蛙与蛇的冬眠之所。而蚁群若密集向某一树木移动,极有可能是前往隐蔽的水源。即使在荒芜之地,跟随这些生物的踪迹也能偶遇珍贵的水源。

(2)根据鸟类习性寻找水源

燕子的飞行轨迹与筑巢地,常指向水源丰沛区。鹌鹑日落向水而飞,日出背水而归;斑鸠早晚均朝向水源迁徙;谷食鸟如雀与鸽,通常邻近水源栖息,早晚固定饮水,直线低飞示其寻水急切,饱饮后则悠闲于树间。追踪这些鸟类的飞行方向,往往能有效定位水源。值得注意的是,候鸟聚集地与栖息所多伴有地下水,而水鸟与食肉鸟的出现并不直接指示水源临近。

(3)根据动物觅水习惯寻找水源

尤其在干燥酷热的野外环境,许多动物习惯于黎明或黄昏时刻外出饮水,食草动物的这一行为尤为显著。尽管部分种类因旱季而远距离迁徙,但其日常饮水需求确保了水源与它们栖息地的距离不会太远。因此,跟随这些动物的足迹,尤其是在早晚时分,是寻找水源的有效途径。相对地,肉食动物因能从猎物中获取水分并较长时间无需饮水,故其出现地点不直接意味着附近有水源。

4. 冰雪化水

（1）陆地冰雪化水

在野外生存中，相比融雪，融化冰块更为高效，它能以更少的热量产出更多的水。建议从小块冰雪开始融化，逐渐增加量，避免大块冰雪导致底层已融水被上层吸收，造成中空现象，这不仅减慢了融水过程，还可能损坏容器。

（2）海冰、海水的淡化

海上求生时，利用古老海冰是获取淡水的重要手段。识别古冰的特征是边缘粗糙、呈天蓝色，其盐分含量低，适合直接融化为饮用水。新近形成的乳白色冰块盐分较高，不宜采用。此外，冬季可利用容器让海水结冰并弃去表面冰层以获取低盐分水。通过煮沸海水蒸发再冷凝的方式也能制备淡水：使用敞口容器装半满海水，加盖并设计引流，加热容器使水汽上升并在盖上冷却，通过引流收集得到的蒸馏水。

5. 从动物体中取水

在极端条件下，可以从动物体内获取水分，如吸食马、骆驼等大型动物的血液，作为水分补充的最后手段。

动物体液是另一种应急水源。科学研究显示，鱼类体内含水量高达50%～80%，每日获取约3千克鱼肉即可满足成人对淡水的需求。可通过切割鱼肉或在其背部划十字后挤压，以及利用大鱼内脏中的液体来取水。

动物眼睛也是潜在的水分来源，含有较多水分，必要时可以直接吸取。

在澳大利亚西北部的干旱季节，当地居民挖掘干硬土层以寻找夏眠的沙漠青蛙，这些青蛙体内存储水分，可作为紧急饮用水源。

（四）寻找火源

在野外生存环境下，火扮演着至关重要的角色，它不仅是烹饪食物、保暖和防范野生动物的必需品，而且是发送紧急救援信号的有效方式。个人野外生存技能的高低很大程度上取决于其能否有效地点燃和维持火焰。

1. 现代取火工具

一般最常用的就是火柴与打火机,这是最便捷的取火方式,操作简单快捷。为防潮,可将火柴存于防水容器内,或将火柴头涂蜡处理。一旦火柴受潮,可尝试用干燥头发摩擦或刮去蜡层来恢复其使用性。

2. 自然能源利用

(1)聚焦法:利用放大镜、相机镜头、手电筒反光镜等任何凸面镜片,将阳光聚焦于易燃物上直至点燃,随后轻轻吹风助燃。

(2)罩取火:类似聚焦法,使用反光罩代替凸透镜聚集阳光,达到点燃火绒的目的。

3. 传统技巧

(1)钻木取火:将尖锐木棒在有凹槽的木板上快速旋转,产生热量点燃火绒。

(2)摩擦取火:在劈开的圆木中插入细木棍并旋转,通过绳索摩擦产生火星点燃火绒。

(3)火犁法:在有沟槽的木板上,用硬木棒来回摩擦产生火。

(4)锯竹(木)取火:利用竹子或木头间的摩擦产生高温锯末引燃火绒。

(5)手弓取火:结合了钻木取火原理,通过手弓增加旋转速度提高效率。

(6)击石取火:利用钢铁或燧石碰撞产生火花,点燃下方的火绒。

(7)电火花取火:借助电池和导线短路产生火花引燃易燃物。

(8)弹药取火(极度危险,仅限紧急情况):通过拆解子弹,小心使用火药点燃火绒。

总之,每种方法各有优劣,实际应用时需根据环境条件和个人技能灵活选择。掌握这些技能,对于提高野外生存能力至关重要。

(五)野外露营

1. 野外营地选取原则

野外生存条件下,面对多变的自然环境,科学择址建立营地至关重要,需满足以下标准。

(1)营地选址:应选在地面平坦、视野开阔且能自然遮挡风向的位置,便于信号传递,如利用火光发出求援信号。

(2)气候适应:寒区营地宜朝阳以保暖;热区则需遮阴以避暑。

(3)地势与排水:优先考虑地势略高且周围自然形成排水渠道的地点,以防雨水积聚。

(4)水源适宜距离:营地与水源保持适当距离,确保既能便捷取水,又能避免野生动物侵扰。

2. 自然庇护所构建方法

(1)利用自然地形:在岩石密布区域,可利用山崖下的凸出岩石、天然岩洞或斜坡作为紧急避难所。若处于无遮蔽的开阔地,背风而坐,并堆集可用物料作为简易风障。

(2)构建石质避难屋:石滩环境下的避难所建造,可通过四周堆砌石块形成围墙,顶部铺设防水材料,或直接利用现有石材构建。施工时,利用泥土填充石缝以增强稳固性,并确保顶部密封,如此即使遇到暴雨天气,内部仍能保持干燥舒适。

3. 林间简易住所的创建指南

(1)树干下的避风港

在风雪交加环境下,可利用稳固附着于树干的大树枝构建临时避难所。确保连接点安全后,加入细枝如针叶树的枝条以增强结构并提高防风性能。另外,将断枝固定在树干分叉处也能形成有效的遮蔽。

(2)倒伏树木的巧妙利用

倒地树木及其根系可作为天然的庇护结构。调整角度以最佳防风,并通过编织或填充根冠间隙加强稳固性。这不仅提供即时避难,也为进一步建设提供基础,尤其是在树干与风向垂直时,可在背风侧挖坑搭棚。

(3)利用幼树构建简易帐篷

挑选并绑定两列幼树的顶端形成框架,覆盖篷布并固定边缘,或直接编织幼树与植被加固,以此创建简易帐篷。

(4)竹材的多功能应用

竹子是野外建筑的优选材料,可用于搭建支柱、地板、屋顶及墙体。

劈开的竹子既可收集雨水,又可作为防水材料,还能平整构建墙面和平台,如傣族的竹楼所示。

(5)单坡式简易棚

在林区,借助两棵树搭建斜坡棚,通过横杆和后杆构造出类似瓦片叠加的屋顶,并堵塞两侧以避风。冬季可增设火堆保暖。

(6)利用地形与岩壁

优先考虑自然洞穴,使用烟熏驱虫,火堆防兽。无合适洞穴时,岩壁配合木头和横梁也能快速搭建遮棚。

(7)丛林密集遮蔽所

热带丛林中,需建造封闭性好的遮棚以防虫蛇和暴雨。选址高地利于排水,同时利用自然素材与便携装备(如防雨布、蚊帐)搭建。在特定情况下,可将遮棚建于树上以提高安全性。

4. 寒带积雪庇护所的搭建

(1)雪洞的开凿

在极寒多雪环境下,开挖雪洞是常见的避寒手段,洞穴规模依据实际需求而定。理想选址包括积雪深厚的冲沟、土坑、雨裂谷或山谷。当积雪厚度超过1.5米时,可直接开挖;若积雪浅薄,则需先堆积雪层。重要的是,雪洞不宜太大以防止崩塌,洞口设计成拱形并朝向避风方向,入口后设1~2个转折以阻隔冷风。内部空间应分为三层:顶层用于生火,中层供休息与存放物品,下层自然循环冷空气。确保顶部设有通风口,便于烟雾排出,同时利用衣物或雪块封堵洞口保温,但务必保留透气孔。为了避免冻结粘连,雪洞与封口材料应保持一定距离,并保持洞壁光滑促进冷凝水滑落,外围开挖排水沟。此外,雪洞内应备有挖掘工具如铁锹以备不时之需,并储存充足的燃料应对恶劣天气。

(2)雪墙与猫耳洞的构筑

①"U"形雪墙:在开阔雪地缺乏遮蔽时,可构筑"U"形雪墙作为临时避风处,利用压实的雪或冰块完成。

②猫耳洞:简便的猫耳洞能有效御寒,只需在向阳的沟壑或土坡侧面挖掘一个小洞,避免阴面和风口即可。

(3)雪屋的建造

长期驻留积雪地带时,建造雪屋是理想选择。建造流程始于挖掘一条狭窄入洞,随后按螺旋形逐层堆砌压实的雪块直至封顶,并用薄雪涂抹缝隙以增强密封性。这一传统技艺源自北极圈内的爱斯基摩猎人,是他们在极端环境中的生存智慧体现。

第三节　掌握野外避险常识与方法

一、基础理论认知

（一）自然环境认知

1. 地理与气候教育

地理与气候教育是野外活动安全知识体系的基石,它不仅仅是一项技能,更是对自然规律深刻理解的过程。在这一模块,教育应聚焦于以下几个核心点。

（1）地形地貌识别

教授学生如何通过地图上的符号、颜色和等高线,识别平原、丘陵、山地、河流、湖泊等地形特征。通过实地考察,结合理论学习,使学生能在复杂的自然环境中迅速辨认方向,选择最佳行进路径。

（2）地图与指南针运用

强调地图阅读技巧,如比例尺的理解、方位的判断、距离的估算等,并通过模拟演练,让学生熟练掌握使用指南针配合地图确定自身位置、设定目标方向和估算到达时间的方法。

（3）气候变化与适应

深入解析不同气候带的特点,特别是山地气候的垂直地带性、季风气候的季节变换、沙漠地区的极端温差等。教育学生如何依据气候变化调整行程计划,选择适宜的装备与衣物,以及如何预测可能的天气突变,比如通过云层变化预判降雨,利用风向判断风暴来临等。

2. 生态知识

生态知识的学习,旨在培养学生的环保意识与自我保护能力,确保在探索自然的同时,能够最小化对环境的影响,并有效避免潜在的生态风险。

（1）植物与动物识别

通过图片、实物标本及多媒体资料，详细介绍常见的有毒植物（如毒藤、毒蘑菇）和危险动物（蛇类、昆虫等）的特征、分布区域及中毒后的应急处理方法。传授"观察而不接触"的原则，强调保持安全距离的重要性。

（2）生态平衡与尊重自然

引导学生理解自然界中物种间相互依存的关系，讲解人类活动对生态系统的影响，如垃圾处理不当对野生动植物的危害，强调"无痕山林"（Leave No Trace）的户外伦理，鼓励学生在野外活动中采取低影响行为，如不破坏植被、妥善处理垃圾、保护水源等。

（3）避险策略与动物遭遇应对

除了识别，还需教授学生在遭遇危险动物时的正确应对策略，如避免惊扰、缓慢后退、使用声音驱赶等非对抗性方法，确保人身安全的同时，维护野生动物的生活习性不受干扰。

（二）安全规划教育

强调"事前准备"的重要性是至关重要的，这包括对行程进行详细的规划，制定一份完备的装备清单，提前查询天气预报，以及设定紧急联系人等措施。通过这些准备工作，学生们可以深刻认识到，预防措施远比事后处理更为重要。只有在出发前做好充分的准备，才能在面对各种突发情况时从容应对，确保旅途的安全和顺利。行程规划可以帮助学生明确目的地、路线和时间安排，避免迷路或浪费时间；装备清单则确保他们带上所有必需品，不会因缺少重要物品而陷入困境；天气预报查询则有助于他们了解目的地的天气状况，避免在恶劣天气中出行；设定紧急联系人则能在遇到紧急情况时，迅速获得帮助。总之，通过这些事前准备，学生们可以更好地应对各种挑战，确保旅途的安全和愉快。

二、实用技能训练

（一）导航与定位

1. 指南针使用

在野外环境中，与指南针的使用是一项基本而又至关重要的生存技能。通过精心设计的实地操作课程，学生不仅能学到理论知识，更能亲身体验到古老导航技术的魅力与实用性。

（1）理论讲解

首先，教师会详细解释地图上各种图例、比例尺的含义，以及如何通过等高线判断地形起伏，为后续实操打下理论基础。其次，讲解指南针的工作原理，包括磁针指向、罗盘玫瑰的读取等，确保学生理解指南针与地图的协同作用。

（2）实地操作

在户外环境中，学生会在教师的指导下，手持地图和指南针，学习如何将地图定向，即通过调整地图使其与实际地形一致。通过实践，学生将掌握如何确定当前位置、设定目标点，并规划出最安全、最直接的行进路线。此外，模拟迷路场景，让学生在没有明显地标的情况下，仅凭指南针和地图找回"家"的方向，进一步巩固所学技能。

2.GPS与手机应用

随着科技进步，GPS定位系统与智能手机应用已成为野外导航不可或缺的辅助工具。教育学生高效利用这些现代技术，同时培养应对设备故障的备选方案，是提升野外活动安全性的关键。

（1）GPS基础操作

讲解GPS接收器或智能手机中GPS功能的基本设置与使用方法，包括开启定位服务、查看坐标、跟踪路线记录等。通过演示如何在电子地图上标记目的地、规划路线，让学生体验数字化导航的便捷性。

（2）手机应用探索

介绍几款常用的户外导航App，如奥维互动地图、六只脚等，展示它们在路线规划、海拔测量、离线地图下载等方面的功能优势。鼓励学生安装并熟悉这些应用,以便在有网络或预先下载地图的情况下,能够快速定位、追踪和分享行踪。

（3）电池管理与备用方案

鉴于电子设备依赖电池供电,特别强调在野外条件下合理管理电量的重要性,如关闭非必要应用、调节屏幕亮度、使用飞行模式等省电技巧。同时,教育学生准备备用电源(如充电宝)、学习基本的太阳能充电知识,以及在电子设备失效时,如何依靠传统的地图与指南针进行导航,确保在任何情况下都能找到回家的路。

（二）生存技能

关于野外生存技能的具体内容前文已做过讲解,这里不再赘述。但是必须强调的是,高校教学中应重视对学生的相关技能培训,扩大学生的视野和生活技能,也会增强他们对未知世界的探索。

三、紧急情况应对

（一）通讯与求救

1.SOS 信号发送

在教学过程中,我们不仅要教会学生们如何使用传统的国际求救信号,例如通过哨声、灯光闪烁或制造烟雾等方式来引起他人的注意,还要教导他们如何利用现代通讯设备进行求救。这包括熟练掌握如何使用手机发送紧急短信或拨打求救电话,以及如何操作卫星电话等专业设备,以便在遇到危险或紧急情况时能够迅速有效地寻求帮助。

2.急救知识

在普及野外生存技能的过程中,我们特别强调了急救知识的重要性。这不仅包括教会学生们掌握基本的野外急救技能,如止血、包扎伤口以及进行心肺复苏术(CPR),还包括如何正确使用急救包中的各种工具和设备。此外,我们还会教授他们在等待专业救援到来的过程中,如何进行自救和互救,以确保在紧急情况下能够最大限度地保护自己和同伴的生命安全。通过这些培训,学生们将能够在面对突发状况时,更

第六章　大学生野外避险与应急技能培养

加冷静和有效地应对,从而提高生存几率。

（二）心理调适

心理韧性培训旨在教育和引导学生在面对各种困境和挑战时,能够有效地进行心理调适。这种培训不仅关注学生在逆境中的应对策略,还致力于提升他们的心理承受力和恢复力。通过心理韧性培训,学生们可以学习到如何在压力和困难面前保持冷静,避免情绪失控。培训内容包括培养正面思维,学会从困境中寻找积极的一面,从而增强内心的韧性和适应能力。

此外,心理韧性培训还强调团队互助的重要性。通过小组合作和团队活动,学生们可以互相支持,共同面对挑战。这种团队互助不仅能增强学生的社交能力,还能让他们在集体中找到归属感和安全感。通过这些方法,学生们能够在逆境中变得更加坚强,具备更强的心理承受力,从而更好地应对未来的挑战和困难。

第四节　掌握野外突发事故的应急处理技能

一、昏厥的应急处理

昏厥在野外通常由摔倒、极度疲劳或饥饿引起。主要症状包括微弱的脉搏、苍白的面色和意识丧失。面对这种情况,保持冷静至关重要,因为大多数情况下,患者会在较短时间内恢复意识。一旦恢复知觉,应尽快补充葡萄糖水和热水,并确保充分休息,以减轻症状。具体而言,晕厥的应急处理方式如下。

（1）初步评估与处理。遇到昏迷者,首先检查呼吸、外伤及出血情况,判断昏迷缘由。若呼吸正常且无脊椎损伤迹象,应清理口腔异物,让患者侧卧,保持呼吸道畅通。

（2）昏厥应对与呼吸复苏。呼吸停止时,立即清理呼吸道,执行人工呼吸。若存在阻塞,采用腹部冲击法(海姆立克急救法)解除阻塞,即站在或跪在患者背后,双臂环抱其腰,一手握拳置于肚脐上方,另一手抓住拳头并用力向内向上挤压腹部。若无效,可尝试背部拍击。直至患者恢复呼吸或能自主咳嗽。

（3）实施人工呼吸。当呼吸道畅通而患者仍未自主呼吸,应即刻开展口对口人工呼吸。将患者平躺,头后仰以开放气道,捏紧鼻孔,检查并清除口腔异物。轻柔但坚定地对患者口吹气,观察胸廓起伏,如无反应,调整体位并轻拍背部以排除异物。一旦胸廓随吹气扩张,表明气流通畅。初始快速给予6次吹气,随后维持每分钟12次的频率,直至患者呼吸恢复。操作过程中,注意观察患者的反应与呼吸恢复情况,以适时调整救助措施。

二、食物中毒的应急处理

食物中毒是指因摄入含有有害物质（如升汞、砷制剂、有机磷化合物）或自然生成毒素的食物（例如毒蘑菇、某些有毒鱼类）而导致的非传染性急性或亚急性健康问题,其特征为发病迅速、群体性爆发且与特定食物有直接关联。[①]

（一）临床表现

中毒症状通常在饭后0.5～48小时内出现,具体表现依中毒源而异,普遍症状包括恶心、呕吐、腹痛、腹泻,严重时可达每日数十次,并伴有脓血或黏液。除消化系统症状外,还可能伴有神经系统异常,如头痛、乏力、畏寒、发热、吞咽困难、视力模糊、瞳孔扩大及呼吸窘迫等症状,重症可致生命危险。

（二）急救处理

食物中毒发生时,首要步骤是停止摄入可疑食物,然后根据情况选择急救方式,一般的急救方法有催吐法、洗胃法。

1. 催吐法

迅速饮用大量清水并诱导呕吐,直至疑似有毒物质完全排出。

---

①陶宇平.户外运动与拓展训练教程[M].成都：电子科技大学出版社,2006：67.

2. 洗胃法

洗胃手段多样,常用方法包括使用浓茶或肥皂水冲洗胃部,或采用 2%碳酸氢钠溶液进行。之后可服用适量泻药促进肠道排毒,此法有助于全面清除体内毒素。同时,鼓励患者多饮糖水或浓茶,保持足部温暖,监测脉搏,确保生命体征稳定,并迅速送医。

在团队成员发生食物中毒的情况下,特别注意24小时内不宜随意用药,重点在于及时补充体液损失,可通过饮水或静脉输液方式进行。正确的急救措施和及时的专业医疗干预对恢复至关重要。

三、冻伤的应急处理

(一)冻伤的起因

由于人体产生的内部热量少于散发的热量,身体的正常温度会下降,这种情况被称为冻伤。通常,冻伤发生在风中、雨中和低温环境中。冻伤的原因还包括疲劳、穿着单薄、不良的居住条件、摄入营养不足以及对低温缺乏了解和准备。虽然在任何低温环境下都可能出现体温过低的情况,但极地地区更容易导致体温过低。

(二)冻伤的救治

(1)冻伤时,应摩擦伤处以促进血液循环,减轻症状。

(2)迅速带冻伤者至温暖处,脱去湿冷衣物,若无法脱下,应温水浸泡。保持皮肤温暖,使用冻疮膏包扎伤部,用温水毛巾热敷冻伤部位,或用身体温暖部位取暖。冻伤部位复温后避免立即活动。

(3)严重全身冻伤应立即就医。若身体冻僵,先摩擦促进血液循环和人工呼吸,待恢复知觉后再移至温暖处。避免用火烤或雪摩擦冻伤部位。下肢冻伤者应卧床休息,使用护架和盖被以保护肢体。

(三)冻伤的预防

(1)适当穿着:在寒冷环境下,应穿戴保暖、防风、防水的衣物,特别是保护好手脚、耳朵、鼻子等末梢部位,使用保暖手套、袜子、帽子和围巾。

（2）保持干燥：湿衣服会大大增加体热流失速度，因此保持衣物干燥至关重要。在户外活动时，可备额外的干爽衣物以备不时之需。

（3）避免过度劳累：体力消耗会使身体产热和能量代谢加快，同时也增加了热量的损失。在寒冷环境中，应合理安排活动强度，避免过度疲劳。

（4）充足营养：保持良好的饮食习惯，确保足够的热量摄入，特别是在寒冷季节，高热量食物可以帮助维持体温。

（5）认识与准备：提高对寒冷天气的认识，了解冻伤的早期症状，如手脚麻木、皮肤变色等。出行前检查天气预报，做好防寒准备。

（6）定期活动：在寒冷环境中，应定时活动手脚和身体，促进血液循环，减少冻伤风险。避免长时间静坐不动。

（7）紧急避难：在户外活动时，携带紧急避难装备，如保温毯、火种（在安全条件下使用）、高能量食品等，以备不时之需。

（8）教育与培训：参与户外活动前，接受相关的安全教育和急救培训，了解如何在遇到紧急情况时自救和互救。

四、中暑的应急处理

中暑是一种突发的疾病状态，通常由于在炎热环境中体温调节机制失常，导致中枢神经系统和循环系统功能受损。除了高温和直接日晒之外，过度劳累、长时间活动、缺乏休息和极度疲劳等因素也常导致中暑。

（一）中暑症状

中暑的表现形式多样，包括恶心、昏迷、突发性晕眩、无汗或皮肤异常湿冷以及高烧。在完全发作前，典型的预兆是口唇干燥、视力模糊、四肢乏力。中暑可根据其症状的严重度分为三个阶段：先兆中暑、轻度中暑和重度中暑，各阶段症状逐级加剧。

1. 先兆中暑迹象

此阶段特征为轻微头晕、头痛、渴望饮水、多汗、全身疲乏、注意力分散及动作协调性下降，体温可能略微上升。及时移至阴凉处并补水，症状可迅速缓解。

2. 轻度中暑症状

患者的体温通常超过38℃,除上述先兆症状加剧外,还可能出现脸部潮红、大量出汗、皮肤炽热感,或伴有四肢冰冷、面色苍白、血压下降、心跳加速等。若能及时干预,数小时内可望恢复。

3. 重度中暑症状

这是最为危急的中暑状况,处理不当可危及生命,主要包括四种类型。

(1)热痉挛:因大量出汗未及时补充电解质,尤其是钠盐,引发肌肉间歇性剧烈收缩和疼痛,伴随强烈口渴和过度出汗。

(2)热衰竭:常见于老年人或对高温适应缓慢者,表现为头痛、头晕、恶心、心跳加速、呼吸急促、呕吐、血压下降、皮肤湿冷、意识模糊甚至短暂失去意识,体温或略高。

(3)日射病:直接由强烈阳光照射引起,影响脑功能,症状包括头痛、恶心、情绪烦躁,随后可能出现昏迷和抽搐,主要因脑部受损。

(4)热射病:长期高温作业导致体内产热过剩而散热不足,体温急剧上升,伴有大汗淋漓后转为无汗、呼吸急促、脉搏微弱快速、极度烦躁,可能进展为昏迷、抽搐、肺水肿、脑水肿及心脏衰竭等严重并发症。

(二)急救处理

一旦出现中暑症状,应迅速将患者移至阴凉通风的地方,让其平躺并解开衣物,全身放松,随后给予降温药物。若中暑伴有发热,可用冷水擦拭头部和面部或进行冷敷以帮助降温。若患者出现昏迷,应刺激人中和合谷穴位以助其恢复意识。

(三)预防措施

1. 避免高温时段出行

在户外探险时,携带防晒装备,并尽量避开上午10点到下午4点这个阳光最强烈的时段,因为这时中暑的风险极高。如果不得不在这段时间外出,请确保采取防护措施,如使用遮阳伞、戴上宽边帽、佩戴太阳镜,并涂抹防晒霜。同时,要确保随身携带充足的水分和饮料。此外,备一些防暑药物,比如十滴水、仁丹、风油精等,以防万一。

2. 定时补充水分

不要等到感到口渴时才饮水,因为这表明身体已经缺水。根据天气情况,每天至少摄入 1.5～2 升水;如果出汗量较大,可以适当增加含盐分的水分摄入。夏季人体容易缺钾,选择富含钾的消暑饮料有助于减轻疲劳感。

3. 保证充足休息

夏季白天时间较长,夜晚较短,加上高温环境下人体新陈代谢加速,尤其在户外活动后,身体消耗较大,容易感到疲惫。确保有充足的睡眠,有助于大脑和身体各系统得到放松,预防中暑,并有效恢复体力。

五、疲劳过度的应急处理

(一)疲劳的危害

疲劳是指在运动过程中,身体的功能或工作效率降低,无法保持在一定水平或无法维持预定的运动强度的生理现象。当人体无法适应内外环境的变化时,休息是缓解疲劳的最有效手段,有助于身体的迅速恢复。然而,长时间的极度疲劳会导致体力和脑力劳动能力下降,且在休息时也难以恢复。

对于大学生而言,长时间的野外活动会导致体内能量逐渐减少,从而产生疲劳。疲劳状态下,人的反应速度和灵活性通常会因为生理和心理的变化而降低,这种状态直接影响到人的健康和工作效率。在疲劳时,由于肌纤维的收缩力减弱,运动的速度和精确度会下降,工作能力也会因心理状态的变化而降低。

(二)及时发现疲劳

疲劳是一个逐渐累积的过程,往往在不知不觉中积累,容易被忽视。当我们体验到疲劳时,它实际上是在提醒我们需要休息。在野外活动中,如果遇到以下情况,应立即停止活动,让身体得到恢复。

(1)在野外活动中,原本能够轻松完成的任务,现在却因体力不支

第六章 大学生野外避险与应急技能培养

而难以为继。尽管对于某些感兴趣的活动，个人的意志力可能还能支撑完成，但这种情况在初次参与野外活动的大学生中尤为常见。面对这种情况，应保持冷静，避免过度逼迫自己，确保充分休息以迅速消除疲劳，恢复体力。如果继续强迫自己，可能会导致疲劳累积，增加受伤的风险。

（2）在野外活动中，如果出现反应迟缓、情绪烦躁、对活动失去兴趣和信心；注意力无法集中，动作准确性下降，且这些状况无法通过意志力或外界刺激得到改善，这通常意味着已经达到了中度疲劳。这种状态可能在进行长距离登山或长时间负重行走时出现，表现为心理和生理的异常。只有通过充分的休息，才能恢复正常状态。

（3）当出现严重的疲劳时，可能会导致运动能力下降，步伐不稳，身体摇晃，手脚动作不协调。在野外负重行走或登山时，这种情况非常危险，应立即停止活动并休息。

（4）在极度疲劳的情况下，人体可能会产生强烈的睡眠欲望，甚至在站立、坐着或行走时都能入睡。这种强烈的睡眠欲望是身体发出的严重警告信号。如果不立即停止活动并休息，可能会发生严重的事故，甚至导致精神崩溃。

（三）疲劳过度的处理

在野外活动中，如果发现有人出现面色潮红、大量出汗、呼吸急促、身体摇晃或昏倒等症状，应立即进行急救。让患者平躺，放松身体，解开紧身装备和衣物，补充水分；如条件允许，可补充葡萄糖和生理盐水；并刺激合谷、人中、少商等穴位。同时，要密切关注天气变化，热天注意通风降温，冷天注意保暖，并观察患者的体征变化（如呼吸、脉搏、体温）。如果出现心跳加快、呼吸困难或血尿等症状，应迅速送往医院进行急救。

（四）疲劳防护和消除

野外活动作为一种体育活动，疲劳是参与过程中不可避免的现象。疲劳的发生受多种因素影响，不同个体由于体质差异，疲劳的发展速度和程度也会有所不同。预防和减轻疲劳需要考虑环境条件、活动难度、个人兴趣，以及最重要的，个人的身体状况和健康状况。

（1）确保充足的睡眠。通常建议每天至少保证八小时的睡眠时间。

（2）定期进行体能训练，以增强身体素质和免疫力。

（3）合理规划运动负荷。野外活动时，建议负重不超过体重的 1/3，最多不超过体重的 45%，并根据个人体力状况调整。

（4）在长途徒步前进行适当的热身运动。控制行进速度，保持稳定的步伐，避免过快或过慢。

（5）适时休息。在低海拔或平地行走时，每行走 50 分钟应休息 10 分钟。即使不感到疲劳，也应定时休息，以预防疲劳积累。当行程过半时，应进行 1~2 小时的长时间休息，并在必要时卸下负重。在高海拔地区，建议每行走 10 分钟就休息 10 分钟。在超高海拔（5000 米以上）行走时，应采取更频繁的休息策略。

（6）保证营养均衡和科学膳食。野外活动每天可能消耗高达 4000 卡路里的热量，特别是在崎岖地形中，体力消耗更大。没有充足的营养补充，疲劳程度会显著增加，恢复时间也会延长。建议多吃蔬菜，适量摄入蛋白质、碳水化合物和脂肪，并合理分配餐食，避免过量进食。

（7）补充必要的水分。每天至少需要 4 升水，夏季或出汗较多时，每天可能需要 6~7 升水。在野外活动前确保充分补水，并随身携带足够的水源。由于出汗会导致盐分流失，可以通过食用咸食或在汤中加盐来补充。

六、外伤出血的应急处理

人体血液量大约是体重的 8%，对于一个体重 60 千克的人来说，大约有 4800 毫升的血液。当失血量达到全身血液总量的 20% 时，可能会导致休克，严重时甚至危及生命。如果失血量少于总血量的 5%（大约 200~400 毫升），通常不需要过度担忧，因为人体有能力自我调节和补偿；然而，如果失血量超过总血量的 20%（大约 800~1000 毫升），就会出现面色苍白、四肢冰凉、意识模糊、呼吸急促等症状，可能会进入休克状态。如果失血量超过总血量的 30%，且没有及时得到救治，生命将面临严重威胁。此外，出血的危险程度还与出血的血管类型有关，动脉出血和骨折引起的出血都具有很高的危险性。[①]

出血根据来源可以分为三种类型：动脉出血、静脉出血和毛细血管出血。动脉出血的特点是颜色鲜红、呈喷射状，出血量大，可能危及生

---

① 董范.户外运动学[M].武汉：中国地质大学出版社，2009.

命；静脉出血的特点是颜色较暗、血流较慢，如果是大静脉出血，出血量也较大，同样具有危险性；毛细血管出血的特点是颜色鲜红、出血量小，通常可以自行止血。

鉴于出血可能带来的严重后果，在进行野外活动时，应特别注意避免受伤。如果不幸发生创伤，应学会自我保护和急救措施。常用的止血方法应根据出血的类型和出血量的多少来选择。切勿使用香灰、烟灰、泥土等物质覆盖伤口，以防止伤口感染、破伤风、气性坏疽等严重并发症的发生。

（一）常用的止血方法

1. 压迫止血

当出现伤口出血时，一个常见的应急措施是用手按住出血部位，这种方法被称为压迫止血法。它主要有两种形式。

（1）直接在伤口上施加压力，使用干净的纱布或其他布料直接按在伤口上，这是一种有效的止血方式。

（2）用手指按压出血动脉近心端的骨头附近，以阻断血液流动，这种方法被称为指压止血法。应使用食指或无名指寻找正确的压迫点，避免使用拇指，因为它中央有粗大的动脉，可能会影响判断。

2. 包扎止血

对于人体伤口出血，最终的急救措施通常是包扎。包扎时可以使用绷带、纱布、弹性绷带或干净的棉布和棉织品制成的衬垫。包扎的原则是先覆盖伤口，然后适度用力包扎。包扎后应确保止血效果良好，同时检查远端动脉是否仍有搏动，以确保包扎力度适中。包扎过松可能导致止血无效，过紧则可能造成远端组织缺血缺氧。

3. 填塞止血

这种方法主要用于口鼻、肩部、腋窝、宫腔或其他盲管伤和组织缺损处的止血。使用棉织品紧密填塞出血的空腔或缺损处，直到止血为止。填塞后，应在伤口外侧覆盖敷料，并进行加压包扎，以实现有效止血。但这种方法存在一定风险，因为紧密的填塞可能会损伤局部组织，同时棉织品可能携带细菌，尤其是厌氧菌，可能引发破伤风。因此，除非在必要时，否则应尽量避免使用此方法。

4. 使用止血带

在特定情况下，如战伤或大肢体动脉出血，使用止血带可以显著控制出血。止血带能有效控制出血，但也存在潜在的不良影响，包括对神经和肌肉的损伤，以及由于肢体缺血可能引起的并发症，如高钾血症、酸中毒、心律失常、休克、肢体毁损，甚至死亡。因此，这种方法应由专业医疗人员操作。

在紧急情况下，可以使用多种方法进行止血，如手帕、衣物等都可以用来包扎。包扎材料应尽可能干净，并且包扎动作要迅速。如果包扎材料携带细菌，可能会引起感染。但在紧急情况下，可能没有时间考虑材料的处理情况。在伤口周围连续施加压力 5~10 分钟，可能有助于止血。脱脂棉是理想的止血材料。

（二）其他的止血方法

1. 加压包扎法

这种方法主要针对毛细血管或较小静脉出血，可用消毒纱布、干净的毛巾、衣衫、手帕敷盖伤口，再用绷带或三角巾加压包扎。

2. 指压法

这种方法主要针对血管损伤较大、出血量大、速度快、来不及包扎或采用其他方法者，要及时送往医院做进一步的处理。要点是以手指压迫出血的近心端。出血部位不同，压迫止血点也不同。

颅顶部出血：可压迫同侧的颈动脉，距离耳前约有一指宽。

头颈部出血：可压迫同侧颈总动脉，相当于气管外侧与胸锁突肌前缘交界处，可摸到颈总动脉搏动，但不应压迫过久。禁忌两侧同时压迫，否则会造成脑缺血而引起昏迷。非必要下不可压迫颈总动脉。

上肢出血：可压迫锁骨下动脉或肱动脉。锁骨下动脉压迫部位是锁骨上凹、胸锁乳突肌锁骨头的外侧向后对准第一肋骨。肱动脉位于上臂内侧中部凹陷处，加压肱骨上方。

下肢出血：股动脉是下肢主要动脉，体表投影位于髂前上嵴与耻骨连结中点，也就是相当于大腿根部内侧中部，较表浅，手指易触及搏动，用双手大拇指向耻骨上支压迫止血。

3. 止血带止血法

主要用于大量出血的四肢血管损伤。如有条件应选用胶管止血带，如果没有可用三角巾、弹力绷带也可以，切忌使用绳索、电线、铁丝等代替，以免损伤肢体神经，同时还要注意以下问题。

（1）将衬垫物放于止血带下方，以免损伤软组织或神经血管。

（2）止血带的松紧程度要适中，在不损伤神经的情况下，达到止血目的。通常以摸不到远端动脉搏动和出血停止为宜。

（3）止血带部位适当，上臂上 1/3，大腿在中上 1/3 处。

（4）止血带也应进行放松，一般每隔半小时或一小时放松一次，3 分钟左右的放松时间，主要防止肢体坏死。

（5）止血带的包扎时间应有专门人进行记录，护送至医院时应交接清楚。

七、穿刺伤的急救处理

穿刺伤是一种由尖锐、细长物体，如木刺等造成的开放性伤口。这类伤口的直径通常较小，凝血块容易堵塞伤口，因此常被忽视。然而，如果伤口较大或较深，可能会对人体的内脏或组织造成严重伤害。例如，四肢被刺伤可能会损伤重要的血管或神经；胸部伤口如果穿透胸膜，可能导致血气胸；腹部伤口可能导致出血或肠破裂，从而危及生命。

面对这种情况，伤者应保持冷静，首先采取措施止血。如果四肢出血严重，最好使用无菌敷料进行加压包扎，或者使用干净的衣物、毛巾、手帕等进行包扎，注意包扎的松紧要适中，确保不会移位、脱落或阻碍血液循环。每隔 1 小时应放松止血带 10 分钟，以防止过长时间的压迫导致肢体缺血坏死。对于较小的伤口，应先清除伤口中的异物，然后清洁伤口，并涂抹红汞，最后用敷料包扎。如果伤口较深且污染严重，容易引发破伤风，应注射破伤风抗毒素进行预防性治疗。如果刺伤较深，怀疑伤及血管、神经或内脏，不应随意拔除刺入物，以免引发大量出血，应立即送往医院进行专业处理。

八、扭伤的急救处理

扭伤,通常被称为伤筋,是户外活动中经常发生的损伤类型。它通常发生在手指、脚踝、腰部、膝关节等部位,是在身体失去平衡时容易发生的伤害。例如,我们常说的"崴脚"或"戳手"就是指踝关节和腕关节的扭伤。扭伤时,关节的一侧受到较大的拉力,可能导致关节暂时性脱位,伴随部分韧带、肌腱或肌肉的撕裂。当身体恢复平衡后,关节通常会自行复位。即使没有骨折发生,受损的软组织也需要一段时间来恢复。扭伤后,患者可能会出现局部疼痛、肿胀、软组织瘀血和关节活动受限等症状。

对于轻微的扭伤,可以采取暂时休息,用冷水冲洗受伤部位,这有助于减少瘀血和肿胀。此外,可以使用外用的活血消肿药膏,或者口服云南白药、跌打丸等药物。如果扭伤较为严重,出现剧烈的肿胀和疼痛,很可能伴有韧带撕裂或骨折,这时应迅速进行一些基本的处理,并尽快送往医院接受治疗。

九、脱臼的急救处理

关节在不正常的位置下,如果受到一定的压力,很容易发生脱位。最严重的脱位情况是骨折,骨折会导致关节面的破坏或凹陷,使得关节韧带变得松弛,从而容易发生脱位。常见的脱臼部位包括下颌、肩膀、肘部等。

在野外活动中,如果听到关节处发出"喀嚓"声,关节变形,无法活动,并且伴有剧烈疼痛,这很可能是脱臼的迹象。受伤的关节会呈现异常状态,例如肩关节脱位时,肩膀会呈现方形,受伤的肢体可能会出现缩短、延长或局部异常隆起等畸形。如果是髋关节后脱位,下肢可能会内收内旋,脱位的关节处会出现肿痛,伸屈和旋转功能丧失。

通常情况下,脱臼需要由专业的医疗人员进行整体治疗,不应请非专业人员强行治疗,以免对血管或神经造成压迫和损伤。自己也不应尝试自行处理,而应尽快将患者送往医院接受治疗,复位越早进行越好。对于伴有骨折的脱位患者,在进行急救前应先固定受伤部位。为了减轻肿胀和疼痛,可以使用冰袋或冷水敷在没有伤口的患处,以减少瘀血和肿胀。

十、骨折的急救处理

当骨骼因外伤而失去其连续性或完整性时,这种情况被称为骨折。根据骨折断端是否与外界相通,骨折可以分为开放性骨折和闭合性骨折两种类型。骨折发生后三周内称为新鲜骨折,超过三周的骨折则被称为陈旧性骨折。

骨折的常见症状包括休克、肿胀、压痛、局部疼痛、纵向叩击痛和功能障碍。骨折最显著的特征是畸形、异常关节活动和骨擦音。一旦发生骨折,应立即进行治疗,保护受伤的肢体,防止进一步损伤和伤口感染,并尽快将患者送往医院。

(1)对受伤情况进行充分评估,对于疑似骨折的情况,应谨慎处理;对于创伤性休克的患者,应给予镇静、保暖、止痛、输血、输液等治疗;对于伴有颅脑损伤和昏迷的患者,应确保呼吸道畅通,防止窒息。

(2)对于有创伤口的患者,应使用无菌敷料或干净的衣物、手帕等进行加压包扎以止血,避免伤口再次感染。

(3)对于骨折伴随四肢大血管出血的患者,应使用止血带进行止血。止血带最好使用三角巾、橡皮止血带或绷带等,不应使用电线、绳索、麻绳等代替。止血带的松紧应适中,每隔半小时至一小时应放松约3分钟,以防止肢体坏死。

(4)骨折本身并不可怕,更应关注的是患者的全身状况和可能的合并损伤,如血管和神经损伤。为了减少疼痛和预防休克,应对四肢骨折的患者进行临时固定,这也可以减少在搬运过程中对组织、血管、神经的进一步损伤。如果没有专业的固定夹板,可以使用树枝、棍子、木板、扁担等作为替代品。在固定时,应在夹板上垫上棉花、纸屑等,以防止压伤皮肤,并确保固定物的松紧适中,避免因固定过紧导致远端肢体缺血坏死。

(5)在转运患者时,通常应让患者保持仰卧位。对于颈椎骨折的患者,在搬运时应由一人轻轻托住头部,确保头部与身体长轴保持一致,随身体一起转动,避免颈部过度伸展、过度弯曲或旋转。在患者平躺后,应在头颈两侧放置柔软的物体以提供支撑。对于脊椎骨折的患者,搬运时应避免一人背起或一人抱肩一人抱腿的方式,而应采用滚动式平托的方法,将患者平稳地放置在木板上,并采取俯卧位。在护送伤员的过程中,担架和车辆应保持稳定,以防止对患者的损伤加重。

第七章 体育与生命安全教育融合视角下大学生灾害事故急救能力培养

通过融合体育教学中的体能锻炼与生命安全教育的知识传授，本章旨在培养大学生在面对突发灾害事故时，不仅能够保持冷静、迅速判断，还能有效运用急救技能进行自救互救。这不仅是对学生个人安全的负责，更是对社会责任的担当，为构建安全校园、和谐社会贡献力量。

第一节 了解灾害事故的预防与避险常识

未雨绸缪，防患未然。灾害和事故往往在不经意间发生，事后的遗憾无法挽回损失。我们经常听到人们事后感叹："如果当时那样做就好了……""如果早些这样做就不会……"这些遗憾和后悔常常萦绕在我们的周围。虽然有些灾害如地震、台风、海啸等自然灾害难以预测和阻止，但通过采取一些预防措施和技能，我们可以最大限度地减少人为可控因素，降低事故发生的风险，甚至预防或避免危险的发生。

随着科技的发展，科技产品如汽车、电脑、电视机、洗衣机等已经成为我们日常生活中不可或缺的一部分。因为它们无处不在，人们往往忽视了使用它们时的细节，而这些细节的忽视往往是灾难的起因。火灾、煤气中毒、交通事故、雷电、踩踏等许多灾害事件都是从微不足道的"小火苗"开始的。如何将事故控制在萌芽状态，需要我们具备一定的日常生活安全知识，更重要的是要有强烈的安全意识，做到防患于未然。

一、火灾的预防

火是人们生活中不可或缺的元素,但如果使用不当或管理不善,就可能导致火灾。在社会生活中,火灾已经成为一种常见的灾害,对公共安全和人们的生命财产构成严重威胁。

火灾的发生不仅给个人的安全和财产带来巨大损失,也对国家的建设造成严重影响。由于火灾具有普遍性和突发性,一旦发生,后果往往非常严重。我国古代就有"防为上,救其次,戒为下"的防火经验。面对火灾,我们不能被动等待,而应积极采取行动。提高防火意识,掌握自救技能,是预防火灾发生和减少火灾损失的有效手段。

如今,为了追求居室的美观和舒适,许多住宅楼在装修时大量使用易燃可燃材料,这大大降低了建筑的耐火等级。同时,随着家庭电气设备的更新换代和普及,电脑、电视、空调、冰箱、电饭锅、电吹风、电熨斗、电热毯等家用电器已成为家庭生活的必需品,成为家庭耗电的主要设备。此外,煤气、沼气、天然气、液化气等的使用,虽然为人们的生活带来了便利,但也带来了安全隐患。线路老化、使用不当、气瓶质量问题、违章操作或缺乏相关知识等因素,都可能导致家用电器或燃气设备的起火或爆炸,给家庭造成重大损失。因此,我们应时刻保持警惕,加强安全防范,确保生命财产安全。

(一)装修

家庭装修是每个家庭都会经历的过程,但装修中使用的许多材料都是易燃或可燃的,而且电器线路往往没有经过阻燃处理,这些都增加了火灾发生的风险。特别是那些内部填充了大量海绵等易燃材料的沙发,虽然外观精美、坐感舒适,但一旦起火,火势往往非常猛烈,并伴随着大量有毒烟雾。这些烟雾中含有一氧化碳、二氧化碳、硫化氢等有害气体,以及具有刺激性的酸、甜、苦、辣、大蒜等气味。如果这些有毒气体被吸入人体,轻微时会引起流泪、咳嗽、头晕、呼吸困难等症状,严重时可能导致昏迷甚至死亡。

(1)从防火安全的角度出发,家庭装修应避免使用易燃材料。软包等由化纤复合海绵制成的材料属于易燃物品,不宜使用。根据国家相关标准,顶棚、墙面、地面、隔断的装修材料的燃烧性能应达到 B1 级(难燃级);固定家具、装饰织物及其他装饰材料的燃烧性能应达到 B2 级(可燃级)。如果确实需要使用软包或其他可燃材料,必须进行阻燃处理。在选材时,应尽量避免使用那些在燃烧时会产生大量浓烟或有毒气体的材料,确保装修的安全性和合理性。

(2)电气线路的荷载应通过精确计算确定,并预留至少 1/3 的荷载余量。所有电气线路的安装必须符合规范要求,确保安全。所有电气线路都应穿套管保护,接线盒、开关、槽灯、吸顶灯及发热电器周围应使用非燃材料进行防火隔热处理,以避免电路排线方法不当带来的安全隐患。

(3)照明灯具的高温部位应采取隔热、散热等防火保护措施。灯饰所用材料的燃烧性能等级不应低于 B1 级。在安装照明灯具时,应在满足安全要求的基础上,遵循"保障安全、经济合理、美观实用"的原则,并根据具体情况采取相应的防范措施。制作灯饰的材料包括金属、玻璃等不燃性材料,以及硬质塑料、塑料薄膜、棉织品、丝织品、木、纸类、麻类等可燃材料。由于灯饰往往靠近热源,并且处于易燃的垂直状态,对于可燃和易燃材料,应采取阻燃处理,使其达到难燃级别,以降低火灾风险。

(二)家用电器

1. 确保电气安全

确保电气线路的导线符合设备的绝缘标准;导线间的连接及与开关的连接必须牢固可靠,避免松动。在需要保险丝的电路中,必须安装合适规格的保险丝,禁止使用过大的保险丝或金属丝替代。定期检查电气线路的完整性,预防漏电、短路和过载等安全隐患。

2. 选择优质家用电器

对于价格高、功率大、安装复杂的家用电器,建议由专业技术人员进行安装和调试。确保设备有正确的接地和避雷设施。特别是对于大功率电器,应使用合适规格的绝缘电线,以避免因电线截面积不足而导致的过载和火灾风险。

3. 正确使用电器

使用电器时，应严格按照产品说明书和使用指南操作，禁止违规使用。电脑周围不宜堆放易燃物品，维修前应确保电源已关闭。电视机使用后应关闭电源并拔下插头。避免在冰箱内存放易燃化学品，如丙酮、苯、丁烷等，以防爆炸。空调不宜与大功率电器同时使用，以免造成过载。洗衣机在使用时，衣物量不宜过多，以防电机过载和过热。特别要注意，在使用易挥发的溶剂如汽油、酒精、稀料清洗油漆或柏油等造成污渍后，不要立即放入洗衣机，以防发生爆炸。

4. 安全使用电热器具

在使用电热器具（如电磁炉、电熨斗、电烤箱、电饭煲、微波炉等）时，应始终有人监督，以防止火灾。电热器具的电源插座应具有良好的隔热性能。使用完毕后，应等待器具完全冷却，再将其存放在干燥的地方。

（三）厨房

（1）烹饪时必须保持警惕，确保儿童远离炉灶区域；定期清洁厨房设备，去除油渍和污垢；烹饪时不要将锅具装得过满，以防食物溢出。

（2）避免在一个电源插座上同时使用多个电器，特别是那些发热的设备，并且要确保这些设备远离易燃物如墙壁和窗帘；如果电器内部进水，必须在彻底检查并确保安全后才能再次使用；不要将烹饪设备用于其设计功能之外的用途，例如用其来为房间加热。

（3）烹饪时应使用新鲜的食用油，并在油热后轻柔地将食物放入锅中，避免用力抛入；同时，确保所使用的锅具和容器适合炉灶使用，以防止烹饪过程中发生意外。

（四）家用"危险物品"

所提及的潜在危险物品，指的是那些我们日常生活中可能忽视但其实经常使用的物品，例如花露水、驱蚊液、指甲油、烈酒、罐头、易拉罐饮料、电池、啤酒瓶、打火机等。

在购买这些物品时，应选择信誉良好的正规厂家生产的合格产品。在使用前，务必仔细阅读产品使用说明和安全警示，并将这些信息传达给家中所有成员。

第七章　体育与生命安全教育融合视角下大学生灾害事故急救能力培养

对于贮压式的日常用品,如打火机、驱蚊剂、空气清新剂等,使用时需避免摔打、撞击或挤压,以防止内容物泄漏引发爆炸或火灾。应将这些物品存放在阴凉、通风、干燥的地方,远离热源,避免因高温而引起的爆炸或火灾。同时,要避免将这些危险物品或密封的罐头、饮料等直接暴露在阳光下或使用热源、火源进行加热。

二、煤气中毒的预防

家庭中的煤气中毒通常涉及一氧化碳、液化石油气、管道煤气或天然气。一氧化碳中毒多发生在冬季使用煤炉取暖且通风不良的情况下,而液化石油气或天然气中毒则常见于燃气设备泄漏。煤气中毒初期症状包括头痛、眩晕、恶心、呕吐和乏力。中毒者可能试图挣扎着去开门、开窗求救,但往往只有少数人能够成功,多数患者会迅速出现抽搐、昏迷,面部、胸部皮肤及唇部可能呈现樱桃红色。若不及时救治,患者可能会因呼吸抑制而死亡。一般地,应从以下两个方面预防煤气中毒事件的发生。

（一）预防使用煤炉时的煤气中毒

（1）在安装炉具之前,可以先用废纸在烟道口进行测试,以检查烟道是否畅通,是否存在烟雾倒灌的问题。

（2）确认安装的炉具和烟筒是否符合标准,点燃后要检查是否有烟雾泄漏的情况。

（3）安装烟筒进入烟道时,要注意插入的深度要适中,尤其是在大板楼烟道管壁较薄的情况下,更要谨慎操作。

（4）定期对烟筒进行清理,注意观察炉子的风挡处和烟筒的弯头处是否有烟灰积聚。

（5）建议在居室的窗户处安装一个通风斗,或者保持窗户开启,以确保室内空气流通。

（6）如果居室安装了暖气,而厨房使用煤气或天然气,应确保烟道封闭且不使用,烟道口也必须严格封闭,以防止邻居家的一氧化碳进入自家。在停用炉火时,也应及时封闭烟道,防止煤气倒灌。

（7）在初冬和初春,室内外温差不大,特别是在阴天时,要特别注意保持室内通风。

（8）在大风和阴雨天气，由于风向变化和气压波动，可能会出现烟雾倒灌和排烟不畅的情况，睡前应特别留意。

总结来说，保持警惕，定期检查和保持通风是确保安全的关键。

（二）防止日常生活中的煤气中毒

（1）预防煤气泄漏至关重要。睡前务必检查煤气阀门是否关闭，以及厨房是否有煤气异味。若怀疑有泄漏，可在疑似泄漏处涂抹肥皂水，若有气泡产生则表明存在漏气。切勿用明火检测煤气，因为当空气中煤气浓度达到5%～40%时，遇火可能会引发爆炸。

（2）避免煤气点燃后被意外熄灭，导致煤气大量泄漏。在烹饪过程中，应始终有人监督，不要在煤气点燃后离开厨房去处理其他事务。

（3）正确安装和使用煤气热水器。确保热水器安装在通风良好的地方，严禁在浴室内安装。使用时要注意防止火焰熄灭，以免造成煤气泄漏。

（4）正确使用煤炉。使用煤炉进行烹饪或取暖时，必须确保废气通过管道排出室外。

（5）保持室内通风。煤气燃烧产生的二氧化碳虽然不如一氧化碳有毒，但当空气中二氧化碳浓度达到1%时，就会对人体产生不良影响；当浓度达到4%～5%时，人会感到头痛、眩晕、呼吸困难；如果浓度达到10%，可能导致意识丧失、呼吸停止甚至死亡。每人每天需要呼吸约10立方米的新鲜空气，因此应全年保持室内空气流通。

（6）煤气泄漏时，严禁以下行为：使用明火、开关电器、打电话、按门铃、穿脱衣物产生静电、在室内穿鞋走动。

三、防范雷电的危害

雷电是一种自然现象，它是由大气中的强对流活动引起的放电过程。虽然雷电可以带来壮观的自然景象，但它也具有极大的破坏力，对人类社会和自然环境都可能造成危害。比如会带给人们生命威胁，一些不幸被雷电击中的人可能发生心脏骤停、烧伤、神经损伤等，严重的甚至死亡。如果雷电击中建筑物或其他易燃物质，可能会引发火灾，且由于雷电的高温，火势可能迅速蔓延，难以控制。此外，雷电还可以损害电气系统，导致电力系统的损坏。如果雷电击中通信线路和设备，会导致

第七章 体育与生命安全教育融合视角下大学生灾害事故急救能力培养

通信中断。同时,雷电还会威胁航空和航海的安全,比如雷电可能对飞行器和船只造成物理损害,影响导航系统,甚至威胁到乘客和船员的安全。因此,在雷雨季节应注意做好防范雷电的工作,一般包括以下两个方面。

(一)室外避雷策略

(1)为了避免雷击和跨步电压伤害,应保持距离建筑物的避雷针和接地线远一些。

(2)避开所有的天线、电线杆、高塔、烟囱、旗杆以及高大的树木。迅速离开孤立的树木和未安装避雷系统的小型建筑。

(3)如果可能,应该寻找有大型金属结构和防雷设施的建筑物避难,或者进入金属车身的汽车或船只内。但要注意,帆布篷车、拖拉机、摩托车等在雷雨中较为危险,应迅速离开。

(4)远离山丘、海边、河边、池塘边,以及铁丝网等金属物体。

(5)在雷雨天气中,尽量不要在开阔地带行走。如果在野外遇到雷雨,且无处避难,应尽量蹲下,双脚并拢,头埋在膝盖间。在雷暴中,应将手中的金属物品,如工具、手表等,远离身体。

(6)在必须外出的情况下,应穿戴不导电的雨衣,如塑料材质的;行走时步伐要小,速度要慢。

(7)避免骑乘牲畜或自行车;不要使用金属杆雨伞;不要肩扛带有金属的工具,如铁锹、锄头等。

(8)如果在看到闪电后30秒内听到雷声,应立即寻找室内避难所。

(二)室内避雷策略

(1)在雷雨天气,应确保门窗紧闭,以避免球形闪电进入室内带来危险;应避免靠近阳台、窗户或门;切勿在雷雨中攀爬屋顶进行修补。

(2)遇到雷雨天气,应将电视机的室外天线与电视机断开连接,并确保天线与接地线相连,以减少雷击风险。

(3)在雷暴期间,建议人们与可能传导雷电侵入波的电线和电子设备保持至少1.5米的距离。最好暂时不使用电器,并拔掉所有电器的电源插头,以降低触电和设备损坏的风险。

四、踩踏事件

提起踩踏事故,人们脑海中浮现的往往是"悲剧"二字。这类事件往往导致重大的人员伤亡,严重扰乱社会秩序,给公众心理带来深远的负面影响。踩踏事故通常发生在空间狭小而人群密集的场所,如体育场、电影院、酒吧、狭窄街道、楼梯等,一旦发生紧急情况,就容易发生踩踏。

(一)可能导致踩踏事故的原因

(1)当人群密集时,若有人跌倒而后面的人未注意到,他们可能会继续前行,没有停下来。

(2)当人群受到惊吓,例如听到爆炸或枪声,可能会陷入恐慌,导致失控的逃生行为,相互推挤和踩踏。

(3)人群若因过度激动(如兴奋或愤怒)而骚动,容易发生踩踏事故。

(4)出于好奇,人们可能会特意前往拥挤的地方,这可能导致不必要的人员聚集和踩踏事件。

(二)预防踩踏发生

(1)始终保持冷静和警觉,尽量避免被周围环境所影响。

(2)提前熟悉所有管辖区域的安全出口,并确保这些出口畅通。

(3)一旦不慎卷入混乱的人群中,务必双脚站稳并紧握身边的固定物体。

(4)志愿者既有权利也有责任组织在场人员有序疏散。

(5)在指挥疏散过程中,志愿者应尽可能及时联系外部援助。

(三)如何安全脱险

(1)当行进时,若发现人群慌乱的向这边涌来,应迅速避开,躲到一旁或蹲在附近的墙角下,待人群散去后再离开。

(2)在拥挤混乱的场合,确保双脚站稳,抓住身边的固定物体(如栏杆或柱子),但要避免靠近店铺和柜台的玻璃窗。

(3)在拥挤的人群中前进时,用一只手紧握另一只手腕,手肘张开并平放在胸前,稍微弯腰,为自己创造一定的空间,以保持呼吸道畅通。

第七章　体育与生命安全教育融合视角下大学生灾害事故急救能力培养

（4）如果不幸被挤倒在地上，尽量将身体蜷缩成球形，双手交叉放在颈后，保护头部、颈部、胸部和腹部。

五、道路交通事故的预防

（一）驾驶员

1. 坚持"开车不饮酒，饮酒不开车"的原则

在节日庆典、朋友聚会等场合，虽然饮酒是中国传统的一部分，但我们必须牢记交通安全。酒精会降低神经系统的反应速度，影响视觉、思考、判断能力，导致注意力和记忆力下降，甚至在严重情况下会令人情绪失控。尽管大多数驾驶员都明白酒后驾车的危险，但仍有人忽视这一风险。因此，我们必须坚决抵制酒后驾车的行为。

2. 避免"三超一疲劳"导致的交通事故

超速驾驶是交通事故的主要原因之一，它会导致视野狭窄、反应时间缩短，增加事故发生的概率。疲劳驾驶同样危险，它会影响驾驶员的注意力、判断力和反应能力。因此，连续驾驶超过 4 小时后，必须停车休息至少 20 分钟。

3. 正确使用安全带

安全带是汽车的"生命带"，但在日常生活中，许多人忽视了它的重要性。安全带可以在关键时刻挽救生命，因此我们必须养成驾车或乘车时系安全带的习惯。

4. 绿灯并不代表完全安全

虽然"红灯停，绿灯行"是基本的交通规则，但在绿灯时也不能掉以轻心。闯红灯的行人和车辆对正常行驶的交通参与者构成威胁。因此，在绿灯通过交叉路口时，驾驶员应保持警惕，减速慢行，确保安全。

5. 定期检查车辆

汽车的性能和安全性直接关系到乘客的安全。因此，我们应该养成

定期检查车辆的习惯,包括车辆外观、状况、消耗品等,确保车辆处于良好状态,以预防交通事故的发生。这包括检查车漆、灯光、保险杠、空调、座椅、喇叭、雨刮器、仪表盘、转向系统、制动器、轮胎、后备箱以及各种液体的液位和渗漏情况。

（二）行人、骑车人

行人、自行车和电动车驾驶者在交通中通常被视为弱势群体,因为他们在与机动车发生事故时更容易受伤。在现实生活中,经常可以看到行人和自行车、电动车驾驶者违反交通规则,横穿马路。他们在过马路时可能会分心、注意力不集中,或者忙于其他事情,比如边走边打电话、低头思考,忽视了周围的交通状况,这些行为都极大地增加了发生交通事故的风险。

为了最大限度地杜绝交通事故,行人和非机动车驾驶者应该严格遵守交通规则,避免过分自信或鲁莽的行为,比如错误地认为机动车会避让自己而不采取主动避让措施。同时,也不应该盲目跟随他人违反交通规则,仅仅因为看到别人违规而未受惩罚就效仿。

（三）乘车人

当人们乘坐车辆出行时,常常会默认保障行车安全是司机的责任。然而,实际情况是,乘车人也是交通的一部分,他们的行为同样对行车安全有着重要影响。

在长途驾驶中,我们通常会有意识地安排一个人陪伴司机,通过交谈、提醒或帮助观察路况来为司机提供支持,这对确保司机安全驾驶非常有益。相反,如果车上的乘客都在睡觉,司机只能听到乘客的鼾声,再加上长途驾驶的疲劳,可能会导致司机注意力不集中,增加事故的风险。事实上,乘客的行为不当确实可能导致严重的交通事故。

例如,有一个案例就是因为乘客的不当行为导致了严重的事故。这个案例提醒我们,乘车人应该意识到自己的行为对行车安全的影响,并采取积极措施来帮助司机保持警觉和安全。这包括与司机保持适度的交谈,避免在车内进行可能分散司机注意力的活动,以及在必要时提供帮助和支持。通过这些方式,乘车人可以成为确保行车安全的重要伙伴。

第二节 熟练掌握自然灾害事故的应急措施

一、地震

地震是地球内部能量积累到一定程度后的一种释放方式,通常在特定的地震带发生。地震造成的人员伤亡主要是由于建筑物的破坏和倒塌。在地震发生时,保持冷静和迅速采取行动至关重要。

在地震来临之前,大自然有时会提供一些征兆。例如,动物可能会表现出不寻常的行为,如牛羊不愿进入圈舍,狗持续吠叫,老鼠逃离巢穴,鸽子不愿归巢。在冬季,蛇可能会异常地离开洞穴,而鱼类可能会频繁跳出水面。有时,人们可能会听到地下的低沉轰鸣声,或者看到地面发出的微弱光芒。在农村地区,人们还可能观察到水位的异常变化,如井水在没有降雨的情况下变浑浊,干旱时期井水异常上升,或者水的颜色和味道发生变化。这些现象可能是地震即将发生的自然预警信号。

然而,需要注意的是,这些现象并不是百分之百准确的地震前兆,它们可能由其他自然因素引起。因此,了解和关注官方的地震预警信息,以及采取适当的地震安全教育和准备措施,对于提高地震应对能力至关重要。

(一)应急措施

1. 室内

(1)平房

一旦发觉有地震的前兆,应第一时间冲出室外,因为我国乡村的房屋建设防震级别有待提高,而且一旦开始震动,很可能门窗发生变形,难以逃出室外。如果来不及跑出,应迅速躲到坚固的桌子、床等家具下面,并用毛巾或衣物捂住口鼻。条件允许的话,用枕头或棉被保护好头部。

（2）楼房

如果在高层的话，应快速躲进厨房、卫生间等小空间内躲避。或者就近躲在墙根、墙角、坚固的家具旁，并用坐垫等保护好头部。

（3）公共场所

如果正在公共场所遇到地震的话，应躲藏在坚固的柱子或墙角下，同时避开玻璃窗、货架、吊灯等。并尽量找到一些坚固的物品保护头部，以蹲伏状安静避险。

（4）电梯里

如果可能应迅速走出电梯，当电梯门无法打开时，应抱头蹲下，抓紧扶手，以半蹲状姿势使身体有所缓冲。

2.室外

对于地震这种自然灾害，在室外开阔地带是相对安全的，但是同时也应避开大型建筑物、立交桥、高压线、储气罐、广告牌等，以降低被砸伤的风险。

3.野外

避开陡崖、高墙，迅速到宽阔处。如果在海（湖）边，快速远离。

（二）注意事项

当发生地震时，注意不要惊慌，更不能跳楼、乘电梯，如果不能直接逃离到室外，那么应就近寻找坚固的墙角或者桌子等蹲下，并保护好头部，并用湿毛巾捂住口鼻，防止吸入大量的烟尘。同时不要靠近门窗、阳台和外墙。如果在野外，避免拥挤。短时间内不要返回室内。

二、暴雨

在气象学上一般认为 24 小时降雨量大于或等于 50 毫米的就可以认定为暴雨。暴雨由于来势凶猛，降雨量大，降落在山区容易导致山洪暴发、山体滑坡、泥石流，降落在城市则非常挑战该城市的排水系统，如果在乡村则会引发农田淹没，庄稼受损，水渠堵塞，水坝绝顶等危及人们财产和生命安全的事故发生。

第七章　体育与生命安全教育融合视角下大学生灾害事故急救能力培养

（一）应急措施

1. 寻找高地避难

在户外的人员应迅速前往安全的高地或山洞中躲避。

2. 及时撤离

居住在山洪易发区域的居民，在危险到来之前，应迅速而有序地进行撤离。房屋危旧或地处低洼，应及时撤离，并关好电。

3. 防范山洪

在山区旅游时，若发现河水突然变得浑浊且水位上升，要提高警觉，注意防范山洪。

4. 防止触电

第一时间切断电源，并远离电器、电线。

5. 避开井坑

如果不得已在水中行走，应注意观察脚下水流和漩涡，避开井坑。

（二）注意事项

注意避雨时应躲开变压器，在不了解地形的情况下，不要盲目涉水，也不要顺着水流走。另外一个十分重要的点是，如果情势紧急，千万不要贪念财物，争取生命安全才是第一位的。

三、雷电灾害

雷电是指在云与云或云与地间的击穿放电现象。常伴有强烈的闪电和巨大的雷声。雷电是十种最严重的自然灾害之一。

（一）应急措施

在雷雨天气中，确保门窗紧闭，并尽量避免使用水龙头和进行沐浴，同时减少电器的使用。若在户外，应迅速寻找最近的建筑物避难；若无法找到避难所,应双脚并拢,就地蹲下。避免停留在孤立的烟囱、大树或高塔等容易吸引雷击的地方。

当发现伤者失去意识但仍然有呼吸和心跳时,应让其平躺在安全的地方休息,并尽快送往医院接受专业治疗。如果伤者既无呼吸也无心跳,必须立即进行心肺复苏(CPR)进行紧急抢救,并同时拨打120呼叫紧急医疗服务。

(二)注意事项

注意遇到雷电情况不要树下避雨,不要打电话。短时内避免使用电器,避免开水龙头、洗澡,更避免水中活动。

四、泥石流

泥石流是由暴雨、冰雪消融等引起的快速泥石洪流。常伴随山洪、滑坡等,多发生在山地、沟谷地带。

(一)应急措施

泥石流的形成通常依赖于三个关键因素:强烈的降雨、大量的松散物质以及特定的沟谷地形。为了防范泥石流或滑坡带来的风险,关键在于采取预防措施,以下是一些常见的预防方法。

(1)选择高地扎营。在户外活动时,应避免在沟谷口或低洼地区搭建营地,而应选择地势较高的平坦地区。

(2)警惕暴雨。在山区,特别是长时间降雨或遭遇暴雨时,要特别警惕可能发生的泥石流。

(3)观察溪流水位变化。如果发现溪流水位突然上升或干涸,并且携带着树枝、杂草等杂物,这可能是泥石流即将发生的征兆。

(4)留意山谷中的异常声音。如果山谷中出现类似闷雷声或火车轰鸣的声响,这可能是泥石流即将发生的信号。

在紧急情况下,应采取以下应急措施。

(1)向高处撤离。一旦发生泥石流,应立即向山谷两侧的山坡或更高的地方撤离,同时注意躲避滚落的石块。

(2)丢弃重物。为了加快逃生速度,应丢弃所有可能妨碍移动的重物。

(3）清点人数并搜寻。到达安全地点后,应立即清点人数,并积极寻找可能失散的同伴。

(二)注意事项

（1）在大雨过后,应迅速离开泥石流易发区域,以避免潜在的危险。

（2）如果遭遇泥石流,切勿顺着泥石流的方向跑,因为这可能会直接进入危险区域。正确的做法是尽快向垂直于泥石流流动方向的高地撤离。

（3）避免在谷底或河口地区扎营,这些地方在暴雨后容易受到泥石流和洪水的侵袭。

（4）在灾害发生后,不要冒险进入灾害区域搜寻财物,安全应始终是首要考虑。财物可以重新获得,但生命不可重来。

五、风灾

风灾包括台风、龙卷风及沙尘暴等。在我国南部沿海地区比较常见台风,在西北地区会有沙尘暴的现象,严重的会给当地居民带来严重的生命威胁和财产损失,因此应加强防范,提前做好相应的措施。

(一)应急措施

在大风来临前,尽量避免外出。一旦预感到大风即将来临,应确保门窗紧闭,并切断电源和燃气。如果必须外出,请务必佩戴防风眼镜和口罩等防护用品。记住,在户外行走时,要远离沟渠、水库以及广告牌、护栏等潜在危险区域。

当遭遇风灾时,应立即返回室内避难,若条件允许,最好躲进地下室或安全的小房间,并远离外墙、门和窗户。如果在户外,应寻找低洼地带趴下,并用双手或随身背包保护头部。如果离房屋较近,应迅速朝风向的垂直方向撤离至室内。

(二)注意事项

处于台风或沙尘暴高发地区的学校,应对学生做好风灾防控的常识教育。比如,在平时生活中就有意识做好防范大风的准备。当遭遇强风天气时,应尽量避免外出,并提前做好留在室内工作的必要准备。若风灾期间不得不在户外活动,应远离树木及其他高大物体,以减少风险。同时,应采取适当的防护措施,防止意外触电事故的发生。特别需要注意的是,避免在广告牌、输电塔等潜在危险结构物下停留。

第三节 熟练掌握人为意外伤害事故的应急措施

一、火灾

火灾易发于城市和植被茂密区,春节假日及林区交界地更常见。火灾需可燃物、危险天气和火源三要素。火灾突发、破坏大、难控难灭。每个人都应学应急知识,掌握基本技能,以减少火灾风险。

(一)应急措施

1. 迅速采取灭火措施

火灾依据燃烧物质不同分为四类:A 类火灾涉及固体物质;B 类火灾涉及液体或熔化固体;C 类火灾涉及气体;D 类火灾涉及可燃金属。针对不同火灾类型,应选择相应的灭火剂。

(1)A 类火灾宜用水、泡沫或磷酸铵盐干粉灭火剂。

(2)B 类火灾宜用干粉或泡沫灭火剂,但对极性溶剂引发的 B 类火灾,不宜使用化学泡沫或抗溶性泡沫灭火剂。

(3)C 类火灾宜用干粉或二氧化碳灭火剂。

(4)D 类火灾宜用 7150 灭火剂,也可用沙子、土壤等覆盖。

2. 准确拨打火警电话"119"

当火势无法自行控制时,应立即拨打火警电话 119,并提供详尽的火灾信息,包括具体位置、火势规模、燃烧物质类型、是否有人员受伤、现场是否有危险品等,这些信息对消防队的响应和救援策略至关重要。

报警后,应有人到明显位置或路口迎接消防车辆,并指引其快速到达火灾现场。

3. 寻找安全逃生路径

利用现场的地形和设施,选择安全的逃生方法。

(1)如果火势不大,可以迅速用湿毯子、棉被等浸湿物品包裹身体,冲过火场。穿越火焰时,最好用湿棉被保护头部,露出眼睛以便看清逃生路线。在浓烟中,尽量贴近地面,用湿布捂住口鼻,沿墙寻找安全出口。

(2)若楼梯无法使用,可以尝试利用外墙排水管滑下,或将绳索连接成长线下滑逃生。也可以通过阳台、晒台转移到邻居的阳台,或将棉被等软物扔到楼下作为缓冲,然后跳下。

4. 防烟堵火

当逃生路线被切断时,应退回未着火的房间,关闭门窗,封堵缝隙,防止烟雾进入。如果门或墙壁开始发热,表示火势逼近,此时切勿开门开窗。用湿棉被等物品封堵,并持续浇水降温。同时,用多层湿毛巾捂住口鼻,以减少吸入有毒烟雾。

5. 发出求救信号

火灾中呼救可能不易被注意到,可以使用竹竿撑起醒目的衣物摇晃,或用手电筒、向窗外投掷软物品,或敲击金属容器发出声响,以吸引救援人员的注意。

6. 紧急医疗救助

火灾中可能会造成各种伤害,包括外伤和呼吸道损伤。在确保安全的情况下,进行现场急救,并及时拨打急救电话"120"请求专业医疗援助。

(二)注意事项

(1)平时注意观察居住环境和外出地点的逃生路线,包括家中、交通工具和酒店的安全出口和疏散路径。

(2)火灾发生时保持镇定,根据实际情况采取相应应急措施。

(3)不要因抢救财物而耽误逃生,火灾中应优先保障人身安全,避免因小失大。

（4）避免使用普通电梯逃生，也不要选择跳楼这种危险的方式。

（5）室内被困时，立即接水储水，湿润毛巾、被单等，以备不时之需。

（6）如果室内配备有防毒面具，逃生时务必佩戴。

（7）面对浓烟，用湿毛巾捂住口鼻，防止吸入有害烟雾。

（8）衣物着火时，不要跑动，迅速脱去或撕掉着火衣物，或就地打滚以扑灭火苗。旁人可用水或物品帮助扑灭。

（9）公共场合火灾，应听从现场指挥，有序撤离，避免恐慌和推挤。

（10）夜间火灾，先唤醒他人，大声呼喊提醒，共同逃生。

二、交通事故

（一）应急措施

1. 公交车火灾逃生指南

（1）浓烟弥漫时，用衣物捂住口鼻，防止吸入有害烟雾。

（2）立即寻找并打开安全门或车顶紧急出口。

（3）如需破窗逃生，使用安全锤击打玻璃的边缘和角落。

（4）若无安全锤，可利用高跟鞋跟或钻戒等硬物敲碎玻璃。

2. 车辆落水自救方法

（1）保持冷静，快速判断位置，规划逃生路线。

（2）控制呼吸，确保口鼻在水面之上，争取自救和被救时间。

（3）落水初期尝试打开车门、车窗或天窗。

（4）水压大时，等车内水快满时再尝试开门逃生。

（5）车窗无法打开时，用硬物如钉锤或灭火器破窗。

（6）离开车辆前，可用塑料袋套头，利用袋内空气上浮。

3. 车辆正面碰撞应对策略

（1）司机应紧握方向盘，腿伸直，身体后倾，保持平衡，避免头部受伤。

（2）若碰撞点靠近司机，应立即避开方向盘，抬腿以防挤压。

第七章　体育与生命安全教育融合视角下大学生灾害事故急救能力培养

4. 车辆追尾事故逃生技巧

碰撞不在自己的一侧时,紧握方向盘,腿前蹬,身体后倾,保持稳定。

5. 车辆翻车事故求生措施

(1)翻车时,司机应紧抓方向盘,脚钩踏板,尽量固定身体。
(2)乘客应趴下抓住座椅或其他固定物,以减少伤害。

(二)注意事项

1. 公交火灾逃生要领

如果衣物起火,迅速脱掉或就地打滚以扑灭火焰,切勿带火奔跑。

2. 车辆碰撞或翻覆应对

遇到追尾或翻车事故,不要急转方向盘或尝试跳车,以免造成更大伤害。

3. 伤者护理注意事项

事故中的伤者不宜喂食或饮水,以免影响后续救治。

三、触电

触电,也称为电击伤,是指电流通过人体导致组织损伤、功能受阻甚至致命的事故。触电可能由多种情况引起,包括以下几个方面。
(1)缺乏安全用电知识,私自安装电器。
(2)家用电器漏电,接触开关、灯头、插头等。
(3)自然灾害如大风雪、火灾、地震导致高压线断裂落地。
(4)在电线上晾晒湿衣物。
(5)救援时直接用手接触触电者。
医学研究表明,触电后若能在1分钟内进行抢救,复苏成功率可达95%;若延迟至6分钟后抢救,成功率则降至1%以下。大脑若缺血5分钟,将导致脑细胞损伤,即使救活也可能留下严重后遗症。因此,在紧急救援触电者时,迅速而正确的急救措施至关重要,以争取救命的宝贵时间。

(一)应急措施

1. 低压触电紧急处理

(1)如果触电者还有意识,应迅速跳离地面,中断电流路径。
(2)若触电者失去意识,救援者要立刻切断电源,或用绝缘物品如竹竿、木棍等挑开电线。

2. 高压触电安全距离

(1)遇到高压线触电,救援者应在确保安全的情况下,保持至少10米的距离,避免跨步电压伤害。
(2)通知电力部门断电,并在安全措施到位前,不要直接接触触电者。

3. 紧急医疗救援

(1)立即拨打120求救。
(2)如果触电者呼吸心跳停止,立即进行CPR(心肺复苏),包括胸外按压和人工呼吸。

4. 伤口处理

对电烧伤的伤口进行初步处理,用干净布料覆盖,避免感染,不要接触生水或污物。

(二)注意事项

在未切断电源前,救援者不应直接用手接触触电者,以免自己也触电。如果触电者处于高处,还需预防其脱离电源后坠落。只有在确认高压线无电后,才能在确保安全的情况下对触电者进行现场急救。

1. 抢救过程中的持续评估

在进行心肺复苏时,要密切观察触电者生命体征的变化。每分钟按压吹气后,在5～7秒内通过观察、听诊、触摸等方式快速判断触电者呼吸和心跳是否恢复。

若触电者有脉搏但无呼吸,应暂停胸外按压,进行人工呼吸。若无脉搏和呼吸,继续心肺复苏。

整个抢救过程中,每隔几分钟进行一次快速评估,每次评估时间不超过 5~7 秒。

2. 触电者状况改善后的处理

即使心跳和呼吸恢复,触电者可能仍需密切监护,以防心跳再次骤停。

触电者恢复初期可能会出现意识模糊或情绪不稳,应尽量帮助其保持平静。

(二)注意事项

在转移触电者或送往医院时,应遵循以下注意事项。

1. 心肺复苏的持续进行

(1)心肺复苏应在原地坚持,不应为了方便而轻易移动触电者。

(2)如必须移动或送医,抢救中断时间不得超过 30 秒。

2. 正确的搬运方式

(1)触电者应平躺于担架,背部垫以硬质平板,以保持呼吸道畅通。

(2)在医疗人员接手前,不应停止急救措施。

3. 脑部降温

如条件允许,可用冰屑装入塑料袋制成头帽,放置在触电者头部(不覆盖眼睛),以降低脑部温度,有助于心、肺、脑功能的早期恢复。

4. 儿童急救注意事项

对儿童进行人工呼吸和心脏按压时,要控制力度,避免造成伤害。

5. 救护终止的条件

仅在触电者呼吸心跳恢复正常,或出现明显死亡迹象(如瞳孔散大无反应、皮肤出现红斑、身体冰冷僵硬）且经医生确认死亡后，才能停止救护。

四、溺水

（一）应急措施

1. 溺水应急措施

（1）自救

如果不慎落水且不谙水性，应保持冷静，避免因挣扎而加速下沉。屏住呼吸，迅速脱掉鞋子，放松身体，等待自然浮起。一旦感觉身体上浮，保持仰卧姿势，头部后仰，让口鼻露出水面。浅呼深吸，尽量维持浮力，并大声呼救，等待救援。

若在水中遭遇腿部抽筋（对会游泳者），立即寻求帮助，同时改为仰泳姿势。用一只手抓住抽筋的脚，向背屈方向牵拉，并按摩腿部，缓解症状后迅速返回岸边。

在湖泊游泳时若被水草缠绕，深吸一口气潜入水下，迅速解开缠绕的水草，然后沿着原路返回，不要向深处游去。

江河游泳遇到漩涡时，应迅速向漩涡边缘游动，避免直立踩水，以免被吸入水下。如果不幸被卷入，尽量在水面深吸气，潜泳时奋力逃脱，保持坚定的求生意志至关重要。

（2）他救

如果救援者不会游泳，应立刻使用绳索、竹竿、木板或救生圈等工具，让溺水者抓住并协助其上岸。若无救生设备，可将长裤浸湿，充气后扎紧裤脚和裤腰，制成临时浮具，抛给落水者，并大声呼救。

若救援者擅长游泳，下水前应脱去衣裤和鞋子，尽可能携带漂浮物。接近落水者时，潜至其背后，从后方夹住其胸部，将其头部拉出水面，用仰泳方式拖带至岸边。若被落水者缠住，应保持冷静，将对方托出水面，自己下沉，待对方呼吸到空气后，再寻找施救机会。

遇到冰面破裂落水的情况，救援者应匍匐靠近，减少对冰面的压力，避免自己也落入水中。使用围巾、长绳或竹竿等将落水者拉出水面。

2. 对溺水者施救的措施与方法

（1）确保呼吸道畅通

·将溺水者救上岸后,迅速清除其口鼻中的污物、假牙等阻碍物。

·松开溺水者的所有紧身衣物,如衣领、纽扣、内衣等。

·如有必要,用毛巾或纱布包裹舌头并轻轻拉出,以保持呼吸道畅通。

（2）快速排水

·将溺水者置于斜坡上,头部低于身体,按压背部以助排水。

·若无斜坡,可将溺水者腹部横放于救护者的屈膝大腿上,头部下垂,轻拍背部排水。

·抱住溺水者的腰腹部,使其背部向上,头部向下,以助水排出。

（3）立即进行人工呼吸

·对于呼吸已停止的溺水者,立即进行口对口人工呼吸。

·在首次吹气时,需用力以确保气体进入肺内,改善窒息状况。

·若呼吸和心跳均已停止,应同时进行人工呼吸和胸外心脏按压。

（4）紧急医疗救助

·在进行现场急救的同时,立即拨打120联系急救中心。

·与附近的医疗机构联系,请求专业医疗人员到场。

·现场急救后,迅速将溺水者送往医院进行进一步治疗。

（二）注意事项

1. 自救时保持头部稳定

当身体浮上水面,不要强行将整个头部伸出水面,以免失去平衡。

2. 救援者接近落水者

救援时避免被落水者紧紧抱住,对于意识清醒的落水者,告知其停止挣扎,听从指挥。

3. 抢救时的注意事项

迅速将落水者头部拉出水面,确保呼吸并减少恐慌。

在将落水者拖向岸边或船上时,尽可能向其口鼻内吹气,帮助恢复呼吸。

4.救出后的紧急处理

救出溺水者后,不要急于送医院而忽略现场检查和初步处理,以免错失抢救时机。

5.排水要迅速有效

排水操作要快,不要因为排水量少而耽误其他抢救措施。

6.保暖措施

在整个抢救过程中,注意保持患者体温,尤其是在寒冷天气,以减少复苏后并发症的风险。

7.持续人工呼吸

在运输过程中,不要停止人工呼吸,可能需要持续数小时,直到患者状况好转或确认死亡。

8.苏醒后的护理

溺水者苏醒后应禁食,并考虑使用抗生素预防感染。

五、煤气中毒

在封闭的室内使用煤炉进行取暖和烹饪时,由于缺乏适当的通风,一氧化碳会在室内积聚。在我们国家的北方农村地区,由于烟囱安装不当,例如烟囱口正对着风口,导致煤气逆流。在气候条件不佳,如刮风、降雪、阴天或气压低的情况下,煤气难以顺畅排出。此外,城市中管道煤气的泄漏、阀门不严或烹饪时火焰被意外扑灭导致大量煤气溢出,这些情况都可能导致中毒事件的发生。

第七章　体育与生命安全教育融合视角下大学生灾害事故急救能力培养

（一）应急措施

1. 立即采取通风措施

迅速打开门窗通风，将患者移至室外或空气流通的温暖地方，并关闭煤气源，将煤炉移出室外。

2. 紧急检查与救治

（1）解开患者衣物，放松腰带，检查其脸色、意识状态、呼吸、心跳和是否有抽搐、麻木或呕吐。
（2）对于意识不清的患者，确保呼吸道畅通，清除口鼻中的异物。
（3）对有自主呼吸的患者，提供高流量氧气。
（4）对呼吸微弱或停止的患者，立即进行心肺复苏，包括胸外按压和人工呼吸。
（5）对昏迷患者，可尝试穴位刺激，如人中、十宣等。
（6）对清醒患者，给予浓茶或热咖啡。

3. 保暖与舒适

（1）用大衣、毛毯或棉被为患者保暖，防止体温过低引发感冒或肺炎。
（2）通过手掌按摩患者身体，或在脚和下肢放置热水袋来提供额外温暖。

4. 紧急医疗救助

对于重度中毒患者，在进行初步处理后，应尽快送医院接受专业治疗。

（二）注意事项

1. 救援者安全第一

切勿盲目进入高浓度煤气环境，以防自身中毒。另外，应确保室外有人协助，并做好紧急救援准备，以便迅速将患者送往医院。

2.防护措施

在进入充满煤气的房间前,深吸一口气,用湿毛巾或手帕捂住口鼻。

3.避免点火源

进入室内后立即开窗通风,严禁开灯或点火,以防煤气爆炸。

4.保持呼吸道通畅

在运送患者过程中,清除其口中的呕吐物和痰液,取出活动假牙,并将头部侧倾,防止呕吐物堵塞呼吸道。

5.确保患者休息

患者脱险后,应让其静卧休息,避免活动增加心肺负担和氧气消耗。

第四节 培养防止冲突与暴力事故发生的安全智慧

一、校园暴力

近些年来,校园暴力事件频发,造成广泛的社会影响,这让每个家庭都蒙上一层阴影。学校是为社会培养人才的场所,学生的健康成长关系到国家未来的发展。因此,全社会对校园暴力事件绝不能轻视,无论是学校还是家庭,都应做好相应的预防措施,并对已经发生的校园暴力事件及时处理,维护青少年的合法权益,给他们创造健康、安全的学习和成长环境。

(一)避险预案

教育者与家长肩负着向青少年传授安全意识的职责,包括教导他们自我保护的方法、掌握必要的安全知识,以及学习人际交往的适当方式。家长和教师应当持续关注校园内不良行为学生的情况,以预防和避免他们对其他学生施加欺凌和不良影响。同时,应引导学生积极地融入集体,建立广泛的友谊,因为这被视为一种有效的自我保护策略。若学生在校园中拥有稳固的朋友圈,将能在很大程度上减少遭受校园暴力的风险。

(二)应急措施

1. 保持镇定

面对校园暴力,首要任务是保持冷静,准确评估情况,采取合适的应对措施。

2. 机智应对

尽量避免直接对抗,先设法安抚对方,再寻找机会安全撤离。

3. 迅速撤离

如果遇到突发的暴力事件,且难以处理,应迅速逃离现场。

4. 果断自保

在无法逃离的情况下,要果断采取自卫行动,利用周围可用的物品,如雨伞,保护自己的面部、腹部和胸部等关键部位。

5. 积极求助

在自卫的同时,大声呼救,吸引他人注意,寻求帮助。

6. 及时报告

一旦安全,立即向老师或家长报告事件,采取措施防止类似事件再次发生。

二、抢劫、绑架

(一)避险预案

教师平时应提醒学生妥善保管个人物品,无论在校园,还是在公共场合避免携带或展示贵重财物,以防丢失或被盗。另外,应避免单独外出至人迹稀少或光线昏暗的地方,如果不得不前往的话,则应携带一些保护工具，如辣椒喷雾、哨子、户外用手电筒等，以便紧急情况时使用。

对一些过分"热心"或者行为异常的陌生人应提高警惕，不要轻易答应他们的请求，更不能跟他们去一个陌生的场所。尤其不能上陌生人的车，有些绑架会直接将受害者诱骗上车，因此，当有陌生人问路时，不可上车带路，并且要与车保持距离。

（二）应急措施

1. 评估情况

观察攻击者的体型、力量和周围环境，据此选择最有效的防御策略，比如针对其眼睛或脆弱部位进行反击。一般情况下，歹徒要钱不要命。观察所处环境、对方人数、体貌特征等。

2. 大声呼救

在确保自己安全的前提下，高声呼救，以震慑攻击者。

3. 暂时妥协

在无法立即逃脱的情况下，可以暂时表现出顺从，以降低对方的警惕性，同时寻找逃脱的机会。

4. 记忆细节

尽可能记住犯罪者的人数、外貌特征、口音、车辆信息和逃跑路线等关键信息。

5. 寻找报警机会

寻找机会通过电话、纸条、特殊物品等方式报警，或将情况告诉他人。

6. 避免露财

保护个人信息，保持低调。不要随意向他人显示家世背景，尤其不要在公共场所炫耀财富。

参考文献

[1]许曙青，汪蕾.职业院校安全应急教育与专业创新发展的理论与实践[M].南京：东南大学出版社，2022.

[2]于文泉，赵洪彬.学校安全应急教育教学参考[M].天津：天津科学技术出版社，2017.

[3]肖燕，潘文锋.大学生安全教育与应急处理训练[M].长沙：湖南大学出版社，2023.

[4]李连东.应急救援教育训练学[M].北京：应急管理出版社，2021.

[5]卢雪松，李文.大学生安全教育与防灾应急避险[M].杭州：浙江大学出版社，2023.

[6]申玉三，李子德.大学生安全教育与应急能力培养[M].济南：山东人民出版社，2023.

[7]梁琦.体育与生命安全教育内在关联性问题研究[D].郑州：郑州大学，2016.

[8]张胜利.高校新兴体育运动风险识别及控制研究[M].长春：吉林大学出版社，2018.

[9]陈德明.学校体育安全风险防控理论与方法[M].哈尔滨：黑龙江人民出版社，2014.

[10]刘学风.生命教育在高校体育教学中的渗透探究[J].中国市场，2016（30）：89-90.

[11]高原原.生命安全教育在体育教学中的渗透与实践[J].江西电力职业技术学院学报，2021，34（11）：122-124+127.

[12]孙丽娜.高校体育教学风险防范现状与运动应急对策研究[M].长春：吉林大学出版社，2021.

[13]焦温璐.河南省高校体育教学安全问题析因及对策研究[D].新乡：河南师范大学，2018.

[14]李树旺.基于大数据的学校体育教学与风险防控机制研究[M].北京：中国书籍出版社，2023.

[15]申恒鹏.济南高校公共体育课运动风险识别、评估与应对研究[D].济南：山东师范大学，2023.

[16]李坤鹏.体育课后服务运动风险评估体系构建及实证研究[D].曲阜：曲阜师范大学，2024.

[17]张文靖.普通高校体育课教学风险评估指标体系研究[D].南京：南京师范大学，2021.

[18]郭艳，陈立新，杨远智."大健康"理念下高校体育开展急救教育的SWOT分析与研究[J].集宁师范学院学报，2024，46（3）：39-42.

[19]李海燕，马群，张红兵.青少年应急体育研究[M].昆明：云南大学出版社，2022.

[20]江宇.急救教育融入高校体育课程的路径探索——以安徽信息工程学院为例[J].吉林工程技术师范学院学报，2023，39（10）：62-65.

[21]张睦晗.生命安全教育视域下大学生应急体育可行性与实践探索[D].南京：南京理工大学，2020.

[22]谢丽娜.高校体育风险管理研究[M].长春：吉林人民出版社，2020.

[23]陈志凌.高校体育教学风险防控研究[M].北京：中国纺织出版社，2020.

[24]董范.户外运动学[M].武汉：中国地质大学出版社，2009.

[25]刘红.高校体育风险管理研究[M].北京：北京体育大学出版社，2012.

[26]王辉.论高校体育与应急教育的结合与对策[J].军事体育进修学院学报，2012，31（3）：100-102.

[27]教育部，发展改革委，财政部，卫生健康委，市场监管总局.教育部等五部门关于全面加强和改进新时代学校卫生与健康教育工作的意见[S].（2021-08-02）[2023-08-10].

[28]教育部办公厅.首批全国学校急救教育试点工作实施方案[S].（2022-01-17）[2023-08-20].

[29]王苏光.户外探险与野外生存[M].苏州：苏州大学出版社，2023.

[30]李澍晔，刘燕华.青少年野外生存实战手册[M].北京：中国纺织出版社，2018.

[31]张惠红,陶于.定向运动与野外生存[M].北京:高等教育出版社,2011.

[32]朱时萱.野外生存实用宝典[M].长春:吉林出版集团有限责任公司,2011.

[33]吴立东,王瑞旻.图解运动损伤与康复训练[M].南京:江苏凤凰科学技术出版社,2023.

[34]邹静芸,毛永.大学生运动损伤防治与康复[M].北京:北京理工大学出版社,2022.

[35]熊伟平.大学生运动损伤防护与急救[M].西安:陕西科学技术出版社,2021.

[36]林嘉志,安毅,刘远.运动损伤及预防机制[M].长春:吉林大学出版社,2018.

[37]张志贤.大学生急救教育[M].广州:广东人民出版社,2023.

[38]代勇,张德明,龙兵.安全与急救:大学生安全教育[M].北京:中国出版集团,2023.

[39]陈梦玲,丁建英,秦红.大学生现场急救简明教程[M].上海:上海交通大学出版社,2021.

[40]张孟丽.大学生健康教育与常用急救技术[M].北京:中国纺织出版社,2018.

[41]赵玉.新编大学生健康教育与急救教程[M].北京:中国水利水电出版社,2014.

[42]陶宇平.户外运动与拓展训练教程[M].成都:电子科技大学出版社,2006.